$L_n \overset{27}{10247}$

HISTOIRE DV B. IEAN

SEIGNEVR DE MONTMIREL
ET D'OYSI, CHASTELAIN DE
Cambray, Vicomte de Meaux, &c.

Puis RELIGIEVX en l'Abbaye de Long-pont,
de l'Ordre de Cisteaux, diocese de Soissons.

Par le R. P. IEAN BAPTISTE DE MA-
CHAVT, Religieux de la Compagnie de IESVS.

A PARIS,
Chez SEBASTIEN CRAMOISY, Imprimeur ordinaire du Roy, ruë S. Iacques
aux Cicognes.

M. DC. XLI.
Auec Priuilege du Roy, & Approbation des Doct.

A MONSEIGNEVR
MONSEIGNEVR
SIMON LE GRAS
EVESQVE DE SOISSONS,
Conseiller dv Roy en ses Conseils d'Estat & Priué.

MONSEIGNEVR,

Ce Posthume qui a veu mourir son Pere au moment qu'il pensoit luy donner la vie, se va ietter dans vos bras, esperant de vostre bonté la mesme protection dont vous auez tous-

ã ij

EPISTRE.

jours fauorisé les Orphelins, & apres la mort de son Autheur, les preuues de l'affection que vous auez si particulierement tesmoignée à celuy qui luy a donné l'estre, pendant les plus dures angoisses, & les plus cruelles estraintes d'vne longue & fascheuse maladie.

Il est tout à vous, & ne peut appartenir à d'autres, soit par sa naissance, soit par donation ; Et seroit vne merueille, si le liure de la vie de ce Sainct, qui a si long temps conuersé dedans le territoire duquel vous estes le iuste possesseur, & dont il n'a point dedaigné le surnom, recherchoit d'autre Patron, & souhaitoit autre Seigneur que vous : Ou si le recit des mœurs & diuers emplois de celuy dont la pureté & l'innocence incomparable a surmonté la blancheur des Cygnes, qui a vescu dans la vallée des Cygnes, ou plustost des signes & des merueilles, &

EPISTRE.

qui par vostre commandement a esté recueilli dans la terre des Saincts Nous voulõs dire vostre Palais Episcopal, & dans l'enclos des murs de cette ville si souuent abbreuuée du sang des Martyrs, demandoit d'autre appuy que celuy, dont la vie, la pieté, & le bon exemple est la merueille des Saincts, & le miroir des plus sages, & des plus vertueux Prelats de ce siecle. Et comme les fleuues retournent à leurs sources, & les flambeaux de la nuict s'abisment dans la splendeur de ce bel Astre duquel ils empruntent la lumiere, aussi ne peut-il qu'il ne rentre dans les mains de celuy qui a procuré sa naissance, puis qu'il n'a de lustre ny de beauté que celle qu'il a puisée des doctes Conferences, & des rares memoires de vos Archiues dont vous auiez enrichi son pere.

Vous sçauez, MONSEIGNEUR,

La vallée de Vaulsienne prés Lõgpont, dite vallis cygnorum ou Signorum.

EPISTRE.

que l'Abbaye de Long-pont où reposent les os de nostre Bienheureux sainct Jean, a eu pour l'vn de ses fondateurs Gosselin l'vn de vos predecesseurs, enuiron l'an mille cent trente & vn, laquelle des lors il peupla de disciples & d'enfans de sainct Bernard, que touts vos deuanciers imitateurs de sa Charité ont non seulement enrichie de leurs bienfaits, & des preuues signalées de leur pieté, mais encor ornée des tesmoignages magnifiques d'vne singuliere affection enuers cette Religieuse Compagnie ; particulierement Anculphe de Pierrefont, Hugues d'Angleterre, Niuelon de Cherisi, Aimard de Prouins, Jacques de Bazoches, & autres : ainsi que plusieurs Chanoines de vostre Eglise, qui n'ont voulu apres leur mort estre separez du tombeau de celuy duquel ils auoient essayé d'imiter la vie, ioignans leurs cendres pretieu-

EPISTRE.

ſes à ſes deſpoüilles immortelles. Et c'eſt par voſtre exemple, & ſinguliere deuotion que celle de voſtre peuple s'eſt accreüe & augmente tous les iours dans ce lieu.

Cette hiſtoire MONSEIGNEVR, qui renferme les exploits ſignalez de ce grand Conneſtable, & les combats qu'il a liurez au monde, & à la vanité, qu'il a marquez d'autant de victoires comme il a ſouſtenu d'aſſauts, ne pouuoit ſouhaitter d'autre protecteur que vous, dont le courage inuincible à debeller les vices qui regnoient dedans voſtre dioceſe, n'a moins paru aux aſſemblées du Clergé pour la defenſe de l'Egliſe, qu'il ſe fait maintenant recognoiſtre dans la correction des mœurs, & la protection fauorable dont les pauures, les orphelins, & les veufues reſſentent les effets à l'encontre de l'iniuſte oppreſſion des plus forts.

ã iiij

EPISTRE.

Souffrez donc, s'il vous plaist, MONSEIGNEVR, que ce liure voye le iour à l'abry de vostre nom, qu'il tire les preuues de sa saincteté par la pieté & saincteté de vostre vie, & qu'il emprunte son lustre & son éclat, des rayons & de la lumiere de vostre eminent sçauoir. Et puis qu'il n'a plus ce pere que vous cherissiez si tendrement, & que tant de bonnes & de nobles qualitez auoient rendu si fort recommendable au public, au moins suiuant les traces des anciens Euesques, daignes estre son tuteur. Ce Gosselin qui a paru autrefois dans l'Uniuersité de Paris, en qualité de Docteur & de Maistre, vous en coniure ce semble par le merite, & le mesme rang que vous auez acquis glorieusement par tant de veilles & de trauaux dans l'Echole de Sorbonne, ce celebre theatre de tant de beaux esprits. Ne refusez ce bon office

EPISTRE.

à la memoire de ce grand Sainct, & à l'amitié dont vous auez honoré l'Autheur de ce discours. C'est ce que tout l'Ordre de Cisteaux espere de vostre bienueillance, & que desirent en particulier de vostre Charité,

MONSEIGNEVR,

Vos tres-humbles & tres-obeïssants seruiteurs & orateurs, les Prieur, Religieux, & Conuent de l Abbaye de nostre Dame de Long-pont.

De l'Abbaye nostre Dame de Long-pont ce 11. May 1641.

LIBER AD AVTHOREM

IMMATVRA MORTE PRÆ-
uentum dum adhuc informis
in cunabulis erat.

EPIGRAMMA.

EN moreris, quid fama refert mea vita?
 quid ergo?
Viuere ne incipiam dum vita mea cadit?
Siccine dum mucrone petit te dira parentem
 Parca, mihi vitam te moriente dabit?
At fors non moreris, forsan tua gloria vinci
 Nescit, & eluso vulnere Parca ferit.
Parca feritne fera, & sunt illius irrita tela,
 V el tibi ferre necem destitit icta metu?
Nam moreris viuens, moriens num viuis, vt vltro
 Det tibi mors vitam, det tibi vita necem?
Alterutrum vel vtrumque licet, vel morte necari
 Nesciat, aut mortem vincere vita sciat.
Hoc scio quod mihi vitam vltro tua fata dederūt,
 Mors tua vita tua est, mors tua vita mea est.

Approbation des Docteurs.

NOvs soubs-signés Docteurs en Theologie de la Faculté de Paris, & maison de Sorbonne, certifions auoir leu & diligemment examiné vn liure intitulé, *Histoire du B. Iean Seigneur de Montmirel & d'Oysi, Chastelain de Cambray, puis Religieux, &c.* Composé par le R. P. Iean Baptiste de Machaut de la Compagnie de IESVS, auquel nous n'auons rien trouué qui soit contraire à la foy de l'Eglise Catholique, Apostolique & Romaine, ny aux bonnes mœurs. Fait en Sorbonne ce 26. Auril 1641.

H. BACHELIER.

DE FLAVIGNY.

Extraict du Priuilege du Roy.

PAR grace & Priuilege du Roy, il est permis à SEBASTIEN CRAMOISY, Marchand Libraire Iuré en l'Vniuersité de Paris, & Imprimeur ordinaire du Roy, d'imprimer ou faire imprimer vn liure intitulé, *Histoire du B. Iean Seigneur de Montmirel & d'Oysi, Chastelain de Cambray, puis Religieux, &c. Composé par le R. P. Iean Baptiste de Machaut, de la Compagnie de* IESVS: Et ce pendant le temps & espace de cinq années consecutiues. Auec defenses à tous Libraires, & Imprimeurs d'imprimer ou faire imprimer ledit liure, sous pretexte de desguisement, ou changement qu'ils y pourroient faire, à peine de confiscation, & de l'amende portée par ledit Priuilege. Donné à Paris le troisiesme May mil six cens quarante & vn.

CEBERET.

HISTOIRE DE IEAN SEIGNEVR DE Montmirel & d'Oisy, Chastelain de Cambray, &c.

Puis Religieux en l'Abbaye de Long-Pont, de l'Ordre de Cisteaux.

LIVRE PREMIER.

Des illustres ancestres paternels de Iean Seigneur de Montmirel, et de la grandeur de sa famille.

CHAPITRE I.

ENCORE que la Saincteté soit vne qualité si eminente, pour rendre recommandable ceux que Dieu en veut gratifier, que ce leur doit estre chose indifferente de quelle extraction ils sortent pour y arriuer. Toutefois l'on ne sçauroit desaduoüer, que le cómun sentiment des hommes regarde d'vne autre façon les Saincts qui sont de grande maison, qu'il ne fait pas les autres qui n'ont rien de glorieux ny d'esclatant dans leur famille. Ce que i'estime auoir lieu és personnes eminentes conjointement en Vertu, & en Noblesse, à cause des difficultez que les illustres naissances opposent aux instincts genereux qui se forment en l'ame de ceux que Dieu appelle particulierement à son seruice: Qui sont telles, que veu la corruption de la nature, la delicatesse des sens, l'alterationdes Cours, le moyen de donner aux passions toutes les satisfactions qu'elles demandent, l'on doit tenir les Saincts qui paroissent dans les grandeurs du monde, comme des prodiges de valeur, & comme des Heros au delà de l'ordinaire, qui ayans vaincu le double empeschement, que la nature commune, & l'extraction particuliere donnoient à leur Vertu, ont attiré sur eux les yeux des siecles, & ont fait paroistre, que la veritable saincteté fait ses plus signalées proüesses sur les plus Grands.

C'est de ceste condition que fut Iean Seigneur de Montmirel, la merueille de son temps, qui sortant d'vne illustre famille, & s'estant long temps arresté à la suite de la Cour, dans les exercices de la guerre, des ioustes, de la chasse, & autres sortables au rág qu'il tenoit

Hist. de Iean de Montmirel, auprès de nos Roys, a d'autant plus esclaté en l'humilité Chrestienne, qu'il a depuis embrassée auec l'estonnement de la France, que les auantages mondains qu'il auoit, sembloient l'en esloigner. Et parce que quelques vns pourroient ignorer ce qui neantmoins est assez authentiquement marqué dás nos Histoires, il sera à propos de deduire icy sommairement ce qui regarde ses ancestres, tant paternels que maternels ; afin d'employer les grandeurs humaines qu'il a mesprisées, comme vne baze eminente, pour dauantage rehausser son merite, ainsi qu'il les mit sous les pieds pendant sa vie dans la profession qu'il embrassa, pour faire reluire dauantage les forces de la Grace dont il plût à Dieu le preuenir.

Vers l'an de grace 1061. que Philippe I. du nom regnoit en France, Dalmace estoit Seigneur de Montmirel & de la Ferté Gaucher, villes de la Brie. C'est celuy que nous pouuons plus seurement presenter pour le premier dás l'illustre famille qui le suiuit. Encore qu'il apparoisse assez qu'vn Seigneur qui possedoit lors ce qui maintenant est partagé en Principautés, Marquisats & Comtés, sortoit de quelque tige d'insigne qualité. Et s'il est permis d'interposer sa pensée dans l'obscurité de ces temps, esquels la Noblesse Françoise escriuoit plustost son nom sur le frõt des villes qu'elle bastissoit, que dás les memoires des Heraults d'armes, qui ne parurent pas que depuis: Nous pouuons presumer que Gaucher, dont l'vne de ses princi-

Du Chesne Histoire de Coucy liu. 6.

pales Seigneuries se nommoit, estoit quelque Seigneur puissant dans la famille, qui la qualifia de son nom, forteresse ou fort de Gaucher, ainsi que firent quelques autres au mesme pays, enuiron le temps de Huë Capet, qui estant paruenu à la Couronne, de Duc des François seulemét qu'il estoit, souffrit aisement que les autres Capitaines & Seigneurs qu'il attiroit à son seruice, se nommassent Comtes des terres qu'ils gouuernoiét, & mesme qualifiassent de leurs noms les places qu'ils bastissoient ; à ce que partageant auec eux auec liberalité ces marques de grandeur, il possedast luy mesme auec plus grande seureté la Couronne & la Monarchie, qu'apres plusieurs entreprises des siens sur les Carlouingiens, il mettoit le premier en sa famille.

La Chronique de S. Iean, Abbaye de la ville de Soissons, luy dóne pour fils & successeur Gaucher Seigneur de Montmirel & de la Ferté-Gaucher; lequel continuát la deuotion que Dalmace son pere auoit euë pour S. Iean, confirma la donation qu'il auoit faite à la Ferté, entre les mains de Burchard Euesque de Meaux, ainsi qu'il appert par la Charte de ce mesme Prelat, & par celle de Manasses son successeur, dattée de l'an 1153. Mais de son propre mouuement il donna à la mesme Abbaye de S. Iean l'Eglise de S. Estienne de Montmirel, & y fonda le Prieuré dont elle iouyt encore maintenant; ce qui se fit entre les mains de Lisiard de Crespy Euesque de Soissons,

A iiij

ainsi qu'il se voit par sa Charte de l'an 1125.

Ce vertueux Seigneur eut d'vne Dame nommée Elizabeth, deux enfans, Helie & Gaucher de Montmirel. Le puisné fut Religieux à Cleruaux, nommé dans la vie de sainct Bernard Valtier de Montmirel, aussi bien que son pere, & non pas Gaucher; ce qui merite neantmoins d'estre corrigé. Et comme là mesme, l'on rapporte de luy vne chose qui surpasse l'ordre de la Nature, ce seroit vn crime que de l'obmettre. Sainct Bernard alloit souuent à Montmirel visiter Gaucher Seigneur du pays, où selon sa saincte coustume il discouroit des choses de Dieu, priuement, & deuant les domestiques, en quelque sale du Chasteau. Elizabeth Dame de Montmirel, egale en pieté à son

Vita S. Bernardi lib. I. c. I.

mary, s'y trouuoit toufiours, & mefme lors qu'elle auoit encore à la mammelle, Gaucher le plus ieune de fes deux enfans. Elle le tenoit entre fes bras, entendant parler le Sainct, affife aupres de fa perfonne. Comme fainct Bernard faifoit des geftes en parlant, & aduançoit la main, ce petit enfant furmontant fon âge, en fe detachant du fein de fa mere, tendoit auffi fa petite main innocente, comme s'efforçant de furprendre celle du Sainct, autant de fois qu'il la produifoit. Le deuot pere, voyant ce que chacun voyoit des efforts de l'enfant, comme il eftoit la bonté mefme, enfin luy prefenta la main, que Gaucher prit refpectueufement, & en mettant l'vne de fes mains enfantines foubs celle du Sainct, comme pour le foulager, il la porta de l'autre à sa bouche, & la baisa. Ce qu'il fit lors autant de fois, que le Sainct le luy voulut permettre, auec le rauissement general de ses bons parens, & de toute la maison, qui ne pouuoit croire en ses yeux, de ceste action, d'vn enfant d'vn an, pleine de tant de iugement & de respect. Depuis, il fut Religieux à Cleruaux: comme nous auons dit, & suiuit la conduite du Sainct, duquel il auoit baisé la main si cherement en son enfance. Nous leuerons donc la confusion des noms, que les copistes ont faict glisser en ce passage de la vie de sainct Bernard; où ce Gaucher, est nommé Valtier de Môtmirel; comme s'ils eussent esté deux freres d'vn mesme nom; au lieu de le nommer Gaucher, ainsi que son pere & frere puisné d'Helie de

Liure premier.

Montmirel ; pareillement la rencontre du temps auquel fleurit S. Bernard, qui fut vers l'an de grace 1120. iufques à 1153. nous oblige de ne pas fuiure ceux qui attribuét ce narré pluftoft à Gaucher fils de Helie, qu'à l'oncle du mefme nom, auquel le cours des années pût ayfement donner le moyen d'eftre Religieux à Cleruaux, du viuant encore du Sainct, ce qui ne peut entierement appartenir au nepueu.

Quant à Helie de Montmirel, l'aifné des deux, & qui continua la pofterité, il efpoufa la fille du fieur de Pleurre, qui luy apporta la terre de Buffy, tenuë en fief de Faremonftier, ainfi qu'enfeigne vne charte de la mefme Abbaye, de l'an 1144. Il eut deux enfans d'elle, André & Gaucher, qui eft celuy que l'on vouloit auoir esté Religieux soubs sainct Bernard; mais encore que l'on puisse accorder qu'il estoit né du temps que le Sainct viuoit, qui ne deceda que l'an 1153. neantmoins il n'y a point d'apparence, qu'il ait esté son Religieux; outre que le nom de Gaucher, pour le pere, & celuy d'Elizabeth, pour la mere, reclament trop clairemēt pour l'oncle ce que l'on veut donner au nepueu. Nous ignorons la suite du puisné; quoy qu'il y ait dans l'histoire quelques rencontres, qui semblent faire veoir, qu'il ne manqua point de lignée; veu qu'il est souuent dit, que Iean Seigneur de Mõtmirel auoit plusieurs parens de son nom & de la famille, dont il estoit le chef. De plus, les anciés tiltres du pays nous marquent plusieurs personnes qualifiées de ce mesme nom; & iusques à nos iours, l'on voit encore vne honorable Noblesse, qui porte le nom de Montmirel, desquels estoit n'aguéres celuy qui vendit la Baronnie de Gandelus, qui tout notoirement estoit l'vn des appanages de la maison de Montmirel, ainsi qu'il se pourra dire en son lieu. Or nous ne trouuons personne que nous puissions plus raisonnablement soupçonner auoir faict souche laterale, que ce puisné-cy, Gaucher de Montmirel; ne se lisant point que Iean Seigneur de Montmirel ait eu d'autres freres.

L'aisné André Seigneur de Môtmirel & des autres grandes successions de son pere & de sa mere, espousa Hildiarde d'Oisy en Cambresis, sœur de Hugues Vicomte de

Meaux, & de Gilles Seigneur d'Oisy; desquels deuenant heritiere, elle enrichit la maison de plusieurs grandes Seigneuries, cóme il se verra au Chapitre suiuant, où nous monstrerons quelle estoit ceste Dame, & de quelle extractió, puis qu'elle est la mere de Iean Seigneur de Montmirel, sujet de nostre Histoire. Car pour André, il fut Seigneur tres-employé de son temps, & se trouue nommé en plusieurs chartes, çà & là, qui est ce qui nous est resté de plus certain & de plus insigne pour ce siecle. Nous en auons veu la coppie de deux en l'Abbaye de Lagny. La premiere portant la renóciation qu'vn nommé Guy faict à Raoul Abbé du lieu, de la Seneschaussée & des droicts qui y estoient annexés, nomme pour tesmoins entr'autres

Thibaud Comte de Champagne, André de Baudemont Seigneur de Braine & Seneschal de Champagne, André de la Ferté Gaucher, & Miles Seigneur de Pompone. L'autre est d'André de Baudemót, qui faisant à la mesme Abbaye vne grande remise de pieces de vin, qu'il recognoit auoir prises autrefois iniustement, nomme pour tesmoins Thibaud Comte de Champagne, Geoffroy Euesque de Chartres, Legat du sainct Siege deça les monts, duquel sainct Bernard faict vne si honorable mention; Hugues Abbé de Pontigny, André de la Ferté-Gaucher, Albert Seigneur de sainct Martin, & autres; l'vne & l'autre a la mesme datte de l'an 1132. qui pourroit bien estre corrompuë par le copiste, veu la rencontre des temps & des Seigneurs qui y sont marqués.

Celle qui se voit encore en l'Abbaye d'Essomes Diocese de Soissons, met le temps d'André de Montmirel beaucoup plus bas ; ie l'ay voulu rapporter tout au long, tant pour monstrer le style du temps, que pour faire voir comme ce Seigneur traictoit honorablement auec les Ecclesiastiques, accordant à Geoffroy de Prouins Abbé d'Essome ce qu'il desiroit, du consentement d'Hildiarde sa femme; auec vne grāde liste, pour circonstancier l'année que porte la datte de 1169. soubs le regne de Louys le Ieune, Hugues Chancellier de France estant Euesque de Soissons. Ce tiltre est d'autant plus à remarquer, pour auoir le temps precis, que viuoit André Seigneur de la Ferté-Gaucher, qu'vne charte

te qui se voit encore en son original, au Charme Prieuré de l'Ordre Charmes.
de Fonteuraut, Diocese de Soif-
sons, enseigne qu'André demeura
veuf d'Hildiarde, du temps mesme
de son frere Hugues Vicomte de
Meaux ; & quoy que nous n'y
ayons point veu de datte, neantmoins ce que nous venons de rapporter d'Essomes, & ce que nous
dirons du decez de Hugues Vicomte de Meaux, nous donnera
quelque lumiere des temps dont
nous parlons.

Noblesse de Iean de Montmirel du costé maternel, des Seigneurs d'Oisy, Chastellains de Cambray, & Vicomtes de Meaux.

CHAP. II.

<small>Baldri. Epiſcop. Nouio Chron. Camerac.</small>

LEs Chastellains de Cambray ont esté si considerables en leurs pays, que les Euesques qui souuent en ont esté mal traictés, se sont veu obligez d'implorer les armes des Empereurs, des Comtes de Flandres & de Hainaut, pour en auoir la raison. Baldric Euesque de Noyon en sa Chronique de Cambray, rapporte que Robert Euesque, estant trauersé par Iean, Chastellain de Cambray, ietta l'œil sur la maison de Gautier, vaſſal du Chaſteau de Lens en Cambreſis, lequel auoit deux enfans, Gautier II. & Sehier de Lens, & ſçachant la valeur de l'aiſné, luy donna la Chaſtellenie de Cambray, à la charge qu'il fit la guerre à Iean ſon predeceſſeur, & le chaſſaſt de la contrée. Gautier II. & le premier Chaſtellain de Cambray dans ſa famille, fit tres-bien ſon deuoir, & traicta ſi rudement ſon ennemy, qu'il l'obligea à quitter le pays, & à chercher retraicte au Chaſteau de Sainct-Quentin pres d'Albert Comte de Vermandois. Mais Gautier II. ne s'accommoda pas mieux auec Tietdon, & Rothard, qui furent ſucceſſiuemét Eueſques de Cambray, que les autres Chaſtellains auoiét faict auec leurs predeceſſeurs. Il laiſſa deux enfans, Gautier III. qui luy ſucceda en la Chastellenie, & Sehier II. Seigneur de Lens. Le puisné s'efforça d'obtenir de l'Empereur Othon l'Euesché de Cambray, tandis que son frere mescontent du procedé de l'Euesque defunct, empeschoit sa sepulture, & se rendoit maistre dans le Palais Episcopal. Il fit depuis sa paix auec Henry de Bauiere Empereur, & mesme se reconcilia auec Gerard nouuel Euesque, donnant pour pleiges de sa parole Robert Roy de France, Odon Comte de Vermandois & fils d'Albert sus-nommé, & Harduin Euesque de Noyon; ce qui monstre l'estime & le rang, que ce Chastellain de Cambray tenoit lors entre les Seigneurs. Et mesme quelque mes-intelligence estant depuis suruenuë entre l'Euesque & Gautier, le Roy n'estima point l'affaire indigne de son interposition ; Baudouin Comte de Flandres, y employa ses prieres, & Odon Comte de Vermandois, donna pleiges pour Gautier, Geoffroy & Yues de Neesle.

Gautier III. auoit plusieurs enfans, puisque l'Histoire dit, qu'il donna son fils à l'Euesque Gerard en hostage, auec promesse d'en donner vn autre, au cas que l'aisné mourut. Neantmoins quand il fut tüé par ses ennemis l'an 1045. il ne se treuua d'heritier en sa maison qu'vn petit enfant nommé Hugues, sous la tutele d'Ermentrude sa mere, sans que l'Histoire dise assez nettement, s'il estoit fils ou seulement nepueu de Gautier decedé. Quoy qu'il en soit, Ermentrude s'estant attachée à vn second mariage auec Iean Aduoüé d'Arras,

& voulant fruſtrer ſon fils de la Chaſtellenie de Cambray, pour la faire tomber és mains de ſon mary, trouua autant de reſiſtance en Lietbert Eueſque, & Auſeau parét & tuteur du pupille, que Iean fit de violence pour trauerſer l'vn & l'autre, & pour enuahir le bien d'vn enfant dont il deuoit eſtre protecteur.

Ainſi Hugues I. du nom, fut Chaſtellain de Cambray ; mais l'Aduoüé d'Arras ayant eu recours à l'Empereur Henry, & ayant tant gagné ſur luy, qu'il luy perſuada de ruiner Baudoin Comte de Flandres, auec les troupes dont il fut declaré le conducteur, en deſtruiſant la Flandre, il ne manqua point auſſi d'employer la faueur & les forces de l'Empereur, pour entrer dans la Chaſtellenie de Cambray,

Liure premier.

L'Euesque ne pouuant resister à vn si puissant ennemy, ceda pour vn temps; mais aussi tost que l'orage fut passé, il restablit Hugues en sa charge, & pour contenter aucunement l'Empereur, fit du bien à l'Aduoüé d'Arras, afin de s'en depestrer. Neantmoins Hugues I. n'estant plus heureux que ceux qui l'auoient precedé en cette qualité, se vid aussi-tost dans l'indignation de l'Euesque, & peu apres dans les censures ; ce qui le contraignit de se retirer à Sainct-Quétin pour vn temps, iusques à ce que s'estant affectionné d'Ade niepce de Richilde Comtesse de Hainaut, il s'obligea à ne plus demeurer à Cambray, pour obtenir son absolution. Il se retira donc à Oisy ancien Chasteau de la maison; d'où mesme sur quelque diffe-

B iiij

rend suruenu entre luy & l'Euesque, il le surprit l'an 1070. & le retint quelque temps prisonnier. Arnoul Comte de Flandres, & Richilde sa mere ayant amassé de grandes forces, forcerent Oisy, mirent l'Euesque en liberté, & contraignirent Hugues de se retirer.

Tant de trauerses n'empescherent pas, que iouyssant de la Chastellenie de Cambray, il ne la laissast aux enfans qu'il eut de la Princesse de Hainaut, auec les grands biens qu'il auoit ; entre lesquels Hugues d'Oisy II. du nom fut Chastellain de Cambray, & espousa Hildiarde, tante paternelle de Nicolas Euesque de Cambray, auec laquelle il fonda l'Abbaye de Vaucelles, l'an 1132. Nous auons à Longpont Charte de ce Prelat, de l'an

1138. comme il faict du bien à cette Abbaye.

De ce mariage sortit Simõ d'Oisy, Seigneur tres-Illustre de son temps, ainsi qu'il appert par l'alliance qu'il vint prendre en Frãce, & par les memoires qui nous restẽt de luy. Il espousa Ade Vicomtesse de Meaux, Comtesse de la Ferté-Ancoul, de Tresmes & autres lieux, heritiere de Geoffroy son pere, Seigneur de la Ferté-Ancoul, ainsi que nous apprenons par vne Charte de l'Abbaye d'Essomes, qui nous enseigne que Geoffroy Seigneur de la Ferté-Ancoul, ayant fait vne remise de quelque pretentiõ qu'il auoit sur les biés de cette Abbaye, à Bonneüil, du droict de Constance sa femme Vicomtesse de Meaux, fille & heritiere de Constant Vicõte du mesme lieu, Simon d'Oisy

Essome 13

qui auoit espousé Ade leur fille, à laquelle apres le decez de Pierre Vicomte de Meaux leur fils, escheut cette grande succession, confirma la gratification du pere & de la mere de sa femme, deuant Alberic d'Ouchy, & autres Seigneurs du pays l'an 1152. pendant le regne de Louys le Ieune, la mesme année que Guessin Euesque de Soissons deceda. Vne autre Charte dont l'original est à Long-pont, porte comme Simon d'Oisy & Ade sa femme, en presence & entre les mains de Nicolas Euesque de Cambray, remettent generalemét à tout l'Ordre de Cisteaux, les peages, vinages, & autres coustumes, que l'on pourroit demander aux Religieux de l'Ordre, passants ou faisans conduire leurs necessitez sur ses terres; & ce du consentemét

Long-pôt.1;

de Hugues leur fils, en datte de l'an 1165. & en presence de Nicolas mesme Euesque, d'Auseau de Cimay, & d'autres qui se verront en la copie. Ie le trouue encore nommé en vne Charte de l'Abbaye de Lagny, par laquelle Henry Comte de Champagne, dóne à l'Abbaye, les marais de Lescher, immediatement marqué apres Thibaud Comte de Blois, & Guillaume depuis Archeuesque de Sens & de Reims, Cardinal de saincte Sabine, & Legat du sainct Siege, en datte de l'an 1163.

En effect Hugues II. son pere, auoit fort paru de son temps, tant par le mariage de sa sœur au Seigneur de Markion, que par celuy de Clemence d'Oisy sa fille, à Guillaume I. Seigneur de Bethune, Aduoüé d'Arras, comme le mon-

Lagny 1.

strent les tesmoignages rapportez en l'Histoire genealogique de l'Illustre maison de Bethune, entre lesquels il y a Charte de Hugues II. Seigneur d'Oisy, Chastellain de Cambray, du iour que Guillaume Seigneur de Bethune espousa Clemence d'Oisy sa fille, en presence de Simon d'Oisy son aisné. Elle eut quatre autres sœurs, dont nous ne sçauós pas l'issuë, Mahaut, Ermengarde, Adeline & Marie. Nous tenons leurs noms de l'histoire sus-alleguée, comme le nombre s'en lisoit desia dans la Notice de Flandres, plus veritable en cela, qu'en ce qu'elle dit, que ce fut Hugues III. qui espousa vne nommée Marguerite Vicomtesse de Meaux, puisque nous voyons, que cette Vicomté estoit desia entrée dans la maison d'Oisy, par le mariage

Histoire de Bethune du sieur Duchesne.

d'Ade fille & heritiere des Vicomtes de Meaux, par Constance sa mere.

Or Simon d'Oisy Chastellain de Cambray, de Ade Vicomtesse de Meaux, eut deux enfans & vne fille, Hugues III. du nom Vicomte de Meaux, & Chastellain de Cambray, Gilles Seigneur d'Oisy, & Hildiarde, du nom de son ayeule paternelle. Gilles d'Oisy fut tüé en vn combat l'an 1164. contre Thierry Comte de Flandres, celuy que l'on nomme aussi Thierry d'Alsace, qui eut pour fils & successeur Philippe d'Alsace Comte de Flandres l'an 1165. & qui depuis par alliance fut Comte de Vermandois l'an 1177.

Hugues son frere aisné, III. du nom dãs ceste famille, Vicomte de Meaux, & Chastellain de Cãbray, fut marié deux fois, sans auoir lignée; sa premiere alliance fut auec Gertrude de Flandres, fille du Comte Thierry d'Alsace ; mais rompuë par consanguinité ou autre cause incognuë : la seconde fut auec Marguerite Comtesse de Blois ; qui demeurant veufue de luy sans enfans, fut depuis espousée par Gautier Seigneur d'Auesnes ; d'où vint qu'Enguerrand de Coucy, qui succeda à tous les droicts de la maison d'Oisy & de Montmirel, ainsi qu'il se dira, prit sujet d'vn differend auec les Seigneurs d'Auesnes, qu'appaisa Hugues d'Athier Pannetier de France, au mois de May, l'an 1224. Cet Hugues III. a signalé sa pieté en la fondation & dotation de l'Abbaye de Cantepré, dont Roger Euesque de Cambray luy ceda l'honneur, parce qu'elle se fondoit en vne terre dont il estoit Prince, ainsi qu'en parle l'ancié Obitier de l'Abbaye, & qu'il pouuoit dauantage l'aider. Aussi les Chartes qui se voyent dãs la Notice des Eglises de Flandres, pour l'Abbaye de Cantepré, qui sont de cet Hugues Chastellain de Cambray, & de la Comtesse Marguerite sa femme, monstrent assez comme il auoit à cœur cette maison. Elles ont la datte des années 1183. & les suiuantes, iusques à 1189. apres laquelle datte nous en voyõs vne de Marguerite sa femme, qui se qualifie Dame d'Oisy, Chastellaine de Cambray, & Vicomtesse de Meaux, de l'an 1190. qui nous feroit douter, que ce ne fut celuy de son decez, si nous ne le voyons encore nommé plus bas. Sans obmettre ce qui est remarqué dans

Auberti Mircri &c. n. 1. 2. 3. 4. seqq.

Ibid. 7.

l'Obitier du mesme lieu, où sont cottées les principales donations qu'il y fit ; qu'estant retourné d'vn voyage de la Terre-saincte, il fut visiter l'Abbaye, premierement que sa maison, & y laissa plusieurs sainctes Reliques qu'il auoit apportées.

Leur sœur Hildiarde d'Oisy, qui demeura seule heritiere de la maison apres le decez de ses deux freres, fut espousée par André Seigneur de Ferté-Gaucher & autres terres ; outre vne infinité d'autres asseurances, le seul tiltre du Charme, dont nous auons parlé cy-deuant, suffit pour ne laisser rien à douter ; auquel Hugues Vicomte de Meaux, loüe & approuue la donation faicte à ce lieu, par André Seigneur de la Ferté-Gaucher son beau frere, pour l'ame d'Hildiarde, de, femme d'André, & sœur de Hugues, d'vn muid de vin à Bonneüil, comme d'vn bien qui releuoit de luy.

Naissance de Iean Seigneur de Montmirel, & la pieté de ses parens.

CHAP. III.

DV mariage d'André Seigneur de la Ferté-Gaucher, & d'Hildiarde d'Oify, nafquit Iean Seigneur de Montmirel. Ce fut le furnom qu'il porta toute fa vie, les Seigneurs de fon temps n'en ayant point d'hereditaires, & les prenant fouuent des lieux qui n'eftoient pas les plus cófiderables dans leur bien. Ainfi

Gaucher se nomma Seigneur de la Ferté-Gaucher, quoy qu'il eut Montmirel; dont Helie son fils se nomma, quoy que depuis André qui fut fils d'Helie, reprit le surnom de son ayeul; & du costé maternel Geoffroy retint le nom qu'il auoit de Seigneur de la Ferté-Ancoul, encore qu'il eut espousé Ade Vicomtesse de Meaux.

Nous pouuons presque asseurer qu'il fut fils vnique dans sa maison, n'ayant point trouué qu'il y eut d'autres enfans, & Hildiarde d'Oisy sa mere estant morte assez ieune. C'est ce qui porta André de la Ferté-Gaucher son pere à penser à vn second mariage. En effect l'ancien manuscrit de la vie de Ieā de Montmirel parle d'vne sienne belle mere, qui viuoit encore lors qu'il estoit desia Religieux, elle y est qualifiée Contesse de la Ferté-Gaucher, comme ayant eu ce lieu là pour son doüaire; où elle receut auec honneur & amitié Iean de Montmirel, chassé & mal traicté chez soy de sa femme & de ses enfans, apres qu'il eut changé de condition. Et comme ce MS. ne nomme point sa maison, ny sa parenté, nous n'en pouuons pas dire dauantage, sinon que ceux qui ont escrit la genealogie de ces Seigneurs, ne parlent point de ceste Dame, parce que ne laissant point d'enfans, elle n'a point paru dans leurs memoires.

Ainsi Iean de Montmirel se vid possesseur de grands biens, de la succession de son pere & de sa mere, qui crurent encore beaucoup au decez de son oncle Hugues III. Vicomte de Meaux; encore qu'il

C ij

en iouyt assez tard, soit que nous suiuions la coniecture que nous presentions auparauant, que Hugues deceda l'an 1189. selon la Charte que nous rapportions de l'Abbaye de Cantepré ; soit que nous en suiuions vne autre, du Mont S. Martin, de l'an 1202. où il le nomme son oncle, & en semble parler, comme s'il viuoit encore, ce que ie remets à la bonne foy, & à la diligence de ceux qui l'ont veuë.

Il nasquit au temps de Philippe II. dit Auguste, Prince belliqueux, grand amateur des armes, & de ceux qui les manioient auec honneur, mais aussi grand protecteur de l'Eglise, rapportant souuent les grands succez que Dieu luy donna dans les hautes affaires qu'il eut, au respect qu'il tesmoigna tousiours, & qu'il porta aux choses consacrées au seruice de Dieu. Et comme les Princes sont les ascendans de naissance & de vies des sujets qualifiés, qui viuent sous leur regne, Iean de Montmirel se sentit autant de ces deux mesmes qualitez, sçauoir est de la pieté enuers Dieu, & de l'affection pour les armes, que fit aucun Seigneur de son temps. Nous ne sçaurions pas dire precisement le temps qu'il nasquit: mais nous sçauons qu'il estoit desia marié, & auoit nombre d'enfans vers la fin de ce mesme siecle. L'on pourroit bien mettre sa naissance vers l'an 1170. puisque vers l'an 1177. André de la Ferté son pere, fit des fondations pour l'ame de Hildiarde d'Oisy

C iij

sa mere. Comme Philippe Auguste commença son regne l'an 1180.
ou peu apres, n'ayant gueres lors
que 15. ans, comme estant né l'an
1165. l'on voit que ce fut vne fauorable rencontre pour ce ieune Seigneur, d'estre si approchant de
l'aage du Roy, ce qui auec ses autres merites, seruit d'entrée au lieu
de faueur & de confiance, qu'il obtint depuis aupres de luy.

Cecy se confirme dauantage de
ce qu'il estoit desia marié l'an 1199.
comme il appert par vne Charte
de Nostre Dame de Soissons, où il
nomme Heluide sa femme, dattée
de l'an susdit. Pareillement l'an
1203. il auoit desia plusieurs enfans
capables d'estre mentionez en vn
acte public, puisque dãs vne Charte de sainct Iean des Vignes dattée
de l'an 1203. Iean de Montmirel, &

Heluide de Dampierre sa femme, traictans auec les Religieux pour vn eschange qu'ils faisoiét au profit du Prieuré de Montmirel qui depend de leur Abbaye, cottent expressement que la transaction qu'ils font, est du consentement de tous leurs enfans, ce qu'ils ne diroient pas, s'ils n'en auoient nombre dés-lors.

 Quant à ses parens, sa mere le laissa en bas âge, ainsi qu'il a esté dit ; son pere pût aller plus auant, veu la seconde alliance qu'il prit. Nous auons son decez honorablement marqué dans le martyrologe de sainct Iean des Vignes, au neufiesme de Iuin, comme ayant laissé de beaux biens à cette Abbaye. Sur laquelle occasion i'adiouste- S. Iean 6. ray, que ce mesme martyrologe appuye beoucoup ce que nous auons dit de la genealogie des Seigneurs de Montmirel, & releue hautement leur pieté. Au 28. de Ianuier, est marqué le decez de Gaucher de la Ferté, pere de Helie, qui donna à sainct Iean des Vignes, les Prieurés de la Ferté-Gaucher & de Montmirel; au troisiesme de Nouembre, celuy d'Elizabeth sa femme, qui estant Dame de vertu & de deuotion, moyenna ces donations aupres de son mary, & de plusieurs autres biens qu'elle adiousta de ses propres; iusques là mesme, qu'elle permit que les Religieux de sainct Iean, pour la commodité du lieu, consacrassent la maison qu'elle auoit à la Ferté-Gaucher, en Eglise, sous le nom de sainct Martin. Là mesme, le vingt-sixiesme de Septembre, est nommé Pierre fils du Vicomte de la Ferté-Ancoul, qui eſtoit frere d'Ade Vicomteſſe de Meaux, ainſi qu'il a eſté dit, & mourut ieune, comme il appert, de ce qu'il n'eſt qualifié que du nom de ſon pere. Ie ne veux point auſſi obmettre qu'il ſe voit au meſme martyrologe, vn autre André de la Ferté-Gaucher le vingt-ſeptieſme de Decembre, qui eſt peut eſtre celuy que nomment les Chartes de Lagny, de l'an 1132. que nous auions de la peine à aiuſter auec André Seigneur de la Ferté, plus ieune & qui ne peut gueres eſtre que vers l'an mil cent ſoixante : ſi que ce premier ſera l'oncle du ſecond, & l'vn des freres d'Helie Seigneur de Montmirel, que les Genealogiſtes modernes auoient obmis.

Mais ceste vertu si domestique, & si loüablement continüée en tous les ancestres de Iean Seigneur de Montmirel, nous assure que pendant ses ieunes ans il fut nourry dedans ces mesmes sentimens, & que sous les soins de son pere, ou bien sous ceux de sa belle-mere, qui se monstra depuis si honorablement approuuer le changemét de vie qu'il fit, il crût autant en la crainte de Dieu, qu'en âge. De-quoy nous auons encore plus de certitude, en considerant quels furent depuis ses exercices de deuotion. La bonté diuine agissant pour l'ordinaire auec ceste conduite, qu'elle donne de vertueux commencemens à ceux qu'elle prepare à vne eminente saincteté.

Le mariage, & les enfans de Iean Seigneur de Mont-mirel.

CHAP. IV.

LEs mariages font la fortune des maisons, & les alliances font les entrées & les appuis des grandeurs, que les Seigneurs de condition pretendent acquerir. Iean de Montmirel estant porté par sa naissance à desirer tout ce qui estoit eminent dans la Cour, & le voulant meriter par la valeur & par les actions de vertu, esquelles il s'estoit exercé dés só bas âge, iugea sainement qu'vne grande alliance fortifieroit ses desseins. Il la prit dans la maison de Dampierre, ioincte à celle de Bourbon, alliée depuis à la personne de nos Rois, des Ducs de Bourgongne, des Comtes de Neuers, & autres Seigneurs de pareil rang. Il espousa donc Heluide de Dampierre, sœur de Guy seigneur de Dápierre & de Bourbon, qui ayant esté allié auec Marguerite heritiere de la premiere branche de Bourbon, eut d'elle Archâbaud le Grand, Sire de Bourbon, & Guillaume de Dampierre Comte de Flandres, desquels sont issus des Rois & des Princes sás fin.

Car Archambaud le Grand Sire de Bourbon, de Mathilde fille aisnée de Dreux de Mello Connestable de Fráce, & qui auoit de gráds biens dans le Niuernois, comme Chastel-Chinon, & autres villes, eut Archambaud dit le ieune, & Marguerite.1. de ce nom, Reine de

Tresor des sieurs Ducs de Neuers.

Nauarre, femme de Thibaud 4. Comte de Champagne & de Brie, & Roy de Nauarre. Cét Archambaud le ieune 9. du nom dans sa famille, Sire de Bourbõ, fut pere d'Agnez de Bourbon, qui porta les seigneuries de sa maison en mariage à Iean de Bourgogne; ainsi que leur fille Beatrix de Bourgogne porta celle de son pere & de sa mere à Robert de France, Comte de Clermont, le dernier des enfans du Roy S. Louis, dont est issuë la Royale maison de Bourbon.

Pour Guillaume, fils puisné de Guy seigneur de Dampierre & de Bourbon, qui laissant le nom de Bourbon à Archambaud le Grand son frere, prit celuy de Dampierre en Champagne, il espousa Marguerite Comtesse de Flandres, secõde fille de Baudouin de Flãdres

Empereur de Constantinople. Duquel mariage sont sortis quatre Comtes de Flandres successifs, iusques à Marguerite, qui porta la Flandre & autres Estats, en la maison de Bourgogne, fonduë depuis en celle d'Austriche, qui en tient encores les Seigneuries. Pour monstrer en quelle consideration estoit lors, & doit estre encor maintenant Iean Seigneur de Montmirel, d'estre entré dans l'alliance de Bourbon-l'ancien, de laquelle par les deux enfans de son beau frere, Archambaud le Grand, & Guillaume de Dampierre ses nepueux par Heluide sa femme, sont sorties les deux grandes maisons, de France, & d'Austriche, qui gouuernent auiourd'huy la Chrestienté.

Ce grand mariage fut beny de

Dieu d'vne heureuse lignée ; Iean de Montmirel eut d'Heluide de Dampierre six enfans, trois garçons, & trois filles; Guillaume, du nom de son cousin maternel Guillaume de Dampierre, Iean & Matthieu ; l'aisné mourut ieune, les deux autres furent successifs Seigneurs de Montmirel & Chastellains de Cambray ; puis Elizabeth, Felice, & Marie, qui suruiuãt à ses freres & à ses sœurs, decedez sans enfans, porta toutes les grandeurs de sa maison à Enguerrand III. Seigneur de Coucy, auquel elle fut mariée; ce qui releua de sorte la maison de Coucy, que celle qui n'auoit encore guere paru que dãs la Picardie, esclatta depuis par toute l'Europe, par les plus hautes alliances que l'on eut sçeu souhaitter, de France, d'Angleterre, d'Escosse, de Lorraine, & d'Austriche; & mesme mit l'vn des Enguerrands en telle cōsideration, que les Princes François, mutinez contre S. Louys à son aduenement à la Couronne, le regarderent comme celuy auquel s'il vouloient ceder le commandement.

Chroniques de Flandres c. 19.

Pour preuue des enfans de Iean de Montmirel, nous auons en premier lieu la Charte de l'Abbaye de Cantepré, de la fondation des Seigneurs d'Oisy, en datte du mois de Mars 1202. en laquelle Iean de Montmirel, & Heluide de Dampierre, faisant vne donation aux Religieux, marquent que c'est du consentement de leurs enfans, Guillaume, Iean & Elizabeth, qui lors estoient seulement naïs, ou bien se trouuoient au lieu auquel l'acte authentique se faisoit. Puis nasqui-

Liure premier. 49

nasquirent Matthieu, qui succeda à Iean Comte de Chartres son frere, en la Seigneurie de Montmirel & d'Oisy ; Felice mariée à Hellin Seigneur de Waurin Seneschal de Flandres, & Marie mariée à Enguerrand III. Seigneur de Coucy, qui pour lors n'eut d'elle en mariage que la Seigneurie de Condé en Brie.

Et encore qu'Heluide de Dampierre, autant que nous pouuons coniecturer de plusieurs indices que nous en trouuons dans les Chartes anciennes, & dans la vie de Iean de Montmirel, ait esté Dame qui le portoit bien haut, & qui n'approuua pas si entierement comme elle eut deub le changement de son mary; Neantmoins les prieres qu'il fit pour elle, les grands exemples de vertu qu'elle

D

auoit veu de luy, & sur tout, l'approbation generale qu'elle vid, que chacun monstroit des actions de saincteté, qu'il fit esclatter en Religion, la gagnerent peu à peu de telle sorte, que quelques memoires veulent qu'elle embrassa elle mesme l'estat Religieux en l'Abbaye sainct Estienne, maintenant sainct Pollez-Soissons. Les chartes que nous auós d'elle monstrent qu'elle fut grandement liberale aux Eglises. Ce qui fait voir qu'il ne manqua rien en leur mariage pour le rendre heureux, & que ce peu de dureté qui pouuoit estre en Heluide, estoit vn sentiment assez pardónable de la grande extraction dont elle partoit, qui ne la diuertit iamais du respect qu'elle deuoit à son mary, tandis qu'il demeura dedans le monde,

& du soin maternel de ses enfans.

Entretiens militaires de Jean de Montmirel, pendant ses premieres armes.

CHAP. V.

LA milice, aussi-bien que toutes les grandes occupations, a ses essais ; & la Noblesse s'employe auec passion en ce qu'elle croit l'y pouuoir faciliter, afin de reüssir mieux dans les armes. Tels sont les lices, les tournois, les ioustes, & autres exercices semblables, que Iean de Montmirel dés son ieune âge embrassa d'autant plus ardemment, que son humeur guerriere estoit celle qui donnoit la reigle à toutes ses

D ij

actions. Il n'y espargnoit ny sa personne ny ses biens, comme les iugeant des moyens necessaires à paruenir au but qu'il pretendoit. Il y faisoit vne si excessiue despense, que chacun en demeuroit estonné; croyant que la magnificence deut donner du relief à sa valeur. Dieu conduisoit cette ame par les sentiers qu'elle aimoit, au lieu qu'elle ne connoissoit pas encore; & souffroit de Iean de Montmirel semblables oubliances, afin d'en establir vn fonds d'humilité & de confusion, quand il auroit ouuert les yeux sur soy-mesme, & reconnu les defauts de sa ieunesse. En effet, quoy qu'il eut de grands biens, neantmoins ce qu'il y consumma, alla iusques à tel excez, que ce fut depuis l'vn des plus sensibles remords que sa conscience esprouua, lors qu'ayant changé de vie, il eut le loisir de repasser sur ce qu'il auoit despensé pour la vanité.

Ayant desia l'habit de Religion, quelqu'vn de ses confidens luy demanda librement s'il auoit bien autrefois despensé mille francs en vn seul tournoy, comme l'on disoit : Cette demande luy tira les larmes des yeux, auec lesquelles, couuert de repentance & de confusion, il aduoüa ce dont on l'auoit interrogé : Car, dit-il lors, i'ay esté ce prodigue que vous desirez connoistre, & ay despensé follement vne infinité de biens pour vn neant. A dire vray, telle somme d'argent estoit lors si grande, qu'elle eut fait le doüaire d'vne Princesse, & de la fille d'vn Souuerain ; meritant bien d'estre plainte par vn esprit plus meur, n'ayant seruy qu'à l'esclat d'vn iour, & à vne inutile parade de grandeur. Que si selon S. Augustin, par les imperfections que l'on voit és premiers âges des Saincts, l'on peut coniecturer la trempe de leurs esprits, ainsi que de quelques herbes inutiles, qui croissent en vn champ non cultiué, l'on cognoit la bonté du terroir: Nous apprenons de là, que le reste de sa vie fut fort innocent, la gloire & l'honneur du monde le tenant si fort occupé ; & d'autre part, nous pouuons iuger l'aptitude qu'il auoit au mespris du monde mesme, à la liberalité, & à plusieurs autres belles vertus, par vne si legere estime des richesses, lors que la bonté de Dieu, qui la luy auoit donnée, la voudroit employer à son seruice.

L'ancien Autheur qui nous a laissé sa vie, s'est monstré peu obligeant à la loüable curiosité que nous aurions de sçauoir en particulier, quelles ont esté les premieres armes de Iean de Montmirel. Sous l'ombre qu'il dit ne l'auoir escrite que pour des Religieux, qui ne deuoient pas faire estime de telles actions, il nous a frustré de plusieurs belles cognoissances, qui eussent esté plus loing qu'il ne pensoit. Nous y eussions trouué de quoy enrichir l'Histoire generale de France, comme tous les iours l'on faict, des narrations & des Histoires particulieres que l'on deterre, & que l'on met au iour. Et mesme l'humilité de la croix Religieuse, qu'il embrassa depuis, en eut davantage esclatté, puisque nous les eussions deub attacher comme autant de pieces d'honneur, au trophée de victoire qu'elle remporta sur luy.

Tellement qu'il se faut arrester à cette veuë generale, qui veut que chacun se forme de sa valeur, sur sa seule parole; si ce n'est que l'on iuge assez que le favory d'vn Souuerain belliqueux, comme nous l'allons voir, ne pût iamais monter à ce grade, que par les breches, & sur les corps de tout ce qui s'opposoit aux armes victorieuses de son Roy. Le temps, la rencontre des ennemys, mais sur tout, l'actiuité Martiale de nostre Auguste, en disent tant, que le silence de l'Historien pourroit estre crû affecté, afin de ne point succomber à la grandeur du sujet pluſtoſt qu'à vne ſimple retenuë de Conuent.

Iean de Montmirel fauory du Roy Philippe Auguſte.

Chap. VI.

LA France, apres le regne aſſez paiſible de Louys ſeptiesme, dit le Ieune, eſtoit en la conduite du valeureux Monarque, que les vœux publics ſurnommerent à la naiſſance, Philippe Dieu-donné, comme eſtant né apres les craintes & les ſouhaits que formerent deux mariages du Roy peu fortunez; mais qui par ſes vertus, ſe fit luy meſme, dás la bouche de toute l'Europe, celuy d'Auguſte

& de Conquerant. Le commencement de son regne l'attacha auec vn puissant ennemy, Henry II. Roy d'Angleterre, qui outre la Normãdie, ancien fief de ses ayeux, auoit du mariage d'Eleonor, la Guienne, le Maine, & plusieurs autres grandes Prouinces, dont il tiroit les forces contre la France mesme, & la combattoit. Henry II. fut suiuy de Richard son fils, Prince si courageux, que les siens le surnomment Cœur-de-Lion; ce fut vn second ennemy que Philippe eut à combattre; estant desia plus meury, son frere Iean sans terre, fut l'entretien de sa vieillesse. Et en effect, comme les lions venans sur l'âge dedaignent de combattre les bestes qui ont la temerité de les attaquer sous l'ombre des lauriers où ils reposent, & se contentent de les donner à déchirer à leurs petits; Philippe apres la bataille de Boüines, où l'Europe ayda à la valeur de la France, ne s'amusa plus apres cet insolent, mais l'abandóna à Louys son fils, qui fut depuis huictiesme Roy de ce nom. Ce qui rendit toutes ses graces plus fascheuses, fut la hayne mortelle que ces trois Princes auoient contre la France, qui leur auoit esté inspirée, par Eleonor de Guienne, chassée du lict & de la Cour de Louys septiesme. Henry II. preferant l'vtilité à l'honeur, la receut pour sa femme, & auec elle la passion de la venger, en laquelle ses deux enfans qui vinrent apres son decez à la Couronne, luy succederent autant qu'en ses Estats.

Mais Dieu moderateur des Empires, & qui daigne monstrer vne

inclination particuliere pour la France, luy donna vn grand protecteur & son souuerain, & luy fit naistre vne Cour si Martiale, que l'on pouuoit mieux dire d'elle, que ne faisoit cet ancié d'Ephese, qu'elle estoit la boutique des guerres, & la lice des Preux. De ce rág estoiét les Seigneurs de la maison de Mello, ceux de Coucy sous le nom de Marle, les Princes de la maison Royale de Dreux, tant ceux qui de profession suiuoient les armes, que l'Euesque de Beauuais ; les deux Guillaumes des Barres, & notamment le pere, estimé au voyage que le Roy fit outre mer, le plus braue Caualier de l'Europe, aux despens de Richard Roy d'Angleterre qu'il demonta; les Seigneurs de Bar, de Nanteüil & vne infinité d'autres, qui reluisoient en valeur au tour de leur Auguste, comme feroient des Astres pres du Soleil.

Entre ces Heros de leur siecle, estoit Iean Seigneur de Montmirel, la memoire duquel est conseruée en ceste qualité par l'Autheur de sa vie, contemporain : de façon que si Rigord, le Breton, & d'autres n'en ont point parlé, c'est sans doubte par ceste consideration mondaine, que composant leurs Histoires au temps que Iean de Montmirel s'estoit desia retiré du monde, puis qu'ils les dedient à Louys VIII. ces escriuains de Cour n'ont voulu nommer que les Seigneurs qui les pouuoient gratifier. Mais comme l'auctorité de cet Autheur Anonyme, Religieux de Long-pont, est hors de soupçon, & que la sincerité de son proceder met hors de doubte: ce qu'il rapporte des personnes & des affaires de son temps, nous deuons l'employer pour remplacer ce qui manque aux autres, quelque qu'aye pû estre la cause de leur manquement.

Il enseigne donc que Iean de Montmirel estoit le fauory de Philippe Auguste, tousiours à son seruice, tousiours à ses costez: ce qui naissoit, outre la ressemblance de l'âge & la sympathie des humeurs, qui estinceloient en tous deux, d'ardeur militaire, & encore d'vne grande bonté naturelle, que le Roy trouuoit en ce genereux vassal, sans desguisement, sans fard, sans interest, dont il faisoit le lien d'amour & de grace, qui l'attachoit si fauorablement à sa personne.

Cela partoit en Iean de Montmirel d'vne eminence de courage & de valeur, qui l'esleuant dessus l'ordinaire des humains, l'establissoit ce semble comme en vne region releuée de bonté, en laquelle l'on faict bien pour le bien mesme, & l'affermissoit conioinctement en vne humeur née à bien faire, telle que nous nous figurons estre la condition des esprits bien-heureux, à qui l'vsage de la beatitude a rendu la bien-faisance naturelle.

C'est pourquoy le Roy ne le nommoit pas comme faisoient les autres, *Iean de Montmirel* ; mais d'vne priuauté, & d'vne affection qui ne se voit que dans les creances intimes, *Iean Bonté*, à cause de la bonté rare & eminente dont ce Seigneur estoit doüé. Or cóme les

Ioannes Bonitas.

Princes souuerains approchent aupres de leurs personnes, ceux qui ne les empeschent point, ny qui par des veües trop curieuses & trop recherchées, sont capables de trouuer leur repos, leur plaisir, & leur liberté; Il est aisé à iuger du rang que Iean de Montmirel tenoit dans la faueur d'Auguste, qui l'estimoit la Bonté mesme. Si que sa naissance & sa valeur le rendant considerable en Cour, la douceur de son esprit, & la bonté de son humeur, le faisoient le premier en grace, & le principal fauory, sur lequel le Roy auoit mis son affectió, & se desennuyoit de ses soings. En effect, la malice, l'artifice, & autres telles pestes de Cour, sont tousjours suspectes aux Rois mesmes; & ceux qui ont le plus penetré dás l'affection des Souuerains, ont eu

cette

cette bonté par excellence, ou pour le moins, en ont recherché les apparences, afin d'entrer sans ombrage dans leur esprit.

Et comme nostre Auguste auoit embelly son nom d'vn eloge rauissant, il prenoit aussi plaisir à luy donner des robbes de toile d'or, pour le faire plus paroistre à ses costez. C'estoit pour l'equiper de toutes pieces, & chercher en ce digne fauory, la satisfaction qu'vn Monarque peut prendre au dedãs & au dehors d'vn confident. Que si ce fut beaucoup à luy de meriter la creãce d'vn Prince vn peu muable en ses affections, & qui estoit tousiours en action comme le feu, ce ne luy fut pas moins de gloire, d'en auoir vsé discretement ; & apres tout, de ne s'en estre iamais laissé si fort saisir l'esprit, que le

E

chemin du Ciel auquel Dieu l'appelloit, luy en deuint plus difficile, ainsi que nous apprendrons peu apres des exercices occultes de vertu, dont il temperoit le grand air de telles faueurs.

Ce fut aussi de cette mesme bonté naturelle comme d'vn beau fonds, que Dieu fit naistre l'amour des pauures, le soin extréme des miserables, le plaisir en l'hospitalité, l'ardeur à secourir les lepreux; comme si cette mesme qualité eut deu seruir à Iean de Montmirel, pour gagner la faueur aussi bien du Roy du Ciel, que celle du Roy de la terre : sans que iamais cette douceur & debonnaireté si loüable, rompit en luy l'ardeur, & la viuacité qui l'accompagnoit tousjours dans les armées. Vous eussiez crû que cette huile se nourrissoit de ce feu; ou que pluſtoſt l'huile de la douceur, & l'ardeur de la guerre, compatiſſoient enſemble en vn meſme ſuiet, auec la meſme intelligence, que l'on voit eſtre entre les cieux produits de l'eau, & les aſtres de nature ignée. Auſſi la vraye force n'a rien de dur ny de cruel; les genereux ſont bontifs & pitoyables; Homere les fait auſſi faciles à pleurer ſur les miſerables, qu'à tirer le ſang de leurs ennemis : Ce ſont des lions, dés qu'ils ſe voyent couuerts d'acier : cette lüeur de guerre d'vne force cachée leur remplit le cœur de feu, dés qu'ils en ſont touchez : au reſte, ont-ils mis bas le harnois, ils ſont traictables en aigneaux : c'eſt vne douceur, & vne ſincerité qui n'a point ſa pareille : Au contraire de ceux qui n'ont que le maſque de valeur, & quelque peu de paroles dont se seruent les vaillans, dans les armes, & sous le fer ils n'eschauffent iamais, tant la peur leur glace le sang : mais ce sont-ils defaits de leurs habits de guerre, ils sont fiers, hautains, cruels, pour se faire craindre des pauures, & font sentir à leurs domestiques en pleine paix, ce que la guerre fait dauantage apprehender des ennemis.

Notable seruice que Iean Seigneur de Montmirel rendit à Philippe Auguste, à Gisors.

CHAP. VII.

C'Est par vne espece de supplément à l'histoire generale de

France, que nous rapportons cette remarque speciale de Iean Seigneur de Montmirel sous la garantie de l'Autheur Religieux qui l'a produit au manuscrit que nous suiuós, puis que les autres escriuains, ainsi que nous auons desia aduoüé, obmettent son nom. Apres le voyage d'outre-mer que firent ensemble les deux Rois, Philippe de France & Richard d'Angleterre, Philippe reuint chez soy, & voulut executer les traitez que Richard auoit passé en Leuant, par lesquels il declaroit rendre aux François, Gisors & le Vexin, qui auoient esté les doüaires consecutiuement de Marguerite de France, & d'Alix, sœurs de Philippe, dont l'vne auoit esté mariée à Henry le ieune Roy, aisné de Richard, mais decedé deuant son pere : l'autre pendant qu'elle estoit fiancée à Richard, auoit esté deshonorée par Henry 2. pere de Richard, qui pour ce suiet s'excusa de l'espouser. Philippe pretendit executer cette reuersion tandis que Richard estoit prisonnier en Allemagne, ayant malheureusement donné dans les embûches de Leopolde Marquis d'Austriche, qui les liura à l'Empereur, cóme ce Prince pensoit passer du Leuant en ses Estats; les François estoient aidez aussi par Iean-sans terre, qui s'oubliant de son deuoir, pendant l'emprisonnement de Richard son frere, faisoit bonne part de ses terres, pour se maintenir en celles qui luy demeureroient.

Sur le refus d'obeïr aux lettres de Richard, que captieusement fit Robert Cóte de Licestre, mal nómé Guillaume, par Rigord, Philippe à main armée entra dans le Vexin, prit Gisors, & fit prisonnier le Comte mesme, qu'il enuoya à Estampes, où il tint long téps prison: Ce qui arriua l'an 1195. Richard mis en liberté par l'Empereur, ramassa de grandes forces en Angleterre, où il alla descendre, puis vint courre sus à Philippe, qui outré de l'insigne perfidie de Iean sans-terre, lequel pour se rabiener auec Richard son frere, auoit fait esgorger la garnison Fráçoise d'Eureux, en vn banquet où il l'auoit inuitée, mettoit le feu par toute la frontiere de Normandie; & mesnagea ses approches auec tant de secret & d'accortise, qu'il se rendit auec de grádes forces prés de Philippe, lors qu'il l'estimoit encore bié éloigné. L'Anglois dóna prestement le degast à tout le Vexin, & auec 15. cens caualiers, Seigneurs de remarque quarante mille fantaſſins, & des cotereaux ſans nombre, qui eſtoient gens ramaſſez, incendiaires pour la plus part, & voleurs, lors à la ſolde de Richard, ſous vn nommé Mercadé leur Capitaine, prit Courcelles, place forte, auec Robert Seigneur du lieu, mit le feu aux autres moindres places, & enueloppa de ſorte Philippe & vne poignée de Caualiers qui s'eſtoiét amaſſez autour de ſa perſonne, qu'il n'y auoit point d'apparence qu'il en pût eſchapper.

Noſtre Conquerant, qui meſuroit toute choſe à ſa valeur, ſe trouua lors de ce danger ſur le grand chemin de Giſors, où il alloit, ſans penſer auoir Richard & tant d'ennemis ſi pres de luy, n'eſtant accompagné que de cinq cens lances. Le Seigneur de Mauuoiſin, autrement de Rôny, qui eut aduis de l'approche des Angois, ſurpris de frayeur, arreſta la bride du cheual du Roy luy diſant ; Sire, où allez vous ? vous voulez vous perdre aſſeurement: au moins rebrouſſez & tirez vous d'icy ; nous couurirons voſtre retraicte de nos corps & de nos vies. Philippe qui voyoit deſia que les troupes ennemies ſe groſſiſſoient, ne s'en eſmeut pas dauantage, ſinon que pouſſant ſon cheual, il dit, qu'il s'eſtoit mis en chemin d'aller à Giſors, & qu'il iroit. Sur quoy les Seigneurs François mirent auſſi-toſt la main à l'eſpée, contre les Anglois qui commençoient à les ſerrer de toutes parts, & ayant en teſte leur Auguſte, auec des proüeſſes incroyables, abbatoient tout ce qui s'opposoit à eux, se firent large au trauers des ennemis.

Dans cette troupe d'eslite, estoit Iean de Montmirel, autant des plus auancez dans la meslée, que la faueur du Roy l'obligeoit de se tenir pres de luy. Ce fut vn Mars ce iour-là, tant il estoit effroyable aux Anglois, il fit vn carnage horrible dans l'infanterie, & dans la caualerie, qui s'opposoit au chemin du Roy, il ne portoit coup qui ne fut mortel à ceux qu'il assenoit, & quelquefois vn seul en escartoit vn grand nombre, qui de mort, qui de peur aussi froide que la mort. Enfin le Roy approcha heureusement de Gisors, & quoy que ce fut en laissant quelques vns des siens entre les mains des Anglois, ce fut neantmoins vn prodige qu'vne poignée de caualerie eut forcé l'vne des plus florissantes armées qui fut pour l'heure en Chrestienté.

Mais lors que chacun pensoit estre en seureté, il arriua vne gráde disgrace, que l'Ange protecteur de la France destourna. Le Roy tiroit dans Gisors auec tant d'impetuosité, & les François couroient si serrez au tour de sa personne, que le pont de la ville en rompit sous eux. Le Roy sauta à cheual dans la riuiere, & fut aussi tost suiuy de sa Noblesse, qui sans entrer dans la ville, gaigna l'autre riue à nage, pour se mettre à couuert de l'ennemy. Ce faict d'armes fut si heureux pour nous, qu'osté la capture des prisonniers plustost accablez, & embarassez du grand nombre de ceux qui les poursuiuoient, que vaincus de iuste force, aucun des noſtres ne fut tüé dans la courſe, ny noyé dans l'accident du pont. Neantmoins noſtre Conquerant ayant promptement tiré vers Paris, & redreſſé ſes troupes, entra toſt apres en bataille rangée dans le pays ennemy: Iean de Montmirel fut auſſi chez luy, & ramaſſant haſtiuement le plus de Nobleſſe & de gens qu'il pût, amena au Roy vn renfort qui fut conſideré de toute l'armée; auec cela l'on mit à feu toute la marche de la Comté d'Evreux, & l'on pouſſa le rauage & la deſolation iuſques au Neufbourg, & à Beaumont le Roger; dont l'vn auoit eſté le lieu, où Louys le Ieune auoit laiſſé ſes deux filles en depoſt, pour attendre l'âge nubile d'elles & de leurs fiancez; l'autre place appartenoit au Comte de Liceſtre, dit de Beaumont,

Liure premier.

comme issu des Comtes de Meulant.

Or encore que tous les Seigneurs de France se fussent si dignement portez en cette occasion, qu'il ne sembloit pas y auoir aucune recompense, qui egalast leur merite; Neantmoins le Roy, tesmoin oculaire de chacun, iugea que Iean de Montmirel auoit surpassé les autres; & en tesmoignage d'vne souueraine valeur, le gratifia deuant la Cour, d'vne robe de toile d'or. Qui pourroit rapporter l'honneur qu'il receut par ce present, & combien celuy fut chose glorieuse, d'estre preferé par le plus grand Roy de l'vniuers à tant de Seigneurs, dont le dernier auoit dompté l'Anglois? fut il iamais de recompense militaire qui pût faire comparaison auec cette grace, d'vn Souuerain, qui honorant son vassal, declaroit qu'il tenoit la vie, la gloire & la couronne de luy? Il fut donc declaré du Roy mesme, le plus braue Seigneur de la France, & doit estre recognu dans nostre Histoire, pour auoir arresté les desseins Anglois, lors qu'ils pensoient entrer le plus asseurement dans les faueurs de la fortune ; n'ayant depuis rien faict qui n'ait seruy de relief à la gloire d'Auguste, & à l'enrichissement des François.

<small>L'allouette Histoire de Coucy.</small>

L'autheur de l'Histoire Genealogique de Coucy, traictant côme Enguerrád de Coucy, espousa Marie fille de Iean Seigneur de Montmirel & d'Oisy, qu'il nomme auec sujet, vaillant & hardy Cheualier, adiouste qu'il fut Connestable de France, & qu'il passa en Afrique auec son gendre, faire la guerre aux Sarrazins. Pour ceste guerre, il peut auoir quelque instructió particuliere qui luy ait enseigné ce voyage, qui n'estoit point aliené de l'humeur de Iean Seigneur de Montmirel. Si ce n'est qu'il confonde les Sarazins & les Albigeois, dont nous parlerons peu apres: mais qu'il ait esté Connestable, la diligence de ceux qui ont trauaillé sur la recherche des principaux Officiers de la Couronne, sous chaque regne de nos Rois, ne permet pas seulement d'y penser. Nous le representons icy sous les armes, tel qu'il se voit en sa sepulture de Long-pont.

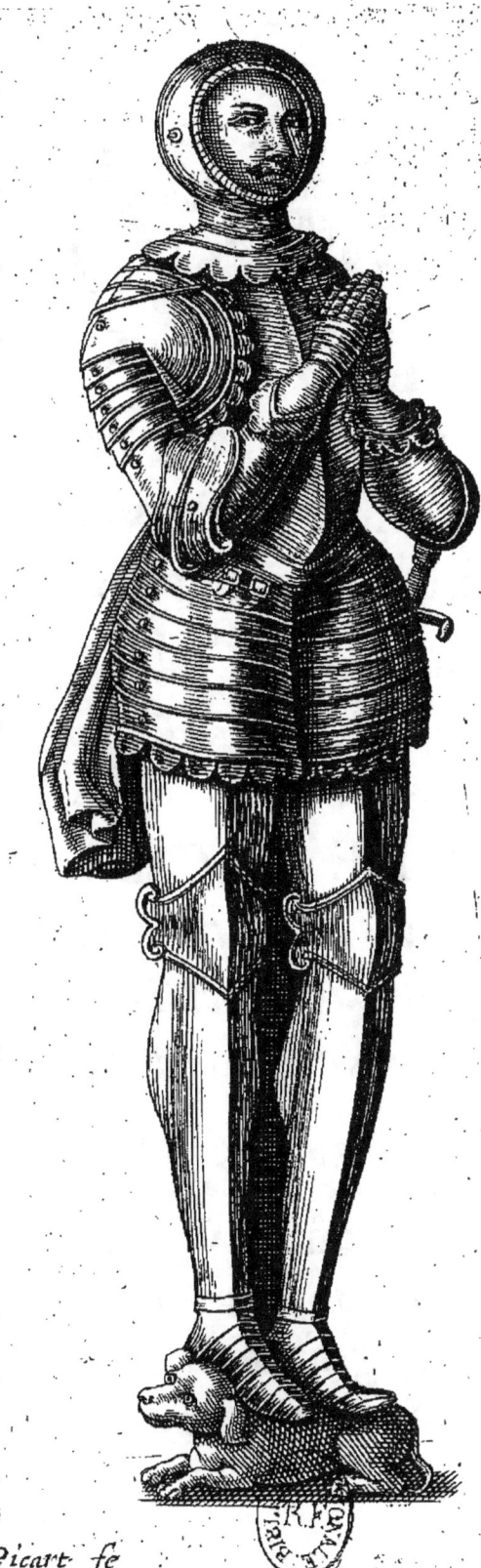

Ioan. Picart fe

HISTOIRE DE IEAN SEIGNEVR DE Montmirel & d'Oisy, Chastelain de Cambray, &c.

Puis Religieux en l'Abbaye de Long-Pont, de l'Ordre de Cisteaux.

LIVRE SECOND.

Les premiers attraits dont Dieu se seruit pour la conuersion de Jean Seigneur de Montmirel.

CHAP. I.

Ovs auons veu iusques icy la Noblesse, les richesses, les grandeurs, & les succez de Iean Seigneur de Montmirel ; c'estoient des liens qui l'attachoient fortement à la Cour, qui sembloit n'auoir des yeux lors, que pour admirer sa valeur. S'il s'en trouue tant, qui ne laissent pas d'estre passionnez pour le monde, lors mesme qu'il n'a pour eux, que des malheurs ; comme deuoit ce Seigneur s'engager à son seruice, l'esprouuant fauorablement par tout? Qui croiroit neantmoins que Dieu faisoit dessein d'abbattre toutes ces vanités aux pieds de la Croix, & d'esteindre dans l'obscurité d'vn Conuent, ces grandes pompes de Cour, & la gloire qui ne voyoit rien d'esgal à soy ? Telle est la conduite de son inscrutable prouidence ; il tire l'humilité de la grandeur, la pauureté des richesses, le mespris des trophées ; & lors qu'il semble que tout soit au point le plus difficile à manier, il employe des ressorts, qui font ouuerture des cœurs à ses graces, & tout cede à sa volonté.

Le changement de vie que fit Iean Seigneur de Montmirel, ne fut nullement precipité. La sagesse diuine le mena pas à pas où elle desiroit, par vne longue suite de dispositions salutaires, qui outre qu'elles luy donnerent le moyen d'exercer dans le monde mesme, comme dãs vn pays ennemy, mille belles vertus, luy desnoüerent si suauement les liens dont il estoit attaché, que ce ne fut pas seruitude, l'estat qu'il embrassa, mais vne desirée liberté. L'vn des premiers moyens dont il plût à Dieu se seruir pour le taster seulement, fut vn veritable amy, diligent admoniteur & libre à merueillé, qui ne cessoit iamais de l'aduertir sagement de son salut. L'autheur le nomme Chanoine Regulier; & ie croirois aysement que c'estoit vn Religieux de sainct Iean des Vignes, qui viuoit au Prieuré de Montmirel. Ce personnage se seruant du credit que la bonté de Ieã de Montmirel luy donnoit, luy disoit tousiours quelque bonne parole, & comme il voyoit que ce Seigneur n'estoit persecuté que du demon de gloire & de vanité, il auoit tousiours quelque chose à dire contre le monde, & par vne grande dexterité d'esprit, iettoit mille fadeurs, & mille degousts, sur tout ce que ce Seigneur monstroit en desirer. Dés qu'il le sçauoit estre retourné de la Cour ou de la guerre, il ne perdoit point de temps, & l'alloit voir, & sagement rabattoit les pointes que la vanité luy auoit données, luy remonſtrant, que tout ce qu'il auoit acquis n'auoit rien de reel, s'il vouloit luy-meſme en ſainement iuger.

Vn iour entre les autres, que le Seigneur de Montmirel retournoit d'vn tournoy tout couuert de lauriers; apres qu'il luy eut laiſſé prendre la fumée de toutes les cójoüiſſances, que la complaiſance de ſes domeſtiques, ou la vanité de ſes amis luy pût offrir, il le vint attaquer lors qu'il crût auoir pû digerer les fantaiſies du ſiecle, dont on luy auoit emply l'eſprit. D'abord auec vn ſoûris ſerieux, il luy dit, Seigneur, mais apres tout, iugez en vous meſme, & ayez plus de creance à voſtre prudence propre, qu'à toutes les illusions, dont ces petits esprits veulent surprendre vostre bonté. Quel bien apportez vous de la iouste magnifique, dont vous venez? nous auons bien veu la despense que vous auez faicte, nous auons veu l'embaras de vostre Argentier & de vos Receueurs, pour vous parer comme vn Soleil. Mais quels fruicts de tant de peines? quels acquests en vous appauurissant, & vos fermiers? où trouuerez vous des gens sages qui donnent de l'argent & s'habillent tout d'or, pour se faire battre, tantost par vn faquin de quintaine, ores par vn concourant de mesme lice? Helas! que l'eternité vous cousteroit beaucoup moins, si vous la vouliez acquerir! Elle est venale, & Dieu la presente aux mortels à bon marché, en ayant payé luy-mesme sur la Croix le plus grand prix. Ce que l'on vous demande, ne va que pour vous appliquer auec honneur, ce qu'il vous a acquis.

Ce bon Seigneur receuoit ses paroles comme la manne du Ciel, sans contradiction, sans resistance, & auec vne grande sincerité de cœur. Et quoy que son humeur fut tousiours vn peu pour la gloire, il rougissoit neantmoins, & se blasmoit aysement luy-mesme, entendant son instructeur parler. De façon que s'il n'estoit pas encore persuadé de se declarer pour la vertu, & d'abandonner toute cette pratique de vanité, il acquiesçoit au moins aux autres instructions qu'il luy donnoit, auec plus de soubmission, & ressembloit desia à vn homme qui marchande, se retranchant aisement du reste, à condition que ce qui luy sembloit estre inseparable de sa condition, luy demeurast, & ce encore plustost par precaire, & auec mille degousts de son ame, qu'auec la satisfaction, que pendant ses premiers charmes de Cour, il y tramoit.

Il chasse les Iuifs de ses terres, & donne à ses Estats vne belle police pour le seruice de Dieu.

CHAP. II.

Vi a comparé la grace auec l'huile, outre mille utres rapports, a voulu dire aussi, que comme vne goutte de l'vne tombât sur vne estoffe, s'estend, se dilate, & s'accroist tousiours d'ellemesme, ainsi que si elle auoit vne vertu diffusiue de soy sur le suiet qui la reçoit: De mesme fait la grace, qui d'vne petite pensée, receuë quelquefois presque sans esgard, s'augmente, & croist insensiblement, auec tant d'effect, que si la rebellion de nostre mauuaistié n'y apporte de la resistance, elle baigne à la fin l'ame entiere, & la possede pleinement. Le respect que Iean de Montmirel rendoit aux aduis familiers, que le Ciel luy donnoit par ce sainct homme, fut ce qui luy acquit de Dieu de nouueaux aides pour le bien. Il se mit donc peu à peu à policer ses terres, tant par salutaires Edits, que par ses bons exemples: Si qu'il semble que le Ciel souffrit aisement le delay qu'il apporta à se rendre Religieux, veu que ce ne fut que pour remplir de religiosité & de vertu ses suiets, auant que de les laisser.

Les Iuifs auoient alors vn grand pouuoir en France; il n'y auoit ville ny bourgade qui ne se vit rongée de cette vermine, auec les crimes d'vsure, de sacrileges, d'impieté, & autres telles atrocitez, qui sont les apennages ordinaires de cette maudite nation. Auguste à son aduenement à la Couronne, les auoit chassez, par vne ordonnance, qui fait presagir à la France, que Dieu preparoit de grands succez à ce ieune Monarque par les sainctes volontez qu'il luy donoit: Les Iuifs passerent dans les Estats voisins, où ils firent assez tost sentir que la malediction diuine les suiuoit. La Normandie, & autres Prouinces des Anglois en deça la mer, en furent aussi tost couuertes comme de chenilles, auec vne grande destruction, qui finalemét aboutit à les en debouter eux-mesmes. Mais ie ne sçay par quel malheur, le Roy vaincu de la necessité de ses affaires, croyant, sans la foule du peuple, accroistre ses finances, espuisées par tant de guerres, du tribut que ces testes venales rendoient, souffrit qu'ils reuinssent en France l'an 1198. Ce que Rigord racontant, prend bien la hardiesse de dire, que l'accident de Gisors, dont nous auons parlé, où le Roy fut en si grand danger de sa personne, fut vn chastiment notoire de ce rappel.

Ils estoient donc retournez aussi en Brie & en Champagne, quand Iean de Montmirel apperceuant les desordres que ce mauuais genre d'hommes causoit chez soy, les fit vuider par vn bannissement solemnel, tout fauory qu'il estoit en Cour auec la liberté, qu'il prenoit peu à peu sur soy mesme, de regarder plustost Dieu, que les creatures. Toutesfois il s'y comporta auec humilité ; & comme ce n'estoient que les Seigneurs qui tiroient profit de leur demeure, il les manda tous deuant soy au téps de la moisson, & leur ayant faict bailler du sien trois pieces d'argét à chacun, & vne faucille ; afin de pouuoir enleuer en s'en allant, vn peu de grain, pour l'entretien de leurs vies, il les chassa totalement de ses terres. Ce fut garder la iustice exactement ; contribuant de ses finances, & commandant aussi que ses sujets leur laissassent emporter vn peu de bled.

Ayant trauaillé contre le mal, il entreprit de faire pour le bien; & son premier effort fut à tenir la main, que Dieu fut serui dignement, pluſtoſt par ſon exemple, aſſiſtant au ſeruice diuin auec reueerence & aſſiduité, que par autres moyens, qui n'ont pas grande force au faict de Religion. Sa Cour auſſi toſt fut changée; perſonne ne máquoit plus aux deuoirs d'vn Chreſtien. Qui le venoit viſiter, eſtoit aſſeuré d'aller à l'Egliſe auec luy, aux heures arreſtées pour le ſeruice; & ne s'empeſchoit iamais de perſonne, de quelque qualité qu'elle fut. Cette pieté ſe reſpandit auſſi toſt par le peuple, & chacun commença à s'affectionner à ſon deuoir, à ſon exemple. Il contribua beaucoup à la decoration des Egliſes; & les carrozels peu à peu le perdant, les autels profitoient de ses anciennes despenses; de façon que quand ce n'eut esté que pour le voir deuant la Majesté de Dieu, & le bel ordre que l'on tenoit desormais au seruice diuin, il n'y eut eu personne qui ne l'y eut accompagné. Les grands peuuent merueille en ce point pour le salut des ames; & lors qu'ils ont le cœur assez bon d'honorer Dieu de leur personne mesme, & d'assister à l'Eglise auec deuotion, ils gagnent plus sur leurs sujets, que tous les Predicateurs du monde. L'exemple d'vn grand, est vne grande predication, & pour estre muette, elle n'est pas moins puissante, l'ame est aussi-tost vaincuë par la veüe d'vn obiect esclattant, que par l'ouye d'vn discours, qui apres tout, laisse tousiours l'esprit incertain de la possibilité de ce qu'on luy demande, qui est le defaut, que du premier abord l'exemple leue, monstrant le bien en la personne d'vn pieux Seigneur, autant imitable que loüable.

Il fonde l'Hostel-Dieu de Montmirel, & commence à y exercer de grandes actions de vertu.

Chap. III.

LA charité dont l'on ayme Dieu, est la mesme que celle dont l'on ayme le prochain. Dés qu'vne ame s'arreste à aymer Dieu, elle se sent aussi tost pleine d'amour & de compassion pour les pauures,

pour les malades, & generalement pour tous ceux qui ont besoin de nostre ayde, que le pieux Samaritain dans l'Euangile nous enseigna estre enclos sous le nom du prochain. A mesure que Iean de Montmirel s'addonna à la pieté, la Charité luy suggera la fondation d'vn Hostel-Dieu, qu'il entreprit aussi ardemment, que s'il eut eu peur que les vertus, compagnes inseparables de la Charité, fussent demeurées chez luy sans logemét. Ie ne puis pas icy resoudre si cet Hostel de misericorde, fut basty lors dans la ville, ou bien au bas de la montagne, où il a esté cy-deuant assez long temps, & d'où le moderne Seigneur de Montmirel, qui a beaucoup de rapports auec luy, l'a faict remonter dans la ville pour la commodité des habitans. Le lieu
où

où nagueres il estoit, semble auoir esté depuis recherché pour la cómodité des eaux ; & ie ne iugerois pas le bastimét de la Chapelle, estre du temps de Iean de Montmirel. Ie croiray donc iusques à meilleure instruction, que l'Hostel-Dieu qu'il bastit fut dans la ville, pres du Chasteau, ainsi que demande la suite du discours; encore qu'il y ait quelque titre qui fasse métió d'vne maison & d'vne eau, que l'Hostel-Dieu auoit au bas de la montagne.

Il le dotta si richement, que les passans, pauures, malades, y estoiét traictez largement. Mais les plus grandes richesses qu'il y mit, furent les actions admirables de sa vertu, en vn Seigneur encore du monde de telle condition; qui me font croire auec l'Autheur de sa vie, qu'il eut autant dessein

G

de la bastir comme vne lice ouuerte à sa charité, que comme vn lieu de secours & de soulagement du prochain. Les premiers essays de sa ferueur, furent en la sepulture des defuncts. Aussi-tost que quelqu'vn estoit decedé à l'Hostel-Dieu, ce pieux Seigneur sçauoit y suruenir si à propos, qu'il portoit tousiours l'vn des bouts de la biere. Et si le poids estoit tel, pour la petitesse du corps, qu'il le pût porter luy seul, il ne souffroit que d'autre y mit la main, mais il portoit la biere entiere sans secours, aussi gayement que si toute sa vie il eut esté fossoyeur.

Sa deuotion accrût de iour à autre, & dans peu vint à ce point, que celuy qui n'apprehendoit plus de voir les bieres, eut le courage de manier les corps malades, viure auec eux, les feruir, fouffrir leurs haleines & leurs immondices. C'eſtoit luy qui les remuoit dedans leurs licts, qui les portoit çà & là, ſelon que la neceſſité le requeroit, lors qu'ils ne ſe pouuoient plus ayder d'eux-meſmes. Il paſſa iuſques à ce terme, que le ſoin meſme qu'il auoit de ſa perſonne, & ce qui s'en pouuoit dire le plus recherché, deuoit eſtre imbu de l'vſage & de la ſenteur des pauures, qui luy eſtoit deuenu parfun delicieux; de façon que c'eſtoit ſon plaiſir que de ſe ſeruir du peigne meſme, dont l'on peignoit les pauures. O grand Dieu, qu'il eſt vray, & n'en faut pas dire dauantage, pour tout dire, vous eſtes admirable en vos Saincts!

Actions heroiques de Iean Seigneur de Montmirel au seruice des pauures malades.

Chap. IV.

NOstre foiblesse en la vertu est si grande, qu'elle ne peut pas mesme entendre les actions des Saincts sans fremir; c'est la derniere marque que l'on puisse produire d'vne extreme impuissance, que le simple recit du bien nous fasse horreur. Toutefois Dieu par sa bonté desirant nostre aduancement, nous met deuant les yeux les exemples des Saincts, pour faciliter nos sens, & pour les appriuoiser à la saincteté, afin que ce que nous voyons és autres auec admi-

ration, nous plaise en nous ; & que
nous ayons autant d'amour pour
nous mesme, aux despens des repugnances d'vne nature corrompuë, que nous en sentons allumer
dans nos cœurs, vers ceux que
nous loüons auoir desia pris le deuant auec honneur. C'est vn chef
d'œuure en faict de Charité, ce que
nous allons dire de ce Seigneur ; &
comme il arriue aysement que les
apprentifs en vn mestier, quand ils
sont doüez d'vn grand genie, font
des effects en leur art, que les plus
grands maistres n'oseroient pas
entreprendre. Aussi Iean de Montmirel, encore nouice en vertu, fit
en ce point d'amour des pauures,
& de la victoire de soy-mesme, ce
que les plus deliez dans la veritable spiritualité m'aduoüeront

toufiours, eftre des dernieres prouë-
eſſes du meſtier.

Dans cet hoſpital eſtoit vne pauure femme, qui auoit vn chancre ou vn abſcez à la mammelle, fluant continuëment: outre la douleur qu'elle ſentoit, la puantur de cet egouſt perpetuel la moleſtoit beaucoup. Le Seigneur de Montmirel s'arreſtoit ordinairement à elle pour la conſoler, touché de grande compaſſion de la voir tant endurer. Enfin vn iour, que peut eſtre elle donna de plus violens ſignes de ſon tourment, ce charitable conſolateur s'agenoüilla deuant elle, & porta la bouche ſur ſa playe, la baiſant auec affection, ſi que les levres luy furent veuës teintes du pus, quand il ſe releua. Il en vſoit ainſi pour la ſoulager en ſes peines, & afin de rendre à cette infirme son incommodité plus supportable, il baisoit sa playe; & vaincu d'vne compassion pressante, telle que nous la voyons quelquefois dans les meres, maniant les playes de leurs enfans pour leur en oster la frayeur, il appliquoit sa bouche à cet abscez pour luy destourner l'esprit du sentiment de la puanteur extreme qui en sortoit, & pour luy persuader, que ce n'estoit pas chose de si mauuais effect qu'elle croyoit. O Saincts abuz de charité, pour tromper le mal des souffrans! ô tendresse d'amour, qui fais trouuer des entrailles & des actions de mere, encore hors du commun, en vn Seigneur illustre dans le monde, pour vne pauure pourrie, qui en estoit l'horreur & le rebut!

Mais ce qui suit est encore plus rauissant. Il estoit vne autre femme dans le mesme hospital, qui auoit vn abscez au costé, si puant, que pour auoir patience auec les autres malades, qui ne la pouuoiét plus souffrir, il auoit fallu la separer. Ce fut vne petite chambrette, où cette pauure creature fut mise, qui aussi tost se remplit de telle infection, que l'abord seulement n'en estoit pas supportable. Iean de Montmirel faisant sa ronde ordinaire par l'hospital, y entra: mais le bon Seigneur en fut tellement saisi, qu'il reprit aussi tost la porte, & en sortit. Aussi commençoit il à pasmer ; & comme luy-mesme en parla depuis, selon les termes que l'Auteur de sa vie rapporte, pour monstrer qu'il raconte ce dont luy-mesme est tesmoin:

La puanteur intolerable m'a fait saisir le cœur. Neantmoins il ne porta pas loin la lacheté auec laquelle il sembloit auoir perdu le poste, où la charité l'auoit mis. Il y auoit vne Dame, vertueuse matrone, qui estoit la Gouuernante de l'Hostel Dieu : le Seigneur de Montmirel en faisoit vne grande estime pour sa vertu ; & elle respectiuement, en ce qui estoit de son bien, luy parloit auec tout plein de liberté. Comme elle eut sçeu ce qui luy estoit arriué, elle luy vint à la rencontre, & l'attaqua la premiere : Hé ! quel braue Caualier auós-nous icy ? vn peu de mauuaise odeur luy a fait perdre le terrein, & l'a mis en fuite. Et puis grossissant dauantage sa voix, comme poussée d'vn plus haut esprit que le sien : Ce sont vos pechez, dit-elle, qui vous font trouuer si forte cette puanteur.

Iean de Montmirel chastié de si bonne main, aduoüa la debte, & auec vn soûriz de confusion, Vous auez bien suiet, dit-il, de me reprédre; ie ne puis pas nier la lacheté. Et puis, sans faire autre semblant de ce qu'il brassoit en son cœur, rebroussa chemin, & plein d'indignation contre luy-mesme, r'entra dans le bouge où cette creature gisoit, se mit à genoux, approchant son visage à cét infame abscez, & afin que la puanteur y demeurast entiere, & qu'il n'é pût rié exhaler, couurit du linceul l'espace qui estoit entre son visage & la malade, receuant l'infection, & beuuant tout à l'aise l'odeur insupportable qui en sortoit, vn grand espace de temps qu'il demeura attaché à ce cruel tourment de tous les sens. Ses yeux perdirent patience à l'y voir tant demeurer : & l'on fut en donner aduis à la Gouuernante, que l'on sçauoit auoir du pouuoir sur luy. Elle y vint, & vid elle mesme la posture où estoit ce mignõ de Cour, ce fauory du Roy, celuy qu'elle nommoit auparauãt lâche & poltron. Mais changeant de note, elle se mit à le tirer, & puis à le tanςer aigrement d'auoir vsé de cette cruauté contre soy-mesme, que l'on ne peut pas approuuer, dit-elle, & qui va tout outre à l'excez. Le bon Seigneur, s'estant gorgé du plaisir que la charité luy faisoit prẽdre en cette actiõ, se releuant luy dit, Ie veux bien ma bonne Dame, que vous sçachiez, que ie n'ay iamais senty parfun au monde pareil à celuy-cy. Non tenez pour certain ce que ie dis; c'eſt vne odeur ſi exquiſe, que ie ne m'en pouuois pas retirer. Et puis reprenant la parole, il adiouſta, Vrayement vous diſiez bien tantoſt, que c'eſtoit mes pechez qui ſentoient mal : car pour cette creature c'eſt vn Paradis que de la ſentir. Bonté Diuine, quel muſque nouueau, & quelle nouuelle ciuette voyons-nous icy ! quel miracle ! ou pluſtoſt, quel eſt le plus grand des deux, ou d'vn Seigneur nourry dans l'ambre & les parfuns, qui ſe iette & s'abandonne à telle infection ; ou de la charité, qui luy change vne puanteur ſans pareille, en vne douceur qui le charme, & en vne odeur qui luy rauit le ſens ! l'vn & l'autre eſt ſouuerain; Et c'eſt aſſez pour vne creature que d'entrer en quelque conteſtation raiſonnable auec Dieu.

Faueur insigne de la saincte Vierge enuers Iean de Montmirel.

CHAP. V.

LEs vertus vont toufiours de compagnie; à mefme qu'vne ame eft fi heureufe, que d'en receuoir vne du Ciel, elle peut s'affeurer qu'elles font toutes efcorte à la Charité. La deuotion enuers la mere de Dieu eftoit rare en Iean de Montmirel, auffi bien que la Charité, & les autres ornemens dont le Ciel l'auoit doüé. Vn iour qu'il faifoit voyage dans le Cābrefis, où il eftoit puiffant terrien, affifté d'vne grande comitiue de Gentils-hommes fes vaffaux, il efcheut qu'il paffa prés d'vn lieu, où estoit vne image de la saincte Vierge, dont le Seigneur de Montmirel ne s'apperceut pas si tost, ayant l'esprit attentif à autre chose. Mais reuenant à soy, & voyant qu'il auoit ainsi passé sa bonne Dame, sans la saluer, apres vn peu d'inquietude, il fit prendre son cheual à l'vn de ses gens, & mettant pied à terre, courut hastiuement à l'image, & là mesme s'estant agenoüillé, demanda pardon à la Vierge de ce qu'il auoit passé deuant elle, sans luy rendre ses deuoirs.

Or il arriua vn cas estrange. L'image de pierre ou de bois qu'elle fut, estoit en telle situation, que Iean ne l'auoit que de costé en luy faisant sa priere. Mais ceste statuë visiblement se tourna, changeant de place, pour se presenter de front à cet humble Caualier. Comme si la Roine des Anges, qu'il honoroit en son image, eut voulu monstrer par ce changement qu'elle agreoit sa deuotion, & qu'il ne deuoit pas craindre que cette obmission pût amoindrir l'affection qu'elle luy portoit. Nous auons dans l'Histoire Ecclesiastique, que lors que Nestorius prisonnier pour ses impietez contre la Vierge, voulut se tourner vers vne image de pierre qui estoit là, l'image luy tourna le dos, pour l'horreur de ses crimes. Les pierres sont sensibles, ou du moins seruent à tesmoigner le sentimens des saincts, quand il plaist à Dieu les employer aux indices de son amour, ou de son courroux. Plusieurs qui auoient suiuy le Seigneur de Montmirel furent tesmoins oculaires de ce prodige, & en demeurerent rauis.

Pour luy, qui prisoit plus la cause que l'effect du miracle, & qui auoit l'esprit absorbé de contentement de voir que la Royne du Ciel ne le dedaignoit pas recognoistre en son image pour son seruiteur, se leua de terre sans ceremonie, & sans tesmoigner qu'il luy fut arriué rien d'extraordinaire, & de là se rendit au gros de la Caualerie qui l'attendoit.

Ne perdons point l'occasion de dire, que c'est chose digne d'vn Chrestien de saluër la Croix, ou les images de la Vierge & des Saincts, quand elles se presentent en chemin, autant que la bien-seance, si vous voulez, & la commodité le peut souffrir; puis qu'il faut que pour auoir raison de nous, la deuotion descende à nos commodités. Ces sainctes figures ne seruent pas

seulement

seulement à borner les terres, mais rompent par leur rencontre, l'effort de nos ennemis inuisibles. Elles sont des douces memoires des biensfaicts de nostre Dieu; ce sont des aduis muets qu'il nous donne de nostre deuoir, rappellant nostre ame de l'égarement où souuent elle est, & la remettant en la presence de Dieu, par le benefice des sens. Que si iadis Hypparchus, ce me semble, dressa des colonnes sur les grands chemins qui conduisoit à Athenes, où il auoit faict grauer de belles sentences, pour l'instruction des passans, dont est venu le terme de parœmie, seló vn ancien Grec: Est-il rien de plus sententieux que la veüe de la Croix? est-il rien d'instructif, comme la figure de la Mere de Dieu, ou d'vn Sainct, qui presente d'vne seule veüe, toute la Philosophie du Ciel, à celuy qui se donne seulement la patience de les saluër? Mais quant à nostre sujet, nous verrons encore plus bas, comme la Vierge le gratifia.

Sa charité vers les lepreux dans le Cambresis, & la grace qu'il y receut de Dieu.

CHAP. VI.

LA proximité des lieux me faict ioindre au narré precedent, ce qui arriua à Iean de Montmirel en Cambresis, puisque la simplicité n'a pas rendu nostre Autheur assez curieux de distinguer les temps, que chaque chose arriua. Il sortoit d'Oisy, terre principale, dont ses ancestres maternels portoient le nom, & alloit vers Acclimont; accompagné de plusieurs Gentils hommes de sa suite, pour quelque affaire qu'il y deuoit traicter. Comme il fut au village, dit Sancy, vingt cinq paures lepreux luy vinrent à la rencontre, bien ioyeux de sçauoir qu'il y estoit. A ceste veüe il sauta de cheual à terre, comme pour vn obiect que son cœur cherissoit; & prenant vn sac d'argent que portoit derriere luy l'vn de ses domestiques, qui mesme faisoit le restif, & refusoit d'aprocher si prés des ladres, alla au milieu d'eux, & leur fit largement l'aumosne; & puis ce bon cœur de Seigneur, qui estoit tousiours admirable en ce qu'il faisoit de plus ordinaire, fleschit le genoüil deuant chacun d'eux, & leur baisa la main deuotement. A voſtre aduis, qui eſtoit le bien-faiteur, & quelle main deuoit eſtre pluſtoſt baiſée? Mais Iean de Môtmirel penſoit faire vn grand acqueſt, que d'acheter auec ſon aumoſne la grace de baiſer la main d'vn ladre, & la receuoit à grand faueur.

A peine eſtoit-il remonté, qu'il rencontra le vingt ſixieſme lepreux, & le dernier de cette grande bande qu'il auoit ſi bien careſſée : comme plus languiſſant & plus malade que ſes compagnons, il attendoit que le Seigneur de Montmirel paſſaſt : & ne manqua point en le voyant, à le prier de l'aſſiſter. Mais comme l'on auoit donné tout aux autres, apres auoir vn peu penſé, il dit au lepreux. Mon amy, ie suis bien en peine, ie n'ay plus icy d'argent pour vous donner, mais ie veux que vous mesme me fassiez l'aumosne, & que vous me donniez la tunique que vous portez. Le lepreux estonné que le Seigneur de Montmirel luy demandast, au lieu de donner, & ne sçachant pas encore ce qu'il vouloit faire, neantmoins n'osant pas d'autre costé le refuser, despoüilla sa tunique, & la luy presenta. Mais il le fut encore bien plus, quand il vid que ce Seigneur despoüilla la sienne aussi toute brochée d'or, & la luy donna. Il ayda le lepreux à se vestir, & se couurit mesme de ceste vilaine tunique le mieux qu'il pût, afin qu'aucun de ses gens ne s'en aperceut, leur ayant commandé de marcher deuant.

Il continua son chemin, ne faisant aucune mine du changement d'habits qu'il auoit faict, & tousjours tint si bon visage, que personne ne s'en apperceut. Il arriua au lieu qu'il pretendoit, donna audience à ses sujets depuis le matin iusques au soir, tousiours couuert de cette iaquette puante de lepreux. Mais il arriua icy vn faict considerable; Quelques discours que l'on tint deuant luy, & quelques afaires que l'on luy sçeut proposer, il ne comprit iamais rien de tout ce qu'on disoit. C'est pourquoy quand se venoit à opiner sur les cas debattus de part & d'autre, il commandoit à son Preuost de parler, & de dire pour luy son aduis On luy demanda depuis, quelle auoit esté ceste grande occupation d'esprit, où on l'auoit veu contre son ordinaire, en rendant ce iour là la Iustice à ses sujets: il aduoüa que son ame auoit esté incessamment attachée à la contemplation d'vn visage que nous croyons estre celuy du Fils de Dieu, qui luy paroissoit dedans l'air, & qui l'auoit rauy à soy par vne si violente douceur, qu'il n'en auoit iamais pû detacher ses sens; aussi ne croyoit il pas qu'il y eut langue ou parole, qui en pût descrire la beauté.

Aussi comme le iour n'auoit pas esté assez long, pour gouster à son ayse le contentement que ceste veuë diuine luy auoit donnée, quand ce fut au soir, il s'esuada de ses gens, & les laissant au logis, n'ayant qu'vn seul de ses domestiques pour l'accompagner, il s'alla ietter dans vne maison voisine de Religion, où il pût à plaisir espandre son cœur deuant Dieu, & ioüir de l'aymable obiect qu'il auoit encore present. Quelles furent les delices de cette saincte ame, la nuict qu'il fut là, quels les transports de son cœur, nous le pouuons mieux coniecturer qu'expliquer; estant le propre des choses diuines qu'elles surpassent le discours & l'esprit de ceux qui ne les ont iamais esprouuées. Mais c'est vne grande felicité de ceux qui seruent Dieu, qu'ils ne peuuent rien faire à son honneur, qu'il ne voye. Quoy que ce Seigneur s'efforçast de cacher l'habit du ladre aux siens, le pouuoit il cacher de Dieu? Ce fut pourquoy Dieu se monstra present, & luy fit voir son visage, auec la satisfaction telle, qu'vne creature peut sentir en ceste vie, en voyant ce qui faict les bien-heureux en Paradis.

Euenement, & discours estrange entre Jean de Montmirel, & vn aueugle.

Chap. VII.

LA prouidence diuine veille continuëment sur les actiós des hommes; & ce qui met la difference entre ceux qui viuent contens, & les autres qui se plaignent tousiours, est, que les raisonnables prennent ce qui arriue, comme arresté par l'ordre de ceste prouidence qu'ils adorent, & à laquelle ils sçauent qu'ils doiuent toute sousmission: où les impatiens

& les impies, ne voyant que leurs crimes dans tout ce qui les approche, n'en tirent aucun soulagemét. Ie dis cecy pour rapporter vne Morale estrange d'vn aueugle, & vne resignation, que fit à la volóté de Dieu vn pauure criminel plus clair-voyát de l'ame que du corps. Comme Iean de Montmirel estoit vn iour à Creuecœur en Cambresis, en cópagnie de force Noblesse, qui l'estoit venu visiter, il auoit à só ordinaire plusieurs pauures au tour de sa table, ausquels il faisoit donner à manger, ayant gagné cet auantage par tout, que comme on le cognoissoit porté à la misericorde, l'on ne s'effarouchoit plus de les voir au tour de luy. Entre les autres, fut vn aueugle, qui apres auoir bien disné, leuant sa voix plus haut que tous, donna il loüa son bien faiteur, dit entre autres choses: Qu'il plaise au Roy du Ciel de vous benir, venerable Seigneur de Montmirel, qui nous auez auiourd'huy si bien traicté. Mesme que i'ay receu tant d'autres biens de vous, que ie ne les sçaurois pas rapporter.

Sur ces paroles, qui fraperent quelqu'vn de la maison, ne luy paroissant pas dites sans suiet, il s'approcha de l'aueugle, & luy demanda quels autres biens il vouloit dire auoir receu de son Maistre. L'aueugle repartit sur le champ; Comme i'estois vn voleur, vn meurtrier, vn adultere, vn sacrilege, en fin vn homme perdu, mesme en resolution de me noircir encore de plus grands crimes, le Seigneur de Montmirel vostre maistre, se mōstrant tres iuste Iuge en mon endroit, me fit arracher les yeux, qui estoient les guides ordinaires de mes offenses. C'est ce qui me le fait benir tous les iours, sçachant bien que par cét acte de Iustice, c'est luy qui a retiré mon ame des flammes d'Enfer, où ie m'allois precipiter. Le Domestique apres ce raisonnement de l'aueugle, croyāt bien que son Maistre seroit bien aise d'en estre aduerty, l'alla treuuer aussi tost, & luy dit ce qu'il auoit appris.

Montmirel estoit encore à table; cét aduis luy frappa le cœur, de crainte d'auoir rien fait contre la charité, en vn homme si resigné, voulant faire regner la Iustice. Il se leua si promptement que chacun reconnut bien qu'il y auoit du mystere, & ayant retenu l'aueugle qui se retiroit desia, il se ietta à deux genoux deuant luy, luy demandant pardon auec larmes, de ce qui s'estoit autresfois passé. L'aueugle confus repartit; Seigneur de Montmirel, vous n'auez rien fait qui vous oblige à me demander pardon. Ie vous supplie de croire, que pour cét accident que vous pensez, ie vous suis infiniment plus obligé, que vous ne pouuez conceuoir. Si vous m'eussiez pardonné, lors que mes crimes vous arracherent des mains le chastiment qui vous met en peine, il y a long temps que ie serois sec pendu, & peut-estre encore damné au feu pour iamais en l'autre monde. Iean fut grandement satisfait de la prudence de l'aueugle, & n'osant pas contester dauantage auec luy, sur ce qu'il reconnoissoit luy auoir esté si profitable, il se contenta de soulager son indigence presente par les biens qu'il luy fit donner.

Qui n'admirera les conduites de Dieu, puis que les aueugles mesme les connoissent; & qui ne loüera sa prouidéce, puisque ceux qui font des pertes sensibles, comme des yeux & de la veuë, en loüét les executeurs. Il est vray que si nous prenions de la mesme main que Dieu nous presente, les accidens qu'il permet, nous en deuiendrions heureux : mais c'est le malheur, plus de nos esprits, que de nos corps, de ne receuoir que de la main gauche, ce que le Ciel nous donne tousiours de la main droite.

Ce qui arriua à Iean de Montmirel en l'Eglise de nostre Dame de Soissons, & sa conference auec vne Dame de saincte vie.

CHAP. VIII.

CE que Dieu permet quelquefois que les grandes ames chancellent, c'est afin de mieux les affermir. Vn iour ce bon Seigneur estant à Montmirel, & tracassant en son esprit plusieurs pésées, il luy en demeura vne plus forte que les autres, qui prit feu, ce semble, & le toucha. C'estoit qu'il pensa comme autrefois il estoit adroict aux armes, fameux dans les guerres, le Mars de son temps: Il acquieça à ce retour du passé, & quoy que les cendres paruſſent fort eſpaiſſes, ſur les reſtes que ce ſouuenir remüa, l'effet n'en tarda gueres à ſe monſtrer. Car il commanda que l'on luy apportaſt ſes armes, & tout innocemment, ſuccombant à cette petite vanité, il les mania & remania auec aiſe, luy ſemblant eſtre encore dans les meſléës. Ce qui occupa ſon cœur & ſes ſens pour quelque temps. Mais ce ſainct Caualier, qui auoit deſia congedié les pompes du monde, s'apperceut auſſi-toſt du faux pas qu'il auoit fait, & faiſant reporter haſtiuemét tout cét equipage de la milice mondaine, ſe blaſma comme d'vne grande offenſe d'auoir eu tát de complaiſance pour ſon humeur ancienne, & ne manqua pas de lauer auec larmes ce qu'il eſtima trop folaſtre

pour

pour vn seruiteur iuré du grand Dieu: encore qu'à le prendre à la rigueur, ce ne fut qu'vne petite oubliance bien innocente.

Ce defaut fut le sujet qui l'esmût, estant à Soissons, de s'enquerir de son hoste s'il n'y auoit point en la ville quelque personne de saincte vie, pour s'affermir dauantage au seruice de Dieu par ses instructiós. Il luy dit qu'il y auoit vne femme de grande reputation, recluse de longues années en vn endroit qu'on luy nomma, que plusieurs personnes visitoient. M'y voudriez vous bien mener, dit Montmirel? Ah ie vous prie, repartit l'hoste, ne me commandez pas cela. Quelle honte seroit ce de vous voir chercher vne petite femelette? Mais le vertueux Caualier, animé de l'esprit du Fils de Dieu, vsa presque

I

des mesmes paroles dont jadis il reprit S. Pierre, qui le destournoit du Caluaire, le nommant Satan, & ignorant les choses de Dieu. Aussi bié, adiousta-t'il, que croyez-vous que soient les Rois, les Princes, & Iean de Montmirel le premier, sinon des charognes puantes, que les vers mágeront? Partant l'hoste estant si vertement chastié, consentit à le conduire.

Au temps passé les Dames, mesme de maison, se rendoient recluses: c'est à dire, faisoient bastir prés des celebres Eglises & Monasteres, des maisonnettes, & se iettoient là dedans, sans iamais en sortir, que pour l'vsage du seruice diuin. Les Euesques les y plaçoient auec des ceremonies particulieres; Elles affectoient le voisinage des Religieux pour en tirer de l'instruction. Il y auoit aussi des hômes reclus, dont il est parlé au 11. Concile d'Orleans Can. 13. tenu l'an 533. pour reconnoistre l'antiquité de cette deuotion dâs l'Eglise Gallicane. Telle estoit la recluse dont nous parlons icy, logee sous quelque petit appenti, attenant à l'Eglise de N. Dame de Soissons; ainsi que le cours de ce narré nous enseigne. Iean de Môtmirel l'estant allé voir auec son hoste, il estima chose conuenable, d'entrer premierement dans l'Eglise, & faire sa priere à la Vierge. Ie ne puis pas icy rapporter la sainteté de cette illustre maison, & côme dés la premiere race de nos Rois, la mere de Dieu y a esté reuerée auec des miracles si fameux, que l'on en fait encore la feste auiourd'huy: Il faut vne autre occasion à vne si grande entreprise.

I ij

Iean de Montmirel y eſtant entré, & s'eſtant agenoüillé deuant la ſainċte Image de la Vierge, ſe ſẽtit eſmeu à ſouhaitter vne grande contrition de ſes pechez. Mais cõme il ſentit au contraire que ſon cœur luy ſembloit n'auoir iamais eſté ſi dur, tout confus, il leua les yeux à la Mere de miſericorde, & luy dit: ô ſacré refuge des pecheurs, à la mienne volonté, que moy qui ſuis voſtre eſclaue, pûſſe maintenant obtenir de vous vne ſi grande horreur de mes pechez, qu'elle rõpit la dureté de mon cœur, & le briſaſt en mille pieces à vos pieds.

A peine eut-il fait cette nouuelle façon de priere, qu'il ſe ſentit frappé d'vne indicible douleur de coſté. Ce luy eſtoit vn ſi grand tourmẽt, qu'il crût, que c'eſtoit vn demõ auquel Dieu l'auoit abandõné, en punition de l'indiscret souhait qu'il auoit fait, en voulant que la Vierge luy fit des menaces qui ne deuoiét point auoir d'effet. Le mal luy dura 4. ans entiers, sans qu'il en pût iamais trouuer guerison, quoy qu'il y employât, & medecins pour le corps, & personnes de saincte vie pour l'ame, comme il croyoit que le mal auoit pris son cours de l'ame sur le corps.

L'Auteur ancien donne à entendre, que cet accidét luy osta la pensée de voir la recluse; & que les 4. ans expirez, il alla voir vne Dame nómée Marie de Gonnelieu, ou de la maison noble, qui porte ce nom dans le Soissonnois, ou du village au moins qui est ainsi appellé: & qu'à l'abord il luy demanda, Seruante de Dieu, m'auez vous iamais veu? à quoi elle respondit, Non Seigneur, je ne vous ay iamais veu en corps, que maintenant, sans rien adiouster dauantage. Mais que ce peu de paroles suffit à Iean de Montmirel, luy donnant au mesme instant vne si grande cósolation d'esprit, auec vn si puissant degorgemét sur le corps, que la douleur de costé qu'il enduroit depuis 4. ans cessa, & son ame luy sembla estre transportée en vn pays nouueau de delices interieures qu'il n'auoit pas encore senti. D'où nous inferons, que c'estoit là sans doute cette recluse, & qu'il ne la vid que 4. ans apres, quand Dieu luy donna la pensée de la voir, ordónant de le guerir par ce peu de paroles qu'elle luy tint, qui móstrent la saincteté de sa vie, & qu'elle auoit veu souuent Iean de Montmirel en esprit. De questionner icy, si ce fut offense de faire la priere, dont il encourut vn chastiment, il ne nous appartient pas: puis que nous ne sômes rien de nous-mesme que misere, si Dieu ne nous conduit en toute chose par sa grace, & les afflictions qu'il nous enuoye, ont souuent d'autres motifs, que pour nous punir.

L'enqueste qu'il fit faire auprés d'vn sainct Hermite pour le changement de sa vie.

CHAP. IX.

Les grandes operations que la grace faisoit incessammét dans l'ame de Iean de Mótmirel, non seulement luy donnoient la force de produire tant de nobles actions, mais aussi le dégoust si parfaict du monde, qu'il n'y pouuoit plus durer. Il se presentoit à son esprit vne grande diuersité de moyens de s'en défaire; celle qu'il esperoit faire par les armes luy agrea dauantage, comme souuent nos inclinations se meslent d'estre les interpretes des volontés de Dieu. En effect c'estoit la deuotion du temps pour les Seigneurs, que de tout quitter, de prendre les armes, & d'aller ordinairement en la Palestine, combattre pour la foy. Mais comme lors les Albigeois trauailloient l'Eglise, c'estoit aussi là le rendez-vous de la Noblesse Françoise, où elle acouroit pour respandre son sang. Le Seigneur de Montmirel prit la resolution d'y aller, & pour y estre plus vtile, alla vers ses terres en Cambresis, pour faire sept mille francs, d'vne coupe de bois, qu'il defiroit y employer. Quiconque a expliqué la defense que faict le Sauueur, que la main gauche ne fçache point ce que faict la droicte, du silence que les maris doiuent garder en telles occasions de bien-faire, de peur que la femme ne gaste tout, figura ce qui se passa en ce sujet. Les marchands de bois voulurent auoir le consentemét de Heluide de Dampierre, à cause de leurs enfans communs. La Dame le refusa, à qui plaisoient peu les despenses pieuses, & les nouueautez de son mary: ce refus arresta la vente, & le voyage, dont le bon Seigneur fut fort affligé.

Dieu souuent nous donne de bonnes volontés, pour nous essayer, & non pas tousiours pour les conduire à leur effect, toutes les fleurs qu'il fait estaler par le Printemps sur les arbres, ne se noüent pas en fruict; ce n'est ny tromperie ny repentir de la nature, mais sagesse, auec laquelle dans cet embellissement de l'arbre, elle discerne celles qu'il sera plus à propos de conduire à maturité; le mesme est de telles bonnes volontés; toutes ne portent pas; nos esprits seroient accablez & rendus infecóds dans leur fecondité; le choix en est à Dieu, & à nous l'agreement, de porter à l'effect celles qui luy plaist; en quoy nous sommes plus fortunez que les arbres, puis qu'outre l'embellissement que nos ames en reçoiuent, les bonnes volontés sont aloüées sur les contes de Dieu, comme des fruicts. Ce fut peut estre, ce que luy representa vn Gentil-homme de sa suite, homme discret & pieux, qui estoit de son dessein, quand il le vid attristé de cette rupture ; & puis luy suggera vne autre pensée, ou plustost Dieu par son organe, qui le consola parfaictement.

Cet empeschement du voyage que vous pretendiez faire, Seigneur, ne vous doit point affliger; quittez-en la pensée, s'il vous plaist de me croire, il me vient ie ne sçay quelle lumiere d'enhaut, qui me faict voir, qu'il ne seroit si profitable que vous iugez. N'est-il pas vray qu'à vostre retour de l'armée, vous vous trouueriez aussi aduancé dans la fuite du móde que vous pretendez faire, comme vous l'estes maintenát? vous retourneriez aussi Seigneur de Montmirel que vous fustes iamais. Ie ne voy point tant d'acquests dans tels voyages.

Quelle vie donc me conseillez-vous, dit Iean de Montmirel, & où puis-je donner pour me mettre en liberté? Si vous l'agreez, repartit le Gentil homme, allons nous ietter dans vne forests, où l'on n'entende plus parler de nous: nous serons à l'abry des langues des hommes, & des contradictions qu'ils font à nos desseins. Vous voyla vn seruiteur tout acquis, & vn compagnon de solitude tout trouué. Que Dieu vous benisse, cher-amy, dit le Seigneur de Montmirel, en l'embrassant; & puisse-il encore benir vos paroles. Allez donc, montez à cheual, courez par tout, trouuez moy quelque retraite, & peut estre vn lieu desia frequenté par d'autres Hermites, ne nous seroit pas mal à propos, pour auoir leur instruction.

Ce confident fit tant par ses iournées, qu'il vint au pays du Liege, où il auoit entendu qu'vn graue & pieux solitaire viuoit en reputation de sainėteté. Il luy descouurit le sujet qui l'amenoit, & comme son maistre, Seigneur de qualité, apres auoir suiuy la Cour & les armes long-temps, s'il l'agreoit, desiroit se rendre aupres de luy, pour l'imiter. L'Hermite, touché de Dieu, receut autrement le Gentil-homme qu'il n'eut crû. Il se mit à luy dissuader fortement ce genre de vie, & qu'il n'estoit point d'aduis que son maistre y pensast. Helas! mon enfant, disoit ce sainėt vieillard, nostre Seigneur Iesus-Christ sçait quelles peines nous souffrons, moy & mes semblables dans la solitude. Nous auons les demons incessammét sur les bras, qui nous battent, nous tourmentent, & nous laissent souuent à demy-morts. Dites à vostre maistre de la part de Dieu, qu'il n'y pense point. Il a l'Ordre de Cisteaux, que Dieu vient de donner à son Eglise, pour la retraicte de ceux qui le veulent seruir en saincteté : ie ne voy point pour luy de chemin plus seur, & mesme s'il veut prendre aduis des Docteurs de Paris, il n'en aura point d'autre conseil. Le Gentil-homme remercia l'Hermite, & se retira.

Encore qu'il ne crût pas qu'il y eut à s'informer dauantage, apres l'aduis de celuy que l'on disoit estre le Pere des solitaires du pays; neantmoins aprenant qu'il y en auoit encore d'autres peu loin, il voulut en prendre langue, pour estre mieux instruict en sa negotiation. Tous furent d'vn mesme aduis ; chacun luy parla de Cisteaux & des Docteurs de Paris, comme si ces bons Peres enfermez dans leurs hermitages, en eussent longtemps concerté.

Autre enqueste aupres des Docteurs de Paris à mesme fin.

CHAP. X.

LE Gentil-homme retourné de si loin, ne manqua point de faire son rapport fidelement de ce qu'il auoit apris, & comme aucun des saincts Hermites qu'il auoit veu, n'approuuoit que Iean de Montmirel se iettast dans la solitude: Mais comme il adioufta que tous luy parloient de l'Ordre de Cifteaux & des Docteurs de Paris, il prit la refolution luy-mefme d'y aller, feignant vn voyage en Cour, pour lequel l'Autheur dit, qu'il manda fa Nobleffe, & auec vne fuite digne de fa qualité, entreprit ce chemin en perfonne, pour fe refoudre du point le plus important qu'il eut iamais à decider.

Il y auoit lors à Paris plufieurs communautés de Docteurs & de graues Theologiens, qui pour la plus part en leurs efcholes enfeignoient la fainéte Efcriture. La principale & la plus hantée, eftoit celle du Paruis de Noftre Dame, apres que Maurice Euefque de Paris qui deceda l'an 1196. & Eudes de Sully fon fucceffeur, eurent bafty l'augufte Temple qui fe voit encore

Liure second. 145

encore auiourd'huy. Là se tenoient les escholes publiques, pour le sujet desquelles l'on mit la statuë de pierre qui se voit encore assez prés de l'Hostel Dieu, d'vn homme graue, vestu en personne d'estude, ayant vn liure à la main, pour seruir d'indice & comme de Mercure, à ceux qui en voudroient sçauoir le chemin ; mesme deuant le bastiment de Nostre Dame, les escholes se tenoient au milieu, comme Pierre Abaillard le monstre en quelque endroit de ses escrits. Aussi le Roy Louys le Ieune l'an 1157. affranchit l'Eglise de Paris de toute charge de giste, en recognoissance de ce qu'il y auoit esté nourry en son bas âge, auec Philippe de France son frere. Mais bien deuāt encore, Charlemagne fauorisa la mesme Eglise de plusieurs graces,

Cap.6.&10. des accidēs de sa vie.

K

en confideration des efcholes publiques, ainfi que firent auffi fes fucceffeurs. Il en eftoit pareillement d'autres à fainct Victor, que Guillaume de Champeaux Archidiacre de Paris, & puis Euefque de Chaalons, y eftablit l'an mil cent cinq, comme celles du Mont de fainte Geneuiefue, qui depuis femblent auoir efté reftablies par Robert de Sorbonne Chanoine de Paris, fous le regne de fainct Louys. Tellement que Iean de Montmirel auoit à choifir dans cefte multitude de Communautez de gens doctes, celle où il prendroit aduis, parce que l'ancien Autheur ne dit rien qui nous ayde à diftinguer quelle ce fut.

Il fe contente de dire qu'il fut chez eux, les falüa, & leur dit que le lendemain qu'il les reuiendroit trouuer, les supliant de nommer dix de leur compagnie, gens eminens en doctrine & en probité, auec lesquels il desiroit traicter vne affaire de gráde importance. Le lendemain que les dix Docteurs se trouuerent à point nommé, le Seigneur de Montmirel, pour les moins incommoder, les pria d'en deputer trois, qu'ils iugeroient les plus capables, pour l'entendre en particulier, & puis en faire leur raport aux autres, ainsi qu'ils iugeroient. Quand il se vid deuant ces trois personages, il se ietta à leurs pieds, & les considerât comme des Oracles du Ciel, & des Interpretes de la volonté de Dieu, il se mit en la plus grande humilité d'esprit qui luy fut possible, & apres quelques contestations, se rendāt le maistre de la façon dont il desiroit leur parler, il continua à leur dire, Qu'il estoit le plus miserable & le plus contemptible de tous les mortels, ayant iusques icy vescu dans le desordre : Qu'il est vray que ses offenses luy laissoient peu d'esperance de salut; mais que la bonté diuine ne l'abandonnoit point en telle angoisse, & luy donnoit vn grand desir de prendre vn chemin asseuré du Ciel, duquel il estoit tant esgaré. Qu'il sçauoit bié qu'il ne pouuoit venir à chef d'vne si haute entreprise, que par vne tres-austere penitence, à laquelle il estoit fort resolu; mais qu'il ignoroit la route qu'il tiendroit, & le genre de vie qu'il luy falloit embrasser à cet effect, suiet qui l'auoit amené à eux; & pour lequel il les coniuroit de luy donner vn bon conseil.

Les trois Docteurs touchés grandement des discours d'vn personnage de cette qualité, loüerent son dessein, & tous vnanimement luy dirent, qu'ils ne voyoiét point de plus seure addresse pour luy, que l'Ordre de Cisteaux, pourueu que d'autre-part il sentit que Dieu luy promit la grace d'y perseuerer. Il ne leur auoit rié dit de la response des Hermites sur ce mesme point; de sorte que voyant par tout vne si grâde conformité d'aduis, il ne douta plus que Dieu l'appelloit à l'Ordre de Cisteaux. Tellement que par impetuosité d'esprit, coustumiere à ceux qui se voyent puissamment tirez d'incertitude, il demanda que sur le champ l'on fit entrer les 7. Docteurs qui attédoient dehors; ausquels ayant fait la mesme proposition qu'aux autres, & ayant receu d'eux semblable resolution, il se determina pleinemẽt en leur presence d'embrasser ce sainct Ordre. Il les laissa autant consolez de sa vertu, qu'edifiez de son humilité; & tous iugerent dez lors que le Ciel en faisoit vn Sainct.

De l'humilité & de l'austerité de sa vie, & comme il se gouuernoit enuers les pauures.

CHAP. XI.

LE bon Seigneur n'estãt plus desormais dans le monde, que par emprunt, ce peu de temps qui luy resta pour donner ordre à ses affaires, ne seruit qu'à luy faire trouuer de plus grandes occasions d'abaissement, dont il auoit vn desir si grand, qu'il semble auoir surpassé le feu, que les autres ont pour l'ambition. Dieu luy donna pour caracteres de sa vocation, deux vertus par excellence, l'humilité, & l'amour de la pauureté. Il opposoit l'vne aux grandeurs qui rendoient les derniers abois à ses costez, & l'autre luy seruoit de disposition à la vie qu'il pretendoit embrasser. Neantmoins comme il trouuoit de grandes difficultés à executer son dessein, il disoit à ses côfidens, qu'il eut souhaité d'estre le plus pauure, & le plus abiect de ses sujets. L'amour de la pauureté Euangelique augmenta fort en luy celuy des pauures & des malades. C'estoit son contentement que de conuerser auec eux ; il les auoit tousiours à sa table ; & quand il estoit seul, ses delices consistoient à manger chez luy dans la vaiselle qu'il enuoyoit emprunter à l'Hostel Dieu. Nous auons desia dit, qu'il se faisoit peigner les cheueux des peignes que l'on employoit pour les pauures, pour gastez & pour hideux qu'ils pûssent estre, & comme vn grand courage est inuentif à douter la delicatesse des sens, parceque la coustume du téps portoit que l'on se fit lauer la teste assez souuent, il ne receuoit cet office, que de la femme de l'Hospital, qui faisoit le mesme aux malades. Qui n'admirera ceste vertu, que nous ne trouuons point, pour ce genre, entre les autres Saincts auoir eu de pareille!

Quand ses domestiques estoiét retirez, il alloit chercher les pauures dans les ruës, ou faisoit monter ceux qu'il tenoit tousiours comme des ordinaires dans sa maison: il les faisoit coucher dans son lict, & luy se reposoit sur la terre nuë, qui luy seruoit, auec autant d'aise de son esprit, que si c'eust esté la couche la plus delicate du monde: Et comme il auoit vne accortise indicible à couurir ses actions de vertu, il les faisoit retirer de telle heure, que ses officiers, quand ils entroient pour l'habiller, ne s'en apperceuoient iamais. Et cette conduite de charité fut demeurée obscure dans l'ignorance de nos iours, comme vne infinité d'autres merueilles, dont le Ciel n'a voulu receuoir d'autre tesmoin que soy-mesme, si ce qui arriua vn iour, comme il estoit à Creuecœur en Cambresis, ne l'eut descouuert.

Il escheut vne fois qu'vn grand nombre de Noblesse le vint voir en ce Chasteau, & la visite fut auec telles rencontres, qu'il fallut que la plus grande part d'entre eux y prit aussi logis pour la nuict. Cela empescha le Seigneur de Montmirel, soit qu'il eut cedé sa chambre à quelqu'vn de qualité, ou qu'il eut receu quelque autre en mesme departement, qu'il ne pût pas satisfaire cette nuict-là à l'ordinaire deuotion qu'il gardoit, de donner tousiours son lict aux pauures. Il se trouua dans cét embaras de maison, vn pauure petit mendiant, encore tout enfant, qui voyant qu'il n'en sentiroit plus le soulagement qu'il auoit coustume de receuoir, ne manqua point, en beguayant, d'en faire la reproche à l'vn de ces Gentils-hommes suruenus, luy disant en presence de Marie de Gonnelieu, qui pour quelque affaire s'y estoit aussi renduë, Nous voudriós bien que vous & vos compagnons eussiez pris giste en autre lieu : vous ne nous aidez pas icy beaucoup ; & cette grande foule de monde que vous estes ne nous plaist gueres. Ce Gentil-homme prit plaisir à faire caqueter cét innocent, le pressant de dire, quel déplaisir cette Noblesse luy apportoit. C'est par ce que, dit l'enfant, si vous n'estiez pas icy, nous coucherions mollement dans le lict du Seigneur de Montmirel, comme nous fismes hier, & la nuict deuant, & auons coustume de faire. Comme, repart le Gentil-homme dissimulant son estonnemét, si vous couchez dans son lict, où peut il donc coucher? A terre, dit l'enfant. Car voyez, il nous fait coucher dans son lict, & luy couche à terre contre nous, & veut de toute authorité, que nous facions ainsi, & n'est pas moyen de faire autrement.

L'on reconnut depuis entre ses domestiques, que quand il n'auoit point de pauures à loger, il couchoit à terre ordinairement; puis il se leuoit apres vn peu de sommeil, & quelque hyuer qu'il fit, il ne prenoit sur son corps qu'vn cilice, & se couurant d'vne cappe à l'antique, il alloit à l'Eglise pour assister à Matines, baignant la terre sur laquelle il estoit agenouïllé, d'vn côtinuel cours de ses larmes. Quand il estoit à Montmirel, la veille des grandes Festes, il se leuoit à minuict, & alloit en vne voisine maison de Religion, qui se nommoit lors le Bois, il y passoit le iour suiuant dans la douceur des meditations diuines, esquiuant prudemment le bruict d'vne nombreuse famille, & l'abord de plusieurs Seigneurs ses vassaux qui le visitoient.

Il faisoit si peu d'estime du iugement des hommes, qu'ayant l'esprit tout possedé de Dieu, & entierement occupé à luy plaire, il mettoit sa gloire, où les autres eussent mis vne insupportable confusion. Estant à Montmirel, il arriua qu'vne pauure femme accoucha en vne chetiue maison, où elle ne pouuoit pas estre assistée. Ce bon Seigneur le sceut, & aussi-tost l'alla voir, & ayant faict voir vne grande manne large & capable pour tenir la mere & l'enfant, il les fit agencer là dedans, & se la fit charger sur les espaules, la portant en plein iour à l'Hostel Dieu, au trauers de toute la ville, sans se soucier de ce que le monde en penseroit, pourueu que les membres de Dieu fussent soulagez.

De la Charité particuliere qu'il auoit pour les lepreux, & comme il les traicta estant encore dans le monde.

CHAP. XII.

ENcore que nous ayons desia dit quelque chose de ce point, neantmoins comme ces pauures malades sont les plus hideux & les derniers de la nature, i'ay creu deuoir garder ce qui suit pour le couronnement de sa charité. Il y en auoit lors quantité par la France, sans doute à cause de la hantise des Iuifs; soit que la frequentation seule de ceste nation infecte, donnast naissance à ce mal, soit que par malice ils le procurassent aux Chrestiens, dont ils ont esté souuent conuaincus. Aussi vid-on que quand finalement ils furent bannis de la France sans regrez, le mal cessa presque par tout. Non que ie vueille obmettre la deuote pensée de celuy qui a estimé que Dieu auoit retiré pour la plus grand part ce fleau de la Chrestienté, lors que l'on commença à celebrer dans l'Eglise plus solemnellement la celebrité de son saint Corps: comme si la netteté de cette hostie immaculée portée par habitations des hommes auec deuotion, eut épuré l'air, & chassé l'infection, source du mal qui s'attache principalement aux corps, & les rend méconnoissables.

C'estoit le cher obiect de la Charité de Iean de Montmirel, & ce qui mettoit les mondains en vn estonnement si grand, que mesme quelques vns l'en iugeoient estre insupportable. Il y auoit à Prouins vn lepreux nourry des aumosnes du commun. Il estoit si puant & si défiguré, que personne n'en osoit approcher. Le bruit en vint à Iean de Montmitel, qui se mit en chemin pour l'aller voir. Il entra courtoisement dás sa logette, qui estoit vn abisme de puanteur. Il se mit à genoux à son ordinaire, & le baisa: puis

puis il se mit à l'étretenir des meilleures paroles du monde prés d'vn iour entier, l'exhortant à porter son mal en patience; & le laissa, luy ayant fait beaucoup de bien pour soulager sa pauureté.

Vn autre iour, faisant chemin, il eut vn ladre à la rencontre, monté sur vne pauure haridelle. Il se trouuoit sans argent pour luy donner, ce qui l'attrista fort: Neantmoins cóme la charité n'est iamais courte en inuentions, il luy vint en pensée de changer son cheual auec celuy du lepreux, dont il pourroit faire beaucoup d'argent, & encore se remonter mieux qu'il n'estoit. Il luy persuada donc de faire cét eschange: descendit de cheual à cét effect, aida le lepreux à descendre de sa haridelle, & à monter sur le sien, luy en disant le merite & le

L

prix, afin qu'il n'y fut point trompé, encore que la veuë seule en dit assez ; Et puis l'ayant congedié, il remóta froidement sur la beste du lepreux, equipée à l'auenant, & retourna de cette sorte dans la ville, en vne façon qui eut fait douter, s'il n'auoit point perdu le sens. Les enfans le voyans en cét equipage, s'amasserét autour de luy, & quoy que ce fussent ses sujets, Dieu le voulant ainsi, ils se mirent à le huer, comme vn autre Helisée. Mais la grace de l'Euangile, & l'esprit d'amour dont il estoit plein, l'empescha bien de mander des Ours des forests voisines, pour les punir, ainsi que fit jadis ce Prophete : ce ne fut que douceur en luy, & vne humilité la nompareille à souffrir les insolences de ce petit aage indiscret.

Aussi quelque part où il sçauoit qu'il y auoit des lepreux, & du plus loin qu'il voioit leurs loges, il n'y manquoit point d'y aller, laissant quelque compaghie qu'il eut, & ayant satisfait à sa deuotion, auec sa paix ordinaire, il se rendoit à ses gens. Il s'agenoüilloit tousiours deuant eux, auec autant d'humilité, que s'il eut veu nostre Seigneur de ses deux yeux ; puis auec vn respect indicible, il leur baisoit les mains & le visage, quelque infection qu'ils y eussent ; puis il leur faisoit largesse; & s'il estoit surpris, il donnoit ses gands, ou quelque autre chose qu'il portoit. Vne fois que plusieurs Seigneurs de sa parenté le trouuerent en cét exercice, quelqu'vn d'eux luy dit pour les autres ; Qu'il n'y auoit point d'ordre en cela, que luy qui estoit

L ij

leur chef, & le plus apparent de la famille, fit des choses que le monde generalement improuuoit; que cela le rendoit si contemptible, que l'on n'en parloit plus qu'en risée. Ils s'estoient en effect fort eschauffez sur cette matiere, & en témoignoient encore plus par leurs gestes, qu'ils n'en faisoient entendre par les paroles, voulant absolument le deporter de ce qui leur deplaisoit à l'infiny. Comme ils se furent teus, pour receuoir sa responfe, il leur dit paisiblement: Mes Cousins & mes bons parens, m'en croyez-vous? Ie vous asseure que tout mon souhait, est d'arriuer à mon Seigneur Iesus-Christ par quelque mespris que se puisse estre. Qu'il les desaduoüe pour ses membres, & puis ie feray plus d'estat de vos remonstrances que des commandemens qu'il nous a faict de les aimer.

Qu'eut on gagné sur vn courage si franc & si resolu? qu'eut profité le monde à se debatre dauantage, pour amolir vne ame si genereuse, & qui auoit deuant les yeux l'idée si forte du bië? Il coüint donc à sa femme & à ses enfans, le laisser faire; & quoy que leur foiblesse leur eut fait souhaiter vn autre entretien de deuotió pour luy, neantmoins il n'y auoit personne, que dans son cœur ne l'admiraft, & ne le regardaft comme vn homme diuin. Que si les Saincts dans l'Eglise ne sont que des modeles des incomparables vertus du Fils de Dieu, i'estime que l'amour, que cette Bonté Incarnée a daigné monstrer si souuent aux lepreux en les guerissant, leur parlant, souffrãt leur abord, les maniât de ses mains diuines, ainsi que nous auons dans l'Euangile, a voulu estre nommement honorée en Iean de Montmirel, & que Dieu l'a choisy sur la terre, & dans le Ciel, pour faire admirer cette grace & la debonnaireté, dont le Roy des Roys n'a point dedaigné ce qui estoit de plus abject en la nature. Ce qui me porte à ceste creance est, que nous ne voyons pas d'autre Sainct auoir embrassé cet exercice de charité, à l'egal de Iean Seigneur de Montmirel; d'où conioinctement nous tirons, & l'excellence de ses merites, & la grandeur de la grace de laquelle Dieu l'a doüé, pour porter deuant les yeux du monde auec honneur ce point singulier de son infinie bonté.

Donations qu'il fit aux Eglises, ayant encore le maniement de ses Estats.

CHAP. XIII.

IL y a quelque apparence d'iniustice en certaines Cómunautez, qui ayans receu du bien des Seigneurs & des Princes, font difficulté de communiquer les tiltres des donatiós qu'ils leur ont faites, encore qu'elles sçachent que l'on ne les demáde que pour honorer la memoire de leurs bienfaicteurs. Elles se forgent mille ombrages, pour ne point prendre la peine de les chercher, ou de peur de móstrer la negligéce auec laquelle elles s'acquittét des prieres qu'elles sont obligées de faire dire pour leur repos. C'est ce qui doit rendre ce Chap. imparfait, &

qui de necessité nous empeschera de voir au plein & en particulier les belles donations de Iean de Montmirel, puisque excepté quelques maisons du Soissonnois, nous n'auons pû auoir la cōmunication necessaire des Chartres, qui sont encore çà & là, pour en parler. Ce peu neantmoins que nous produisons, va à l'esgal de ses autres vertus, & monstre assez que pour la decoration des maisons de Dieu, celuy qui n'a pas espargné sa personne propre, n'a rien obmis.

Le plus ancien tiltre que i'aye veu de luy est en l'Abbaye d'Essome, de l'an 1194. où il nomme desia Heluide de Dampierre sa femme, par le consentement de laquelle il cede à l'Abbaye d'Essome, vne disme que quelques vns de ses Officiers defendoient luy appartenir

Essome 3.

Geofroy estoit lors Abbé d'Esso-
e, & le Seigneur de Montmirel
ar son serment fait sur les bornes
esmes du lieu litigieux, luy pro-
et garantir la disme. Celuy qui
uit, est de Nostre Dame de Sois- *Soissons 1.*
ons de l'an 1199. où il traicte auec
eux particuliers habitās de Char-
y, du consentement d'Heluide sa
emme, ce que Blanche Comtesse
e Champagne approuua depuis,
la requeste d'Heluide de Dam-
ierre & de Iean son fils. Ie rappor-
e à ce mesme temps l'autre tiltre
ouchant vn eschāge de personnes
e corps, que la Cōtesse de la Fer-
e-Gaucher sa belle-mere, auoit
ait auec l'Abbesse de Nostre Da-
e de Soissons, ce que Iean de
ontmirel approuue, la Ferté luy
ppartenant en propre, dont ceste
omtesse n'auoit que l'vsufruict
our son doüaire.

Hermitage t. 2. 5.

Pour l'Hermitage, situé prés de Montmirel, où il fit mettre des Religieux tirés de l'Abbaye de Câtepré en Cambresis, de la fondation de ces anceſtres, il y a tiltre de l'an 1200 par lequel il leur attribuë ce lieu; puis il leur donne du bien par celuy de 1202. où il nóme Heluide ſa femme, & ſes trois enfás Guillaume Iean & Elizabeth: que la Comteſſe Blanche, cóme ſouueraine du pays, appreuue à meſme an Le *Charmes* 7 Charme, Prieuré de Fonteuraut, plein de merites & de vertu, à pareillement vn tiltre de luy de l'an 1202. où entre autres, Hugues Vicóte de Chaſteau-Thierry eſt nómé, auquel il approuue la dónatió qu'Iſabelle de S. Agnan faiſoit au Charme: Mais de ſa donation propre, eſt celuy de la meſme année, par lequel il declare doner 40. ſols au Charme, au iour de la Chandeleur pour la nourriture des Religieuses, auec peine de 5. sols nouueaux, si sō Receueur ne les cōtente au iour nommé; ce qui est tiré d'vn vidimus de l'Official de Soissons de l'ā 1268. Celuy de l'Abbaye de Cantepré, tiré de la Notice des Eglises de Flandres, est de l'an 1202 dans lequel il nomme sa femme, & les trois enfans que dessus.

Cantepré;

Quant au Prieuré de Mōtmirel, il y a titre encore, par lequel ce Seigneur eschange quelques droicts que les Chanoines ne pouuoiēt pas si facilement amasser, auec vne mesure de bled qu'il leur assigne; de l'ā 1203. du consentement de tous ses enfans. Pour l'Hostel-Dieu sis au mesme lieu, qui estoit de sa fondation, il luy donne du bois pour le chaufage des pauures, par le tiltre

S. Iean 4.

Hostel Dieu l. 20.

de l'an 1207. il luy fait d'autres biés, par celuy de l'an 1208. où il en parle auec des termes, qui contrarient à ce que nous auons dit cy-deuāt de sa situation, que nous mettiós dans la ville, pour les rencōtres des actiós particulieres, qui sont dās sa vie, & ne souffroient pas tant d'esloignement. La Cōtesse Blanche à mesme an approuue ses donations, cōme luy mesme faict celles des autres, par le quatriesme titre suiuant.

{Hostel Dieu}

Il confirma pareillement l'an 1212. les 20. arpens de bois que Marguerite Comtesse de Bourgogne dōna aux Religieux de Cerfroy, situez au lieu, où ils firent leur premier establissemēt, parce qu'il auoit toute la cāpagne d'alentour, aussi bien que Tresme, Gandelu, & autres lieux adiacens. La derniere donatiō que nous ayons de luy, est en l'Abbaye de Long-pont, à laquelle il se rēdit Religieux, d'vne maison size hors des murs de la ville de Gandelu l'ā 1218. pour laquelle il y eut du bruit apres, du costé de sō fils mesme, Ieā Comte de Chartres, qui la disputa aux Religieux, ainsi que nous verrōs en son lieu, parce qu'il n'y auoit pas apporté son consentemēt. C'est tout ce que nous auōs pû recueillir des donations de ce Seigneur incōparable, qui sont peu de choses au pris de sa vertu; tellemēt que cōme ce n'est que glaner maigrement en vn champ qui deuroit nous fournir autre moisson, laissons là les donations qu'il a fait à Dieu de ses biés, & parlons desormais de celle qu'il luy a fait de soy-mesme. Nous le representons icy vestu desia en Religieux, comme il est en sa sepulture, pour seruir de frontispice au liure suiuant.

I.P. fc

HISTOIRE DE IEAN SEIGNEVR DE Montmirel & d'Oisy, Chastelain de Cambray, &c.

Puis Religieux en l'Abbaye de Long-Pont, de l'Ordre de Cisteaux.

LIVRE TROISIESME.

De l'Abbaye de Long-Pont, où Jean Seigneur de Montmirel se voulut rendre Religieux.

CHAP. I.

Encore que toutes les maisons de Dieu soient également bonnes pour ceux qui desirent le seruir, lors que la regularité s'y garde, & que la discipline religieuse y est en vigueur : neantmoins nous ne pouuons pas obmettre que le Seigneur de Montmirel deubt estre esmeu de quelque consideration particuliere, pour auoir faict le choix de Long-pont, comme du lieu où il desiroit passer le reste de ses iours; veu principalement que les Hermites du Liege, & les Docteurs de Paris ne luy ayans parlé qu'en general de l'Ordre de Cisteaux, la decision speciale du lieu fut de sa volonté; & mesme que se trouuant sur ses terres d'autres maisons de cet Ordre, où il eut également pû se retirer, il apparoit assez, que ce fut d'vn iugement fauorable qu'il en fit, & d'vne electió premeditée, qu'il s'enferma dedans Long-pont. C'est ce qui nous oblige d'en ge d'en parler icy sommairement.

Long-pont, celebre Abbaye de l'Ordre de Cisteaux, fut fondée par le pieux & sage Prelat Goslenus Euesque de Soissons, grand amy de sainct Bernard, comme font foy les lettres qui s'en voyent encore entre celles du Sainct, personnage fort employé auec luy dans les afaires publiques, & qui auoit vne grande hantise auec Suger Abbé de S. Denis, Regent en France, & principal ministre d'Estat sous Louys le Ieune. Ce fut enuiron l'an 1130. ou 1131. que ceste Abbaye fut fondée, ainsi que monstre la charte de Goslenus de l'an 1132. en laquelle il parle de Long-pont comme d'vn establissement desia faict, auquel auoient contribué plusieurs personnes de qualité qu'il nomme; rapportant que luy-mesme estant touché de l'odeur de la saincteté de l'Ordre de Cisteaux, qui se répandoit par tout, auoit demandé à Dom Bernard vn Abbé & des Religieux, qu'il auoit luy-mesme placé audit lieu de Long-pont, auec toute sorte d'exemption, de priuilege & de franchise, du consentement du Chapitre de Soissons, en vn plein Synode du Diocese tenu à cet effect l'an 1132. sous l'heureux Regne de Louys le pere & Louys le fils, lors conioinctement Rois de France. Dans ceste mesme Charte est nommé Gerard de Cherisy, comme l'vn des plus signalez bien-faicteurs, pere & oncle de quelques Euesques de Soissons, qui succederent à Goslenus. Il donne pour garants de ses octrois, André de Baudemont, qu'on nomme Seneschal de Champagne, qui auoit espousé la Dame de Braine, & Dreux Seigneur de Pierrefont; & nomme pour tesmoins, Goslenus Euesque de Soissons, Burchard Euesque de Meaux, Valtier Abbé de S. Iean des Vignes. Là mesme se voyent nommez pour diuerses donations ou garanties, Geoffroy Seigneur de la Ferté-Ancoul, Constance Vicomtesse sa femme, Ada leur fille, ancestres de Iean de Montmirel : & en la signature, outre Anscalfe Preuost de Soissons, & Neuelon grand Archidiacre, qui consecutiuement furent Euesques, se trouuent auoir signé, Thibaud Abbé de S. Crespin, Valtier Abbé de S. Iean des Vignes, Gilbert Abbé de S. Yued de Braine, Hugues Abbé de Chasteau-Thierry, dit maintenant

Val-secret, Héry Abbé de Viuiers, dit depuis Val-sery, Raoül Abbé d'Essome, auec plusieurs Chanoines de S. Geruais. Pour monstrer auec quelle celebrité furent receus les saincts Religieux, que S. Bernard enuoya à Goslenus pour estre les premieres pierres de ce grand edifice spirituel.

Ce n'est pas toutefois qu'il faille oster l'honneur deub à Raoül I. Comte de Vermandois, fils de Hugues de France, dit le Grand, qui estoit fils de Henry I. Roy de France, & frere de Philippe I. Raoül I. qui ayant espousé Aleide Comtesse de Vermandois, fille de S. Guillaume Duc d'Aquitaine, se qualifioit Comte d'Amiens ou de Vermandois, receut les Religieux de Cisteaux establis à Long-Pont, auec vne pieté digne de sa grandeur; baſtit leur Egliſe depuis les premiers fondemens, ainſi qu'il dit luy-meſme en vne Charte, & fit de grands biens à l'Abbaye, comme il ſe voit notamment en celles de 1138. & 1144. & vne autre non dattée. De ſorte qu'il ſemble que Goſlenus ayát pourueu le lieu de tout ce qui regardoit la ſeureté, l'exéption, & le ſpirituel, ce braue Prince du ſang, encherit ſur tous les autres qui ſe voulurent meſler du temporel. L'affection qu'il auoit euë pour ce lieu, paſſa à ſes enfans, Raoül II. & deux filles, deſquelles Eleonor ayant recueïlly la ſucceſſion de ſon pere Raoül II. & de ſa ſœur Elizabeth, decedez ſans enfans, fit à leur exemple de grands biens à Long-Pont, dont elle ſe pût conſoler, auſſi bien que ſur ce qu'elle a fait à Long-pré & à Coli-

M iij

nancer, de ce que Dieu ne luy donna point d'enfans de quatre mariages où elle s'allia, le Valois & le Vermandois apres son decez, estant retourné à Philippe Auguste son cousin, & son corps inhumé à Long-Pont auec Raoül II. son frere.

Hugues fut le premier Abbé de ceste saincte maison, enuoyé par S. Bernard mesme, duquel il y a tiltres iusques à l'an 1144. Baudouin luy succeda, que l'on trouue nommé dans vne Charte de 1145. Il fut suiuy de Godefroy, ainsi que monstre celle de l'an 1150. Il eut Gerard pour successeur dans vne de 1153. Alexandre gouuernoit l'Abbaye l'an 1162. Hugues II. du nom estoit Abbé l'an mil cent septante-sept, par vn tiltre de Long-Pont, & viuoit encore l'an mil cent octante-quatre, par vn autre de Noſtre-Dame de Soiſſons; apres lequel fut ſeptieſme Abbé, Gaucher, qui donna l'habit à Iean de Montmirel. Il eſt nommé dans vn tiltre de Noſtre-Dame de Soiſſons, l'an 1203. & dans vn de Long-Pont l'an 1216. ayant pour ſucceſſeur en ceſte charge, Hugues III. nommé dans vn tiltre de l'an 1230. lors que pour ſa capacité, d'Abbé de Long-Pont il fut fait Abbé de Ciſteaux, & general de tout l'Ordre. Hugues III. gouuernoit encore l'an 1231. apres lequel l'on trouue pour neufieſme Abbé de Longpont Baudouin II. du nom dans les Chartes de l'an 1233. & les ſuiuantes. Ceſte ſuite d'Abbés de Long-Pont a deu eſtre icy rapportée, pour nous ſeruir de marques indubitables des temps.

Mais outre le iugement des Grands qui affectionnerent ceste maison pour sa Saincteté, celuy du plus docte homme de ce siecle, monstre ce que Long-Pont estoit. Ce fut Pierre Chantre de Paris, & Docteur en Theologie, personnage fameux en tout, & d'vne si exemplaire probité, qu'au rapport de Cæsarius, comme Thiery grand vsurier de Paris, voulât mettre son ame en repos sur les mauuais acquests qu'il auoit fait, dóna au bastiment de Nostre-Dame de Paris qu'entreprenoit Maurice Euesque, vne grande somme d'argét, Pierre Chantre de Paris n'aprouua point le conseil que l'Euesque luy auoit donné, de couertir ces deniers mal acquis à la structure de la maison de Dieu; mais obtint par ses raisons que l'on fit crier vne restitutió pu-

Cæsa. Heist. lib. 2. c. 34

blique par la ville, à tous ceux qui se plaindroient de Thierry, & qu'il n'y eut que ce qui resteroit, qui fut employé au bastimét; ce qui monstre de quelle innocence il estoit, & comme il estoit cósideré. Neátmoins entre tant de celebres maisons de deuotion qui florissoient lors, en la naissance des Ordres de Cisteaux & de Premonstré, il choisit l'Abbaye de Long-Pont pour sa retraicte, & apres y auoir rendu les preuues de son eminente vertu, y mourut sainctement, & y fut enterré, laissant quelques doctes liures, qui rendent encore tesmoignage de son esprit. Cæsarius desia cité nous enseigne, qu'il y deceda estant encore Nouice, & que son corps apres sa mort, rendit vne odeur si suaue, que chacun en estoit rauy.

Chro. MS. apud Claudium Hemeræum Doct. Sorb. ad an. 1179

Cæsar. l. 12. c. 47

Telles & semblables remarques du mesme temps, furent les raisons qui determinerent Iean de Montmirel à choisir Lóg-Pont dás l'Ordre de Cisteaux pour sa retraicte.

Comme Iean Seigneur de Montmirel se retira du monde, & se rendit Religieux à Long-Pont.

CHAP. II.

Enfin le téps arriua que par vn diuorce solemnel, celuy deuoit quitter ses Estats & ses Grandeurs, qui ne souspiroit plus que pour les pésées de l'Eternité. Il faut auoir veu quelque chose séblable pour en sainemét parler, & cóme telles actions donnent vne saincte terreur à ceux qui les voyét, par lesquelles ces Seigneurs de marque qui les font, iettent dans tous les esprits qui les contemplent, vne puissante idée, de la grace, de la bonté diuine, & de la Majesté mesme de Dieu. Il donna l'ordre à sa maison que nous dirōs, & puis pratiqua les plus douces voyes qu'il pût rencontrer pour executer son dessein.

L'occasiō se presenta de la secōde guerre des Albigeois; il se voulut seruir de cette apparence pour se gouuerner en toute chose auec plus de douceur. Il traicta ses enfās & sa femme en ce depart, par les tēdresses qu'il leur fit, & par les remonstrāces qu'il leur laissa, qu'eux mesmes s'apperceurent bien que c'estoit le testament d'vn Seigneur qui mouroit au mōde qu'il faisoit, & non pas le simple adieu d'vn caualier qui va pour vne cápagne, où l'occasió l'attire. Aussi ce ne furét que larmes & sanglots par toute la famille, mesme ses bons sujets en perdoiét l'esprit; les pauures sur tout estoient les moins cósolables, voyás qu'ils faisoient vne perte qui ne se pouuoit plus reparer. Il prit quelques vns de ses domestiques, pour l'accompagner, la plus part desireux de demeurer auec luy, comme il arriue ordinairemét que la retraicte honorable de tels Seigneurs, en attire plusieurs à Dieu. Auec cette escorte, il alla à Long-Pont, & renuoyant à Montmirel ce qu'il n'auoit pris que pour colorer son depart, se presenta à Gaucher Abbé, se ietta à ses pieds, & auec vne humilité nompareille, luy demanda le sainct habit de Religion. Il est

est aisé d'entendre quelle rumeur ce fut au Conuent, comme l'on vid qu'vn tel venoit pour ce suject, & quelle fut la consolation de ces bons seruiteurs de Dieu, voyans que la bassesse de leur vie estoit tant estimée par les Grands.

L'on garda les formes ordinaires en la reception de Iean de Mōtmirel; les Religieux s'assemblerent, & ce Seigneur se ietta contre terre, reiterant sa demande; l'Abbé le fit leuer debout, où auec vne patience indicible il entendit les remonstrances que l'Abbé luy fit sur le changement de sa vie, sa vie à la Cour, les discours que l'on en tiendroit, l'attente generale des gens de bien pour sa perseuerance; les peines de la Religion, & la grandeur de courage auec lequel il falloit les embrasser; Choses qui meritoient d'estre bien pesées en cette conioncture où il estoit, ou plustost desvnion qu'il faisoit auec soy-mesme, & ses habitudes precedentes ; qu'il s'estimoit obligé de luy representer, encore qu'il connut aucunement sa vertu ; parce que le Royaume du Ciel ne s'insinuoit point dans les ames, auec surprise & tromperie, mais procedoit tousiours en la lumiere de verité.

Les oppositions qu'on luy faisoit estoiét celles qui l'allumoient dauantage. Toutefois, il iugea plus à propos de ne se point ouurir en cette assemblée de tout ce qu'il auoit fait pour s'esclaircir parfaitement de la voloté de Dieu, qu'il pût apres, auec plus de loisir, communiquer à l'Abbé, pour l'asseurer dauantage de son proceder : mais se contenta de leur dire en general : Qu'il les supplioit de croire que iamais au monde il n'auoit senti plus grand plaisir, que quand il se figuroit que quelque iour il se nourriroit de pain de son que l'on donnoit aux chiens : Que pour le reste, il se confioit en la Bonté de Dieu, & aux secours de leurs prieres : Qu'il se jettoit au seruice d'vn Maistre, qui ne nous appelle pas à soy les bras ouuerts, pour se retirer apres, quand nous nous serons lancez dedans, & nous laisser tomber à terre ; Que partât, il les supplioit ardément de le receuoir. La communauté opina plus par ses larmes que par la voix. Chacun sentit tant de douceur à la veuë de cette grande humilité, & conceut tant d'esperance, que c'estoit vn rare Ornement que Dieu leur enuoyoit, que l'Abbé le receut, & luy donna le sainct habit, ce qui arriua le iour de l'Ascension, comme si Iean de Montmirel eut choisi le iour des exaucemens de son Dieu, pour faire plus pareſtre les abaissemens où il s'abysmoit pour sa gloire.

Du temps que Iean de Montmirel se rendit Religieux.

CHAP. III.

LE plus grand defaut dont nous puissions nous plaindre de l'Autheur ancien de la vie de Iean de Mótmirel, est d'auoir generalement obmis les dattes des années, & pour ainsi dire, d'auoir poché l'œil à son histoire, qui ne pouuoit receuoir du iour &
de

de la lumiere, que de la distinction des temps. Encore ne deuoit il pas oublier l'an de sa Religion, puisque cela le touchoit, & que c'estoit chose connuë chez luy, puis qu'il nous donne assez à conoistre qu'il estoit Religieux de Long-pont. C'est à quoy neantmoins nous deuons icy trauailler, employant toutes les circonstances qui se presentent, pour arrester quelque chose de vray-semblable, si nous ne pouuons pas donner nettement iusques à la verité.

Nous auons desia dit cy-deuant, que la naissance de ce sainct personnage se pouuoit mettre vers l'an 1170. tant pour le faire d'aage presque égal à Philippe Auguste qui nâquit l'an 1175. que parce que l'on voit vne charte par laquelle André Seigneur de Montmirel son

Du Chesne hist. de Coucy.

pere donne quelques rentes à l'Eglise de la Maison-Dieu de la Ferté, l'an 1177. pour l'ame d'Hildiarde d'Oisy sa mere. De plus, il estoit desia marié l'an 1194. ainsi que mõstre vn tiltre d'Essomes, & auoit desia plusieurs enfans l'an 1202. comme nous auons monstré cydessus. Il se treuua dans les guerres pour le recouurement de la Normandie, lesquelles estans appaisées par la sujetion de cette grande Prouince, vers l'an 1203. elles furent incontinent suiuies de celles que les Seigneurs François entreprirent contre les Albigeois. Aussi nous auons veu que Iean de Montmirel designant se retirer du monde, prit pour occasion d'employer sa vertu, la guerre des Albigeois, qui commença l'an 1206. mais il en fut lors empesché. Il trauailla tousjours depuis à sa retraicte; & comme Simon Comte de Montfort, que le Pape Innocent, l'an 1208. auoit fait General de cette saincte Milice, au refus de Herué Comte de Neuers, faisoit de grands progrez sur les Heretiques, la chaleur se mit encore plus grande que iamais dans la Noblesse Françoise, pour l'aller assister: Et ce fut lors que Iean de Montmirel ayant meurement concerté ce qui regardoit son depart, prit pour pretexte le voyage contre les Albigeois, de la retraicte finale qu'il fit à Lógpont, sans que nous puissions precisément marquer l'année.

D'autre-part, comme nous croyons qu'il estoit desia decedé, l'an 1218. ainsi que nous monstrerons en son lieu, par la charte de Iean Comte de Chartres son fils, nous ne pouuons pas differer dauantage son entrée en la Religion, afin qu'il eut eu le temps de vaquer à la retraicte rigoureuse, & à la solitude entiere que demande vne premiere année de Nouitiat, selon les statuts de l'Ordre de Cisteaux, & puis la commodité de vaquer à quelques affaires, qui l'obligerent d'entreprédre des voyages çà & là, depuis qu'il fut Religieux. A quoy s'accordent tresbien les nós de l'Abbé & du Prieur qui sont nommez par l'Autheur, lors qu'il fut receu. Gaucher estoit l'Abbé de Long-pont, qui gouuerna cette saincte maison, depuis 1203. que l'on trouue des chartes de luy en cette qualité, iusques à l'an 1220. auquel il fut esleu Abbé de Cisteaux, & general de l'Ordre pour la saincteté de sa vie, & le grand sçauoir dont il estoit doüé: laissant la charge d'Abbé de Longpont à Hugues III. qui auoit esté Prieur sous luy, & qui en cette qualité est souuent nommé dans la vie de Iean de Montmirel. Cette Abbaye donc fut enrichie d'vn rare tresor de saincteté par la reception de ce grand seruiteur de Dieu, au temps que nous mettons indeterminement entre l'année 1210. & l'année 1218. voire mesme encore l'an 1215. par vne coniecture que nous adiouterons, puis qu'elle fait à la gloire des Seigneurs de Montmirel, & porte auec soy vne conuiction euidente.

Iean-sans-terre Roy d'Angleterre, autant hay des siens, que battu de tous costez par les François, fut bien estonné quand apres la bataille de Bouines, où nostre Auguste dompta l'Empire & tous ses adherans, ses sujets traicterent de se donner à la France ; il traicta secretement auec le Miramolin d'Afrique, resolu de changer de Religion s'il en estoit assisté, au mesme temps qu'il negotioit auec le Pape, pour estre absous des censures qu'il auoit encouru, & mettre ses Estats à l'abry des foudres du saint Siege. Philippe faisant vne assemblée à Soissons l'an 1215. sur le sujet du mariage d'vne de ses filles, comuniqua aux Seigneurs de France l'offre que luy faisoiét les Anglois: Le Prince Louys son fils, qui auoit desia battu Iean sans terre plusieurs fois, entreprit le voyage d'Angleterre, pour en aller recueillir la Couronne, & le serment des Seigneurs qui l'attendoient. L'Ancienne Chronique de Flandre remarque qu'entre les principaux qui l'y accópagnerent, furent Heruys Côte de Neuers à c. Cheualiers, Enguerrand de Coucy à L. Robert de Dreux à xxx. Iean de Mótmirel à xx. le Comte de Rouſſi à x. Cheualiers; Ce Iean de Montmirel, eſtoit le fils de noſtre Sainct, qui depuis fut Comte de Chartres, comme ſagement a remarqué l'Autheur de l'hiſtoire de Coucy, le qualifiât beau-frere d'Enguerrand de Coucy: Il appert donc, que lors Iean ſon pere, eſtoit deſia Religieux, puis que le fils conduiſoit les Gentils-hommes vaſſaux de la maiſon de Montmirel.

En quel estat Iean Seigneur de Montmirel laissa sa famille lors qu'il s'alla rendre Religieux.

CHAP. IV.

Dieu auoit beny le mariage de Iean de Montmirel & de Heluide de Dampierre, d'vne nombreuse lignée; ils eurent trois garçons, & trois filles ; Guillaume nommé dez l'an 1202. aussi bien que sa sœur Elizabeth, moururent en bas âge, Iean deuint l'aisné de la maison, & eut peu apres pour frere, Matthieu, & deux sœurs, Felice & Marie. Heluide de Dampierre, qui improuuoit grandement la resolution de son mary, prit à son depart le gouuernement de la maison. Elle paroist auoir esté imperieuse, & s'estre tousiours autant interessée dans le maniement des affaires, qu'elle a pû, ou par l'absence de son mary, ou par la patience que luy, & depuis aussi ses enfás defererét à son humeur; ainsi qu'il appert par les tiltres qui se voyent encore en l'Hostel Dieu de Montmirel, ceux de 1210. où elle donne les garanties des biens que l'on offroit à l'Hostel Dieu, & ceux de 1216. & 1217. ausquels à mesme effect, elle se nomme, & Iean Seigneur d'Oisy son fils, sans faire aucune mention de son mary, que nous venós de móstrer estre entré en Religion deuant 1215. si ce n'est que pour les Chartes de 1210. l'on voulut inferer, que dés-lors mesme

Hostel Dieu 5. 6. 7. 8

il s'eſtoit deſia retiré ; qui eſt vne autre grande preuue du temps de ſa retraicte à Long-Pont, Heluide n'ayant pû vſer de ce ſtile abſolu, comme trop inſolent, ſi ſon mary eut encore eſté dans le maniement de la maiſon.

Nous auons d'autres tiltres d'elle, où elle nomme auſſi ſon fils, qui tous ont les marques d'vne grande pieté enuers Dieu, & la decoration des Egliſes ; pour dire que ſi elle fut ſenſible en la nouueauté des actions de ſon mary, elle ne decheut iamais des autres vertus qui deuoient eſtre en vne Dame de ſa qualité. Quelques vns ont mal aduancé, qu'au depart de ſon mary, elle s'alla rendre religieuſe à ſainct Eſtienne de Soiſſons, dit maintenant S. Paul ; mais ils ſe trompent, croyant que la couſtume de tel temps fut comme celle qui regne maintenant, qui oblige les Dames à prendre party dans les cloistres, quand leurs maris s'engagent en vne condition Ecclesiastique. Nos tiltres monstrent trop clairement le contraire, & les rencontres de la vie de Iean de Montmirel Religieux verifient trop qu'elle demeura tousiours chez elle. Que si deuant son decez elle se retira à sainct Estienne de Soissons, comme le disent quelques memoires, ou bien à l'Abbaye de Vaucelles en Cambresis, ainsi qu'il est escrit en la Notice des Eglises de Flandres, ce ne fut pas asseurement, que lors que son mary estant desia decedé, & esclattant par tout en miracles, elle pût se recognoistre, sur l'alienation du iugemét qu'elle en auoit euë, pour en demander pardon à Dieu.

Et puisque ce lieu se presente assez propre pour parler aussi de leurs enfans, encore qu'il apparoisse qu'ils n'auoient pas pris de party quand leur pere les quitta, Iean II. Seigneur de Montmirel & d'Oisy, comme l'aisné de la maisó, porta ces qualités auec celle de Chastellain de Cambray, és années 1215. 1220. 1221. iusques à 1225. Cela se voit au tiltre du Charme, dont l'vn a ces mesmes qualitez, par lequel il donne au Charme la disme de Verneüil, de l'an 1224. au mois de Septembre, du consentement de sa mere; l'autre est de l'an 1225. au mois de Feurier, auquel prenant la qualité de Comte de Chartres, il donne au Charme dix liures de rente annuelle sur le vinage de Markion en Cambresis Cecy monstre le temps auquel ce ieune Seigneur se maria auec Elizabeth, fille de Louys Comte de Chartres, sœur de Thibaud Comte de Chartres, de Blois & de Clermont, par Catherine leur mere, fille de Raoül Comte de Clermont. Il escheut que Thibaud n'eut point d'enfans, estant infecté de lepre ; c'est pourquoy la succession de ceste grande maison alla aux deux filles, dont Elizabeth, qui estoit l'aisnée, porta la Comté de Chartres, à Iean II. Seigneur de Montmirel son mary, qui de là se nomma tousiours Comte de Chartres. La puisnée, qui estoit Marguerite, porta la Comté de Blois à Gautier d'Auesnes qu'elle auoit espousée.

Mais comme Iean II. Comte de

Chartres Seigneur de Montmirel & d'Oify, & Chaſtellain de Cambray, n'eut point d'enfans de ſon mariage, & mourut aſſez ieune; partant la Comté de Chartres alla auec Elizabeth; & les Seigneuries de Montmirel, d'Oiſy, & les autres vinrent à Mathieu de Montmirel ſon puiſné. Ce Iean II. monſtra quelque promptitude d'eſprit côtre les Religieux de Long-pont, ſur la maiſon de Gandelus, qu'ils auoient obtenuë de ſon pere, ſans ſon adueu : nous rapporterons en ſon lieu comme le different ſe paſſa, & comme meſme ſon pere y fut mal traicté par ſes gens, ce que i'eſtime pluſtoſt eſtre party de leur inſolence propre, que de ſon commandement, veu la grande pieté qu'il teſmoigne en vne infinité de tiltres que nous auons de luy, &

ceste surprise qui luy eschappa se peut attribuer au deplaisir que cóme Seigneur mondain, il auoit de voir que Long-pont auoit receu son peré en vne si basse condition. Au moins nous auós pour tesmoignage certain de sa vertu, le tiltre qui se voit dans les Archiues de faict Iean des Vignes, & peut tenir lieu de testament, par lequel il donne 40. sols de rente annuelle à sainct Estienne de Montmirel, en satisfaction des dommages, entreprises, & iniures, que pendant le cours de sa vie il auroit pû faire à ceste Eglise, & celles que par malheur il pourroit encore faire à l'aduenir: sauf les autres ordonnances, qu'il auoit faictes en son testamét; Que si ces 40. sols n'egaloient pas les torts qu'à l'heure de son decez, l'on trouuerroit qu'il auroit faict, il

S. Iean 6

commande aux executeurs de son testament de prendre sur le plus liquide de ses biens meubles & immeubles, ce qu'il faudra pour fournir la somme à laquelle ses excez auront esté condamnez, ainsi qu'ils iugeront estre à faire, selon Dieu, pour le repos de son ame. Ce qui monstre sans doute vne grande pieté, & comme ce Seigneur se ressentit en fin de la saincteté de son pere. Le titre est daté de l'an 1236. au mois de Nouembre. Nous auons le vidimus d'vn autre titre pareil pour l'Hostel Dieu de Môtmirel, en mesme datte. D'où l'on peut inferer que lors donnant ordre au repos de son ame, il se sentoit proche de sa fin.

Neantmoins nous ne recognoissons point par les titres, que Matthieu son puisné luy succedât, sinô vers

vers l'an mil deux cens quarante, puisque la premiere Charte que nous ayons, où il se qualifie Seigneur de Montmirel & d'Oisy, est de l'an mil deux cens quarante-vn, en faueur de l'Hostel-Dieu de Montmirel, au mois d'Auril; comme celle par laquelle il donne à Long-pont, dix liures de rente annuelle le iour de l'Annonciation Nostre Dame, à mesme datte. Il prenoit auparauant la qualité de Seigneur de la Ferté-Gaucher, ainsi qu'il se voit nommé dans vne Charte de Long-pont, auec son frere le Comte de Chartres, l'an mil deux cens trente-six, au mois de Mars. Il espousa vne Dame nommée Isabeau de Villebeon, dite la Chambellane, autrement de Nemours, ainsi qu'il se voit dás vn tiltre d'Essome de l'an 1261. il n'en

HostelDieu 12

Long-pont 5

Essome 4

eut point d'enfans, quoy qu'il ait assez long-temps vescu, puis que nous auons des titres de luy dés années 1263. & 1268. Il fut tres-pieux Seigneur, ainsi qu'il le fait voir par tout ce qu'il ordonne; notammét que dés l'an 1244. craignant d'auoir rien du bien d'Eglise, il establit trois pieux personnages, frere Pierre Prieur des Iacobins de Paris, Pierre Curé d'Orbaiz, & Conó de Vitry Curé de S. Iean à Chaalós, ausquels il donna pouuoir general de faire enqueste sur tous ses deportemens, & remarquer les violences, torts, & dommages qu'il pourroit auoir faits aux Eglises de ses terres; auec obligatió, dont il se chargea, d'en demeurer à leur parole, & d'executer ponctuellemét ce qu'ils auroient commádé: comme il se void plus au long par le

Essome 5.
Hermitage 4.

S. Iean 6.

mesme tiltre : aussi bien que la deuotion qu'il temoigna à la saincte memoire de son pere, dont nous parlerons en son lieu.

Mais estant decedé sans enfans, il laissa pour heritiere sa sœur, Marie de Montmirel, la derniere de la maison, qui auoit esté mariée à Enguerrád Seigneur de Coucy, & luy auoit apporté en mariage la seigneurie de Condé en Brie. C'est delà que ce Seigneur de Coucy se qualifia tousiours depuis aussi bien que ses successeurs, Seigneur de Montmirel, d'Oisy, & Chastellain de Cambray ; & qu'encore maintenant le sceau de Montmirel est marqué des armes de Coucy. Pour elle nous la trouuons encore nommée Marie Dame de la Fere, ou bien, Dame de sainct Gobain, des lieux, cóme ie croy, où son doüai-

O ij

re luy fut assigné; & laissa des enfans, qui arresterent dans la maison de Coucy toute la succession paternelle & maternelle de Montmirel, ainsi que nous verrons en autre lieu.

Reste Felice de Montmirel, que la Notice des Eglises de Flandres, dit auoir esté l'aisnée de Marie: Elle ne laissa point d'enfans, & sa succession fut recueillie par Matthieu de Montmirel son frere, auec lequel elle auoit eu par moitié la Ferté-Gaucher, & autres terres, sur lesquelles estoit assis son mariage.

Austerité de la vie de Iean de Montmirel estant Religieux.

CHAP. V.

LA profession que fit Iean de Montmirel quand il demanda l'habit, fut vn indice certain de la façon dont il traicteroit son corps, pour le fait de la nourriture & du sommeil. S'il eut esté vn Hermite sorty du desert, nourry toute sa vie de racines, il y eut eu moins à admirer : mais venant d'vne somptueuse maison, où sa table estoit seruie de tous les mets exquis du pays, il faut confesser, qu'vne grande vertu l'animoit dans l'austerité qu'il pratiqua le reste de sa vie. Outre ce que la regularité du temps luy presentoit d'obiect de cette vertu, il cherchoit tous les moyens de se rendre desagreable ce que la necessité l'obligeoit de prendre pour sa nourriture. Il differoit le plus qu'il pouuoit les heures du repas; il versoit de l'eau dans ce peu de viande que l'on luy presentoit pour leur oster le goust; & en toutes choses vsoit de telles pratiques secrettes pour se tenir en perpetuelle austerité.

L'on fit rapport à l'Abbé que Iean vsoit indiscretement d'abstinence, & ne se nourrissoit pas assez. L'Abbé le manda & le reprit aigrement de ce qu'il auoit fait par le passé luy commandant de prendre deformais du pain qui luy seroit presenté, autant que faire se pourroit. Iean se trouua fort en peine de cette sorte de commandement, parce que ses abstinences ne prouenoient pas de ce qu'il ne pût manger dauantage, mais de ce qu'il desiroit matter son corps. Il se gouuerna quelque temps ainsi que l'Abbé auoit ordonné, & pour ne luy point desobeyr, il mangea le pain que l'on luy bailla sans qu'il en laissast aucun reste. Depuis neantmoins, voyant que le temps d'obeïr auoit esté assez long, il voulut retourner à celuy de l'abstinence; il fut trouuer l'Abbé, & luy representa, que tant de pain luy estouffoit l'estomac; ainsi qu'il le supplioit de moderer le commandement qu'il luy auoit fait. L'Abbé luy regla ce qu'il prendroit de pain chaque iour, adioustant, que s'il esprouuoit que cela ne nuisit point à sa santé, qu'il en prit encore dauantage : Mais l'humble Religieux se voyant renuoyé à sa códuite, & à sa direction propre: Ie vous supplie, dit-il, ne me laissez point la liberté de faire, ou de ne pas faire ce qu'il faut: commandez plustost absolument, & ie seray satisfait. Partant l'Abbé luy regla ce qu'il feroit desormais en ce genre, que Iean garda soigneusement.

L'on fit vn autre rapport à l'Abbé, que Iean de Montmirel laissoit ce que l'on donne aux Religieux, auec le pain, pour leur nourriture, ainsi qu'est le poisson, & chose semblable. L'Abbé luy enuoya vn poisson cuit, comme il estoit desia à table, luy commandant de n'en rien laisser. Le Religieux s'y gouuerna de sorte, qu'obeïssant à ce qui luy estoit enjoint, il mangea aussi les ouïes, les arestes, & ce que l'on en laisse ordinairement, auec plus de rebut de son estomac, & plus de côtradiction des sens, qu'il ne tira de plaisir de ce peu qui pouuoit le delecter. D'où l'on reconnut que cette saincte ame estoit tousiours attentiue aux occasions de mal traicter son corps; & que c'estoit en vain que l'on pensoit le soulager. Ie sçay bien que telles petites remarques paresiront de peu d'effect à ceux qui ne sçauent la grandeur de la vertu, mesme és objects qui n'ont pas tant d'apparence : les autres qui luy donneront son poids & sa valeur, de ces petits grains d'or, iugeront la bonté de la masse entiere, & de l'aloy de tels sables, si vous voulez, reconnoistront que la mine estoit riche, & l'ame bien releuée en saincteté, qui se monstroit par ces occasions legeres, si fort desireuse de se crucifier en toutes choses.

Le jeusne donc estoit sa nourriture, & sa boisson estoit l'abondance de larmes que la componction de cœur, qu'il eut tousiours depuis ce que nous auons dit au second liure, luy fournissoit abondamment. Son ame se repaissant des delices du Ciel, ne trouuoit que du degoust dans les viandes; & son cœur baigné dans la douceur du Paradis, qui luy estoit comme vne fontaine de vie qu'il portoit tousiours en son interieur, ne souffroit pas que son corps mesme prit, auec le Prophete, d'autre plaisir qu'en Dieu.

Pratique d'humilité dans la Religion, & les exemples qu'il en a laissé.

CHAP. VI.

ESTANT entré dans vn discours spirituel auec Hugues Prieur de Long-pont, qui apres en fut fait Abbé, comme nous auons dit cy-dessus, le Prieur luy demanda, quel estoit son sentiment, touchant le changement de sa vie, & s'il n'estoit pas bien content d'estre Religieux de Cisteaux : il respondit ; Ie serois bien fasché maintenant, si voulât estre Religieux, comme Dieu m'en donnoit la volonté, i'eusse pris tout autre Ordre que ce soit. Neantmoins ie vous diray ma péſée, que ie ne me rendrois pas Religieux, ſi i'eſtois encore à commencer. Car miſerable que ie ſuis, ie vous le dis, auec vne confuſion incroyable, ie voy que l'vn me reſpecte, l'vn m'honore : c'eſt ce qui me donne la mort: il n'eſt rien au monde que ie hayſſe dauantage; & cependant chez vous autres, c'eſt tout ce que ie puis faire que de l'euiter. Mais quel deſſein de vie, quel genre prendrez-vous donc? dit le Prieur. Ie me ferois ribaud: Ce ſont ces termes exprés, dit il; c'eſt à dire, goujat, palefrenier, quaymant, ou vn mixte compoſé de telles códitions de creatures : Car, pourſuiuit-il, l'on m'employeroit à nettoyer les eſcuries, penſer du beſtail, porter du fien, & à tels autres emplois bas & abiets, qui ſeroient les delices de mon cœur, qui a vn amour pour l'humilité, & vne passion que ie ne vous puis pas expliquer; au moins ie gaignerois mon pain sur la terre, de faineant que ie suis, & tremperois ma nourriture dans la sueur de mon visage: Mais, luy dit le Prieur, voila vne estrange condition que vous souhaitez. Et pourriez-vous coucher sur le fumier comme eux, ou dās vne auge d'estable? Tres-bien, respondit Iean, & cette sorte de repos me plairoit parfaictement. Neantmoins, dit le Prieur, encore m'aduoüerez-vous, que ce sont des personnes pour la plus part, adonnées à toute sorte de vices ; ce sont gens abandonnez de Dieu, & qui font mestier de l'offenser en toutes façons. Ils ne manqueroiēt pas donc de vous faire mille malices, & mille cruautez, si vous ne consentiez à leurs crimes, & ne viuiez meschamment comme eux. C'est là, dit Iean de Montmirel, où ie vous attendois; & c'est là pareillement où seroit ma gloire & mon honneur, d'endurer d'eux mille maux, sans iamais oublier le respect que ie dois aux saintes volontez de Dieu, dans vne condition où l'on me tiédroit tousiours pour l'vn des plus scelerats du monde.

Tel fut le raisonnement de cét humble incomparable; qui donne telle saillie à l'Auteur ancien, qu'il estime que deuant les gens sages, tels discours en vn Seigneur de sa qualité doiuent estre tenus pour plus grands miracles, que s'il eut chassé mille demons, & eut guery mille malades. Aussi dans diuers

Auteurs qui parlent de luy, traitans des Sainêts de l'Ordre de Cisteaux, il est tousiours nommé, *Iean l'Humble*, par excelléce, comme ayant esté tres-insigne en cette vertu, qui d'autre part est le plus asseuré fondement que l'on puisse donner à la sainêteté.

Il voyageoit vn iour à cheual auec le Prieur, & vn autre Religieux pour quelque affaire d'importance: Il s'apperceut, que pour luy faire honneur, & au Prieur, l'on auoit chargé le cheual de son compagnon d'vne besace pleine de hardes & d'habits pour leur necessité. Il descendit hatiuement de cheual, & dit franchement au Prieur, qu'il n'iroit point plus auát si on ne luy bailloit à porter cette besace, comme cela luy appartenant pluftost qu'à aucun. Le Prieur luy remóstra que tout iroit mieux, comme l'on auoit commencé d'aller. Le compagnon n'osant pas dire tout ce qu'il eut pû sur cela, de peur de l'attrister dauantage, se contentoit de luy remonstrer que c'estoit chose faite, & qu'il iroit beaucoup de temps à tant r'abiller les montures; Mais Iean de Montmirel ne ceda point à leurs discours, il se tenoit planté debout, sans remuer: Tellement que pour paix auoir auec son humilité, il fallut luy bailler cette beniste besace, qu'il esperoit trouuer aussi pleine de confusion pour luy, quand il passeroit par des lieux habitez, qu'elle pouuoit estre de hardes; & ainsi se fit leur chemin.

Il estoit quelqu'vn de la maison de Iean de Montmirel, l'vn de ses Gentils-hommes & anciens domestiques

stiques qui s'estoit rēdu Religieux auec luy à Long-pont. Quand il vid par quelque rencontre, que son Maistre, quoy que pauure Religieux pour lors, nettoyoit luy-mesme ses chaussures, il ne le pût iamais supporter. De nuict donc il vint furtiuement prés de sa couche, & les emporta pour les accōmoder. Le matin lors que Iean de Montmirel se voulut habiller, il reconnut ce que l'on auoit faict, & deuina iustement qui auoit fait le coup. Le voila donc bien esmeu de honte & de déplaisir de ce que l'on pensoit encore à luy cōme l'on auoit fait au temps passé. Il vint treuuer le Prieur, & luy dit en termes bien clairs; Ie pensois viure le reste de mes iours auec vous en ce Conuent; i'esperois y trouuer du repos, & quelque moyen de seruir

P

Dieu comme il desire: Mais ie voy bien que l'on me côtraindra en fin d'en sortir, puis qu'il n'y a point de paix auec vous autres, & que vous prenez plaisir de m'oster toutes les satisfactions que ie m'estois promises en vos maisons. Ie croy les auoir achetées assez cherement pour ne m'estre point ainsi rauies. Combien de fois m'a-t'on entendu dire que i'estois venu à Longpont pour seruir, & non pas pour estre seruy? Il n'y a pas moyen cependant de gaigner cela ceans. Si la chose en deuoit aller ainsi, il me valoit mieux demeurer au monde, où i'auois assez dequoy pour entretenir des seruiteurs & des seruantes qui n'eussent point fait de larecin en me seruant.

L'on n'auoit pas encore entendu Iean de Montmirel en si grande esmotion d'esprit qu'il estoit lors. Le Prieur qui ne sçauoit rien de l'affaire, n'auoit aussi rien pour luy respondre, & ne pouuoit treuuer que de cómuns appareils pour appaiser son desplaisir. Iean de Montmirel auoit esté si confus de ce seruice, qu'il ne l'auoit pas osé seulement dire au Prieur pour en faire sa plainte : Tellement qu'on ne luy pût lors dire autre chose, sinon qu'il patientast seulement, & que l'on puniroit bien ceux qui auroient esté si osez que de luy donner du déplaisir : Qu'asseurement il en seroit parlé ; & que sur sa parole il en demeureroit satisfait deuát la nuit. Iean, qui estoit là bóté mesme, s'en alla bien cótent, esperant que ce seroit cette fois-cy qu'il mettroit fin à tant d'espargnes, & à tant d'esgards qu'on auoit à luy, & qu'il auroit raison de tous ceux qu'il n'auoit pû reduire à ne le point honorer. Mais sur tout il s'asseura bien sur la promesse du Prieur, que ce presteur de charités furtiues seroit traicté d'vne façon, qui l'obligeroit à n'y plus retourner.

Cependant le Prieur, qui ne sçauoit rien encore du suiet de cette grande rumeur, fait ses enquestes par le Conuent, & interroge ceux dont il espere estre esclaircy du mescontentemét de Iean de Mótmirel. Enfin il treuue que tout cela venoit de ce que l'on auoit nettoyé ses souliers, contre son gré. Il leua donc les mains au Ciel, & benit Dieu de la grande humilité de ce sien seruiteur ; Puis il le fut treuuer, & se monstrant aussi eschauffé contre cette maniere de seruices dans la Religion, que luy, il le consola le mieux qu'il pût; Non, ie vous prie, luy dit-il, ne vous affligez point de ce desordre, vous sçauez que dans les Communautez il est mal-aisé que chacun soit tousiours maistre de soy. Mais ie suis bien d'aduis auec vous de punir, comme il appartient, celuy qui notoirement fait vne chose qui vous desplaist, & qui aussi pour vous en parler nettement, ne doit point estre tolerée. Il y a assez pour touts, quand chacun fera son fait, & ne se meslera point des autres. I'ay pésé donc à ce que vous pourriez pour le chastier comme il merite; La nuict prochaine quand vous verrez que frere Amand dormira (car ainsi se nommoit le bon Religieux) allez à son lict comme il a esté au vostre, prenez ses souliers, & faites luy en autant qu'il vous a fait. A cela la bonté & la simplicité de Iean de Montmirel, commença à luy rafferener vn peu le vifage ; Il treuua fon conte dans l'aduis du Prieur ; & la nuict fuiuante ne manqua pas à cét exploict d'humilité, comme s'il fe fut vengé des plus grands ennemis qu'il eut au móde ; & depuis comme chacun connut la tendreffe de l'amour qu'il auoit pour cette vertu, l'on y eut efgard, & des-lors il vefcut en paix au Conuent.

O grand Dieu, qui fouffrez que fur la faincteté des Autels, & dans les plus Auguftes myfteres dont l'on vous honore, l'on vous appelle, la gloire & le rehauffement des humbles, que diront à ces exemples, en petites matieres à la verité, mais affez forts pour confondre l'orgueil, qui est encore curable, que diront, dis-je, ceux qui dans les maisons Religieuses, escholes de l'humilité & de mespris, se font seruir, & le plus souuent par personnes qui estoiét plus releuées dans le monde en naissance, ou en fortunes qu'ils n'eussent iamais esté! Il n'est iamais moyen de les contenter; ambitionnent d'estre estimez de grand lieu, abusent honteusement de la creance & du respect de ceux qui s'y trompent; au lieu de réuoyer à vous, mon Dieu, source veritable de la gloire, l'honneur & l'estime, qui vrayement ou faussemét leur est rendu! donnez-nous l'amour solide de cette grande vertu que vous auez daigné tant aimer, que pour en auoir l'vsage, vous vous estes despoüillé de vostre gloire, & estes issu du sein de voſtre Pere, où il n'y auoit que des grandeurs, pour gouſter à voſtre aiſe des baſſeſſes dans noſtre nature, & les aller meſme chercher ſur le Caluaire.

Sa patience à ſupporter les opprobres des mondains, & les mauuais traictemens des ſiens.

CHAP. VII.

IEAN de Montmirel eſtoit allé à Cambray, dont iadis il auoit eſté Chaſtellain, auec de grandes terres dans le Cambreſis; il auoit pour compagnon Gilon Celerier de Vaulcelles du meſme Ordre de Ciſteaux, de la fondatió des Seigneurs d'Oify; ils eurent la deuotion d'aller viſiter vne recluſe, & leur conuint paſſer par vn endroit voiſin des murailles de la ville, où pluſieurs pauures gens trauailloient dans les foſſez. Comme cette racaille de peuple apperceut ces bons Religieux, il leua vne grande huée apres eux. Le pauure Gilon ſurpris de cette ſalutation, ſe mit à haſter le pas, penſant qu'ils s'appaiſeroient auſſi toſt qu'on ne le verroit plus. Que voulez-vous? cela eſt naturel; & endurer d'eſtre criaillé par vn frettin de populace indiſcrete, qui ſouuét n'oſeroient enuiſager ceux dont ils ſe mocquent, s'ils paroiſſoient en autre habit, il y a de la ſurpriſe d'eſprit, & de la peine. Mais Iean de Montmirel en vſa bien autrement. Il tourna viſage vers ce peuple, & ſe mit à le prier tres inſtâment, qu'ils n'eſpargnaſſent point leurs cris; qu'il eſtoit Iean de Montmirel, cét inſigne pecheur, & tant celebre, qui meritoit d'eſtre hué generalement de tout l'vniuers.

Ces ſouffrances de perſonnes inconnuës, le diſpoſerent à celles qu'il endura des ſiens. Il faut confeſſer qu'il eſt de certaines indignitez, qui ſouuent ſe preſentent aux ſeruiteurs de Dieu, pour leſquelles la nature n'eſt qu'impuiſſance. Elle en a elle meſme horreur, & ſemble fuyr de peur de les voir, au lieu de nous aider pour les vaincre. Des enfans, des parens, des amis intimes autrefois, vne femme que l'on nomme la moitié d'vne perſonne, & autres tels noms, navrent ſenſiblement, quand ils font les cruels, oublient les leur,

& sous l'ombre qu'ils iouyssent du bien de ceux qui ont pris party dás les Religions, comme viperes engraissées n'ont que du faste & de la barbarie pour les leur, & les mesprisent hautement. Iean de Montmirel auoit donné vne maison à Long-pont size à Gádelu : La coustume portoit lors, qu'en telles donations des peres & des meres, les enfans y consentissent, de peur qu'apres le decez des donateurs, les donataires n'en receussent du desplaisir. Par mauuaise rencontre, Iean fils aisné de ce Seigneur, n'y auoit pas presté consentement. Comme donc le pere fut fait Religieux, ce fils dénaturé eut bien l'impudence de trauerser les Religieux en leur possession. Et comme cette maison alloit en decadence, ce mauuais fils ne voulut point souffrir que les Religieux y touchaſſent. L'on peut aiſement penſer le déplaiſir que le pere en ſentit, ſi qu'apres luy auoir laiſſé tant de biens, ſon fils vint à regratter ſur vne maſure qu'il auoit donnée au lieu où il viuoit encore, & où il s'eſtoit retiré. Il n'en demeura pas là : mais voyant que la longueur nuiſoit au bien de l'Abbaye, il voulut voir ce que le viſage d'vn pere, quoy que ſorty du monde, pouuoit ſur vn fils ingrat. Il demãda licence d'y aller; & loüa des ouuriers à Gandelu, qu'il mit auſſi-toſt en beſogne, & luy meſme pour fortifier dauantage la Iuſtice contre l'impieté, il fut vn des manœuures qui ſe mit à trauailler comme les autres, & à porter aux ouuriers ce qui leur eſtoit neceſſaire. Et ſans iamais ſe plaindre de perſonne, ſa patience donna l'efpouuante au vice, & l'emporta.

En vne autre occafion, il monſtra pareille vigueur, comme fon fils monftra pareille ingratitude. De tout temps l'Abbaye de Longpont leuoit les menuës difmes à Gandelu. Il plût donc à ce Iean II. Comte de Chartres de fe venger des Religieux, pour ce que nous auons cy-deuant dit, & faire en forte par fes officiers que les Religieux n'en peuffent rien tirer. Voila le bon Iean de Montmirel auffi toft navré au cœur, que cette mauuaife nouuelle fut apportée au Conuent, iugeant bien que fon fils le faifoit autant en dépit de luy, & pour le brauer, que pour offenfer l'Abbaye. Il entreprit donc de retourner vne autre fois à Gandelu, & fe faire luy mefme le Collecteur de cette difme, allant de porte en porte la recueillant, & s'en chargeant fur les efpaules, comme la plus feruile creature du Conuent. Auffi ne pût-il fouffrir que les Religieux fiffent perte aucune à fon fuiet; & fe mettant comme vn mur entre-eux, & fon fils, aima mieux receuoir toute la peine & toute la honte, que cét impie luy procura, que les Religieux s'en fentiffent. Car pendant qu'il faifoit cette recolte par les ruës, l'on vid vn fcelerat, que l'on reconnût bien à la liurée, de quel endroit il venoit, qui fuiuant le fainct homme par derriere, luy enleuoit des oignons qu'il portoit fur fon dos, & les iettoit dans le ruiffeau. Iean de Montmirel s'abbaiffant, les ramaffoit, & les ayant fecoüez, les remettoit dans la hotte, fans feulement regarder quel eſtoit cét inſolent.

Son chemin le mena quelque autrefois à Montmirel en compagnie de ſon Prieur; Il eut donné ſujet à ſon fils aiſné de ſe plaindre de luy, s'il ſe fut preſenté à vne autre maiſon qu'à la ſiéne pour prendre logement Il treuua iuſtement, comme il approchoit, des domeſtiques de ſon fils, auſquels il dit, qu'il logeroit chez eux cette nuict-là. Ces ruſtres d'officiers, qui s'accommodoient au naturel de leur Maiſtre, luy firent auſſi-toſt mille excuſes, & luy propoſerent mille euaſions impertinentes pour ne le point receuoir. Iean de Montmirel en demeura ſurpris du commencement, voyant la barbarie de cette valletaille, indigne de voir le iour; & neantmoins penſoit à ce qu'il auoit affaire, comme vn efprit qui combat. Le Prieur voyant le conflict interieur de ce pere mal traicté par fes enfans propres, & par leurs valets, ne s'oublia point. Il luy preséta le bouclier de la fainéte patience bien à propos; & luy dit, Ne vous efmouuez point pour cela: Le Seigneur eft venu en fes propres, & les fiens ne le receurent pas. Ce peu de mots fuffit pour remettre cét efprit en fon afliette; au contraire, il témoigna beaucoup d'aife, de ce que ce paffage de S. Iean luy appartenoit fi bien : Delà il tourna chez des eftrangers qui le receurent comme vn Ange du Ciel.

Mais que diroit-on d'vne femme, dont il auoit eu tant d'enfans? vn autre fujet l'ayant fait paffer par Montmirel, il alla droict au Chafteau steau pour y loger. Vn valet fait au badinage, luy vint subitement à la rencontre, qui luy dist de la part de sa femme Heluide de Dampierre, qu'elle ne le pouuoit pas maintenant receuoir : car elle estoit incommodée, & actuellement dans le bain, si qu'il ne pourroit pas seulement la voir. Ce vertueux personnage ne repartit autre chose, sinon qu'il supplioit Dieu que les bains succedassent à sa maistresse; & là dessus, se retira, faisant encore vne grande piece de chemin pour aller à la Ferté-Gaucher, chez la Comtesse sa belle-mere, qui le receut bien autrement. Se peut-il rien adiouster à des espreuues si cuisantes? & qui se pourra plaindre du mauuais traictement des siens apres Iean de Montmirel?

La victoire qu'il eut sur ses sens.

CHAP. VIII.

SON austerité de vie monstre assez comme il auoit peu d'adherence à tout ce que les principaux sens recherchét pour le seruice du corps: mais il est d'autres actions particulieres, qui fōt voir l'empire qu'il auoit sur les autres; & qu'il estoit de ceux desquels parle l'Apostre, nous sommes bien encore de chair sur terre, mais nous ne marchons pas selon les desirs de la chair. Le Conuent estoit vn iour sorty pour aller au trauail, selon l'ancienne coustume des Religieux; il y auoit sur le chemin vne charogne puante, qui infectoit tout autour, de façon que les Religieux auoient de la peine à paſſer. Chacun portoit ſa main ou ſa manche à ſon viſage pour en deſtourner l'odeur. Iean de Montmirel crût qu'il luy appartenoit d'y donner ordre, & de remedier à cét inconuenient; il alla donc luy ſeul prendre par les pieds cette beſte morte, & la traiſna ſi loin, qu'elle n'apporta plus d'incommodité à ſes freres, ſans ſe ſoucier de l'infection qu'il falloit que neceſſairement il en ſentit. Ce qui auroit eſté indifferent, ou peu cóſiderable en vn autre, parut fort ſignalé en vn Seigneur nourry dás les delices du corps, qui s'eſtimant le moindre de tous, ſe crût eſtre obligé d'y pouruoir. Telles actions faites par habitude, & par election, monſtrent qu'il y auoit là dedans vn grands fonds de courage & de sainɩteté.

Il eſcheut encore vne autrefois qu'vn Religieux incommodé de ſa ſanté, de nuiɩt rendit du cœur, auec de grandes violences; Iean de Montmirel fut auſſi toſt ſur pied pour l'ayder, & luy ſouſtenant la teſte, chercha tous les moyens poſſibles pour luy donner allegement. Le Religieux confus de ſe voir aydé de telle perſonne, & craignant que la mauuaiſe odeur de ce vomiſſement n'incommodaſt Iean de Montmirel, s'efforçoit inſenſiblement de le deſtourner de la veuë, & pouſſer tout à quartier: mais le bon Sainɩt voyát qu'il s'inquietoit pour ſon ſujet, le deliura bien toſt de toute peine; il prit vn peu de paille entre ſes mains, & ramaſſant toute cette ordure, la porta luy-mesme de la sorte en vn lieu où elle n'incommoda plus personne. L'Auteur a raison quand il rapporte cét exemple, de dire que les saincts font quelquefois des actions que nostre infirmité ne peut pas mesme entendre sans degoust: mais il pouuoit encore adiouster, qu'il ne faut pas que nous croyós qu'en tels exercices ils n'eussent toutes les repugnances que nous sentons; ils estoient de mesme nature que nous, & la grace, ou le nouueau genre de vie qu'ils auoiét embrassé, ne les auoit point chágé de complexion; mais la force de la charité leur rendoit telles bassesses si prisables, estans faites pour l'amour de Dieu, & le desir de se dompter alienoit si fort la seruitude des sens, que ce qui faict peine aux autres à ouyr seulement, leur estoit vn rauissement d'esprit à executer.

Que dirons-nous de la façon dont il viuoit auec les lepreux, selon ce qu'il faisoit mesme estant encore au siecle? Qui n'admirera l'aise qu'il monstroit à les baiser? Comme les caressoit-il? Car il eut semblé lors que son cœur se fut espanoüy d'aise; & n'estoit point d'object au monde qu'il aimast mieux rencontrer. Il faut rendre cette loüange aux grāds Seigneurs de son temps: Ils estoient admirablement charitables à nourrir & seruir les pauures de leurs mains, & nommement les lepreux. Sainct Louys qui gouuernoit la France, sur le declin de la vie de Iean de Montmirel, témoigne en quelque endroit du sieur de Ioinuille que le Roy d'Angleterre, qu'à la couſtume des Grands il nomme ſon frere, ſeruoit luy-meſme les lepreux; Et ſi ce Prince, qui eſtoit Henry III. n'auoit pas grande reputation de ſainɛteté. Mais ce qui ſe lit dans l'hiſtoire Angloiſe de ſa bizayeule Mathilde, la plus belle Princeſſe de ſon temps, ne peut pas eſtre obmis ſans crime cõtre ce ſujet. Elle eſtoit fille de Macolme Roy d'Eſcoſſe, & auoit de beaux enfans, qui neantmoins perirent en vn naufrage, le plus lamenté, & le plus pleuré qui fut iamais; tellement qu'il ne luy reſta plus qu'vne fille nommée Mathilde, premieremét mariée à Othon l'Empereur, puis au Comte d'Anjou, duquel elle eut pluſieurs enfans, qui furent Rois l'vn apres l'autre, iuſques à Henry II. qui eſtoit le puiſné, & continua la postérité. Mais reuenant à cette Infante d'Escoſſe, c'eſtoit tout ſon plaiſir que de manier auec ſes belles mains, & lauer les pieds des pauures qu'elle tenoit enfermez en vn cabinet contre ſa chambre. Vn iour Dauid Ròy d'Ecoſſe ſon frere, eſtant venu à la Cour d'Angleterre, & ayất oüy quelque choſe de cecy, la voulut ſurprendre: En effect ſa qualité luy donna entrée dans la chambre de la Reine qu'elle eſtoit encore en ſon deshabillé, comme elle eſtoit touſiours en telles actions. Il la vid, & la conſidera tout à ſon aiſe ſans eſtre veu; & ne ſe pouuoit ſaouler de voir la deuotion auec laquelle elle baiſoit les playes des pauures & les penſoit. En fin s'eſtất deſcouuert, il luy dit, Comment, Madame, baiſez-vous apres cela le Roy des Anglois? Mais la saincte Princesse repartit aussi tost par vne parole digne de sa vertu ; Ie suis contente de n'estre iamais baisée du Roy des Anglois, pourueu qu'il me soit permis de baiser à mon aise les pieds & les playes du Roy des Anges. La rencontre n'est pas si belle en nostre langue, comme elle est en la Latine, mais la force & la vigueur y est tousiours, marques de la deuotion admirable d'vne Reine delicate, belle, bien nourrie, & qui cependant n'auoit rien de cette lascheté qu'vn million de petites Damerettes de neant monstreroient à l'abord seulement d'vn pauure, s'il s'approchoit trop prés d'elles.

C'estoit de mesme trempe qu'estoit fait Iean de Montmirel, tousiours amy des pauures, tousiours de leur party, toufiours pour eux en toute chofe, & fur tout pour les lepreux, qu'il aimoit comme vne mere paffionnée fait fes enfans; de la creance qu'il auoit, que c'eftoiét les mébres de Iefus-Chrift, & plus il les voyoit hideux, il femble qu'il s'attendriffoit dauantage, & qu'il s'intereffoit plus fenfiblement pour l'honneur de fon Dieu. L'on remarqua vn iour que le Conuent eftoit allé trauailler à la campagne, qu'vn lepreux fort vilain venoit au deuant d'eux. Du plus loin que Iean de Montmirel le vid, comme vne proye deuë à fa deuotion, il cómença à biaifer fon chemin pour l'auoir iuftement de front, quand ils s'approcheroient. Le bon Sainct le voyant prés de luy, le baifa, comme s'il eut defrobé le plaifir qu'il y prenoit; & puis coupa aussi tost à quartier, abbaissant la teste, & se la couurant de sorte, que l'on n'eut pû que malaisement dire ce qu'il venoit de faire, à qui ne l'eut point veu. Voyez comme les vertus s'accordent, & que la charité est tousiours d'intelligence auec l'humilité: Elle desrobe les baisers des ladres, & se cache aux yeux des hommes de crainte d'estre apperceuë.

La mansuetude insigne, & la debonnaireté de Jean de Montmirel.

Chap. IX.

IE louë grandement en Iean de Montmirel, vne conduite bien rare, & qu'il vaudroit mieux que plusieurs maintenant imitassent, qui font profession de vertu, que non pas de suiure le chemin qu'ils entreprennét vers Dieu, comme ils se persuadét, contre toute iustice & charité. Dés qu'il fut Religieux, il trauailla aussi tost à rechercher par tout ce qu'il deuoit en quelque sorte que ce fut, & paya largement ses debtes, sans se vouloir seruir du changement de vie, comme d'vne commodité de bâqueroute à ses creanciers. Ce n'est pas prendre la voye du Ciel que de tromper les paures, emporter leur bien, leur faire perdre ce qu'on leur doit; beaucoup moins obmettre à restituer ce que l'on a mal acquis, ou ce que l'on a rauy à son prochain. Zachée commença par là: & comme il est mal-aisé que les personnes de qualité qui ont manié du bien dans le monde, n'ayent fait eux-mesmes, ou n'ayent souffert que leurs officiers n'ayent fait quelque violence, c'est iustement par là qu'il faut commencer, & pour bien acquerir le Paradis, il faut auoir premierement satisfait aux creanciers de la terre, de peur que les larmes de la veufue, que Dieu ne voit iamais couler sans s'esmouuoir, n'ayent plustost accez auprés de luy, que toutes nos autres pópeuses ostentations de deuotion, & ne renuersent nos desseins. Iean de Montmirel qui auoit mis à l'escart quelque notable somme d'argent à cét effet, pour monstrer l'inestimable prudence du personnage, obtint congé de l'Abbé dés qu'il fut Religieux, d'aller sur ses terres auec quelqu'vn de la maison, faire pleinement du Zachée, & restituer tous les torts dont on le trouueroit auteur.

Entre autres lieux il fut à Cambray, dont il estoit Chastellain & Gouuerneur, & parce qu'il y auoit eu le maniement de la Iustice, ce que porte la signification de Chastellain, comme qui diroit Vicomte ou Preuost, il y fit plus grande enqueste afin de reparer les dommages que l'on trouueroit que ses Officiers auroient faicts. Il auoit desia employé grande somme de deniers à cét effect, & tout apparemment il auoit tellement satisfait à chacun, qu'il y auoit eu plus de largesse que de restitution en son faict. Neantmoins il falloit bien que sa mansuetude y fut exercée de touts points. Il y eut vne mauuaise femme, qui pensant gaigner à tout cecy, le vint treuuer, &

luy fit mille plaintes des grands torts qu'elle en auoit autrefois receu, encore qu'elle n'en pût iamais articuler aucun. Iean de Montmirel pensant auoir fait toutes ses affaires à Cambray, auoit liberalement respandu çà & là ce qui luy restoit, tellement que lors il n'auoit plus rien entre les mains. Il eut donc recours aux prieres, & supplia cette femme de luy pardonner toutes les offenses qu'elle disoit auoir receu, sans s'informer dauantage de la verité de ses plaintes. Mais cette malicieuse faisant plus la desesperée qu'auparauant, n'en vouloit rien rabattre, & le pressoit de treuuer ce que faussemét elle soustenoit luy estre deub. Le bon Sainct ne voulant pas perdre sa debonnaireté pour les insoléces & les artifices de cette rusée, se mit à genoux deuant elle, & les larmes aux yeux luy dit, que puis qu'il auoit tout donné, & qu'il ne luy restoit plus rien dequoy la cótenter, qu'elle vengeast elle-mesme sur sa personne les iniures dont elle se plaignoit, qu'à cét effect il luy abandonnoit ses yeux, son visage, afin qu'elle le chastiast comme elle pensoit qu'il meritoit. Mais l'auarice de cette impudente, se voyant deceuë, eut horreur de son imposture, & se retira.

Ce fut encore vne action loüable de cette mesme mansuetude, ce qui luy arriua auec vn des garçons du Cóuent que l'on luy auoit baillé pour le suiure. Iean de Mótmirel allant à cheual en quelque endroit pour les affaires du Conuent; ce ieune hóme, apres auoir couru quelque temps, eut appetit
de

de manger, & se voyant prés d'vn Monastere, y alla demáder vn peu de pain. Il escheut que l'on le refusa. Dequoy s'estant grandement picqué, il reuint à Iean de Montmirel qui poursuiuoit son chemin, & plein de rage & de feu, commença à médire de ceux qui logeoient en ce Monastere. Il ne se peut assez penser comme ce mauuais garçon les despeignoit, auec mille sermens & mille blasphemes, tant la cholere l'emportoit. Iean de Montmirel auoit desia tâché par toutes les remonstrances possibles de l'appaiser. Il luy auoit commandé cent fois de se taire: Il l'auoit griefuement repris sur ces excez de paroles, y employant ce qu'il auoit pû pour le remettre en son bon sens. Neantmoins c'estoit tousiours sans effet. Comme donc

R

il vid qu'il ne gagnoit rien sur ce mauuais esprit, il se iette en bas de son cheual, & se met à genoux deuant ce valet, & tout couuert de larmes luy remõstre l'offense qu'il faisoit d'vser de tels discours, & le coniure au nom de Dieu de s'arrester. Ce pauure garçon tout effrayé de le voir en telle posture, rabatit aussi tost son feu, & par vn changement subit, se couurit de honte de s'estre tant fait prier de son deuoir; & pour ce que Iean de Montmirel desiroit de luy, il se teût auec repentance de sa faute, & deuint doux comme vn agneau.

Mais ce qui suit monstre bien encore la bonté de cette saincte ame, & de quel esprit il procedoit à la cõuersion des pecheurs. Comme il fut si mal traicté par sa femme, ainsi que nous auons dit cy-deuant, il alla droit à la Ferté-Gaucher, pour loger chez la Comtesse, sa belle-mere, qui le receut parfaictement bien. Mesme elle luy fit ses plaintes de ce qu'il auoit voulu prendre vn autre logis que le sien. Or comme on le festoyoit là dedans, il escheut, qu'il se treuua vn larron dans les prisons du Chasteau, que la Comtesse auoit desia condamné, pour ses crimes notoires & auerez, à perdre la vie, ou du moins à perdre les yeux. Iean de Môtmirel touché de compassion, pria sa belle mere de ne point souffrir que ce pauure criminel fut mutilé : mais qu'elle commandast plustost que l'on luy donnast la Croix, comme la prenoient volontairement ceux qui alloient en Leuant faire la guerre aux Sarrazins, & qu'il y fut enuoyé pour

R ij

faire penitence de ses crimes. La Comtesse luy repartit, qu'il en fit à sa volonté. Mais l'humble Religieux s'excusa de ce que ce n'estoit point chose de sa condition que de se mesler de iudicature; que pour luy il meritoit plustost d'estre iugé que de iuger les autres; Mais qu'elle, qui estoit souueraine en cela, le feroit auec pouuoir & auec bien-seance, & qu'il esperoit que cét homme seroit de bon seruice en la Terre-saincte, portant les armes pour la defense de Dieu, cóme iusques icy il les auoit portées pour l'offenser. La Dame donc commanda que le patient fut tiré de prison, on lé mene deuant elle, & deuant Iean de Mótmirel qu'il connoissoit assez, ayant les fers aux pieds & aux mains, cóme vn homme qui n'attédoit plus que le supplice. Il se iette aussi tost deuant celuy qu'il esperoit estre son Aduocat auprés de la Comtesse, & le supplia les larmes aux yeux de prendre compassion de sa misere. Iean de Montmirel fut à terre aussi tost que luy, s'escriant; Helas mon amy, que faites-vous? ie suis pecheur aussi bien que vous, mais beaucoup pire, & plus coulpable. Neantmoins (ce qu'il luy dit en le leuant) il y a moyen par la faueur de la Comtesse de vous sauuer, si vous aymez mieux employer vostre sang où nostre Seigneur a prodigué le sien pour le salut du monde, plustost que de souffrir vne mort lasche & honteuse deuant vn peuple, comme vous estes condamné d'endurer. Le voleur qui estoit homme de cœur, & à qui le gére de mort coustoit plus que la mort mesme, accepta volontiers la grace qu'on luy offroit, & sur l'heure se croisa pour aller en Leuant, où tant de Noblesse Françoise alloit lors au recouurement des places que les Sarrasins auoiét gaignées sur les Chrestiens. Ainsi se gouuerna Iean de Montmirel en cetre rencontre, acquerant à la Ierusalem militante & triomphante vn braue soldat, par sa debonnaireté, sans offenser la Iustice, & sans interesser le repos du pays.

Abregé que l'ancien Auteur fait des autres actions particulieres de Iean de Montmirel en la Religion.

CHAP. X.

CE n'est pas que la longueur soit souhaitable tousiours,

quãd il faut parler de si beau sujet que se puisse estre ; Mais il est vray qu'apres auoir entamé vn discours plein d'edification, si l'on vient à couper court, & à vous monstrer en gros seulement ce qui meritoit d'estre deduit en particulier, cela offense & desagrée beaucoup. Neantmoins il faut souffrir ce que l'Auteur ancien en a fait, n'y ayant point de remede qui puisse recouurer ce que par vn abregé il a voulu oster à la posterité. Il se faut cõtenter de l'idée qu'il a gardé semblable à celle des peintres, qui faisans paroistre quelques personnages dans les premiers espaces de leur ouurage, ne monstrent que des sommitez de figures en gros, dans les esloignemens ; & croire qu'il a eu quelque raison d'en vser ainsi, pour laquelle il s'est aisemẽt figuré qu'il n'obtiendroit pas seulemét pardon pour les obmissions que sciemment il faisoit, mais seroit mesme estimé auoir iudicieusement traicté la patience de son Lecteur, ne luy presentant qu'en epitome, ce qu'il iugeoit assez de luy-mesme estre de la suite de l'histoire.

En effect, quand il dit qu'il ne veut pas parler plus distinctement de sa deuotion en la priere, de sa ferueur en la regularité, de sa force en la victoire des tétations qu'il endura, & d'autres choses pareilles ; qui ne voit de soy mesme que toutes ces pieces sont du narré de la vie de Iean de Mótmirel, & qu'il faut bien sous-entendre ce qui a vne liaison necessaire auec le reste, sans dauantage l'exprimer ?

Il n'a pû se faire autrement que

ce bon Seigneur nourry dans la liberté du mode, & qui pour la plus grand' part de sa vie auoit manié les armes auec de grands succez, n'ait eu d'horribles tentations, en se faisant humble & pauure Religieux. Nostre nature ne se surmonte iamais qu'apres qu'elle a rendu tout le combat qu'elle a pû; & quoy qu'elle soit moins vitieuse és vns, qu'elle n'est pas aux autres, elle a tousiours neantmoins assez de quoy lasser vn bon courage, quand on luy veut arracher tous ses mouuemens, & luy donner ceux de la grace. Et puis, que pensez-vous que face l'accoustumance, qui est vne autre nature, disent les Sages, quand ce ne seroit seulemét qu'à disposer de soy, de son temps, de sa volonté pour les bonnes œuures mesme, & d'autres choses semblables qui s'attachent si tendrement à nous, qu'il faut couper iusques au vif, & tirer bien du sang pour la destruire, & se captiuer totalement aux volontez d'autruy. Outre que ie ne doute point que l'esprit malin, craignant que si cette retraite du mõde à la Religion estoit vne fois reconnuë par les Seigneurs de qualité, il n'y en eut trop qui s'en seruissent, ne manqua point de le trauerser de toutes les façons qu'il pût. Il les vainquit donc, puis qu'il y perseuera iusques à la mort, & se rédit plus admirable en ses victoires de Conuent qu'il n'auoit fait en celle de Normandie, & des tournois, ayant vaincu vn Iean de Montmirel & les demons.

C'est grande simplicité à quelques personnes qui se rendent en

Religion, comme à vn abry des orages du monde, de s'eſtonner quand elles ſe voyent attaquées de tentations, & laiſſées de Dieu dans des ſeichereſſes d'eſprit. Elles en viennent quelquefois iuſques à ce point de ſe ſcandaliſer de la bonté diuine, ou à douter de la verité de leur vocation; où les tentations qu'elles ſouffrent leur deuroient eſtre des indices manifeſtes, que leur eſtabliſſement en ce nouueau genre de vie eſt de Dieu, puiſque les demons ſe trauaillent tant à le ruiner; choſe qui n'arriueroit pas ſi l'eſprit malin, comme ſouuent elles craignent, auoit operé dans leur appel: Mais elles doiuét aggreer toutes ces eſpreuues, que Dieu veut auoir de leur conſtance; & croire que c'eſt en cela qu'elles peuuent faire gloire deuant le Ciel de leur fidelité, si elles perseuerent dans les difficultez, puisque la vertu qui n'est point esprouuée, n'est point connuë, & ne se peut pas raisonnablement glorifier de son propre nom.

I'accorde pareillement à nostre Abreuiateur, que l'ame de Iean de Montmirel a deu estre baignée de grandes consolations en l'oraison, & pendant l'employ des bonnes œuures. Dieu sçait la foiblesse de son vaisseau, & que s'il ne nous fortifie de ce qui seul est capable de detacher nostre cœur du monde auec contentement, nous ne pouuós pas long-temps subsister. Le bien est doux, & la vertu ne seroit pas aimable, si outre l'honnesteté elle n'auoit encore la suauité, qui naissant de cette conuenance qu'elle a auec la raison, remplit une ame de delices, & la console en un moment plus solidemét que toutes les folies du monde ne sçauroient faire en cent années. Mais quand Dieu descend luy-mesme dans le cœur, & y respand quelque goutte de la ioye & de la felicité dont il est plein, ne faut-il pas qu'un seruiteur de Dieu côfesse, qu'il n'est rien de comparable à ce plaisir, & que tous les contentements de la vie profane, en comparaison de cette douceur, sont des amertumes insupportables? Dieu est fidele aux siens à l'infiny; & s'il a des yeux ouuerts pour verser les pluyes sur les terres qui les demandent, comme les a-t'il plus tendres pour consoler un esprit loyal à son seruice, qui s'est retranché toute chose pour l'aimer plus fidelement. Laissons donc ce qui regarde les côsolations diuines de Iean de Montmirel, en cette vie Laissons sa regularité, laissons les autres vertus qui sont des pieces necessaires au soustien de la vie religieuse ; contentons-nous de les auoir veuës en gros côme cét Auteur a desiré, de peur de decheoir de la bonne opinion qu'il a prise de nous, & passant au liure suiuant, accompagnons son bien-heureux esprit, qui apres tant de saincts trauaux, prend desormais son vol en Paradis.

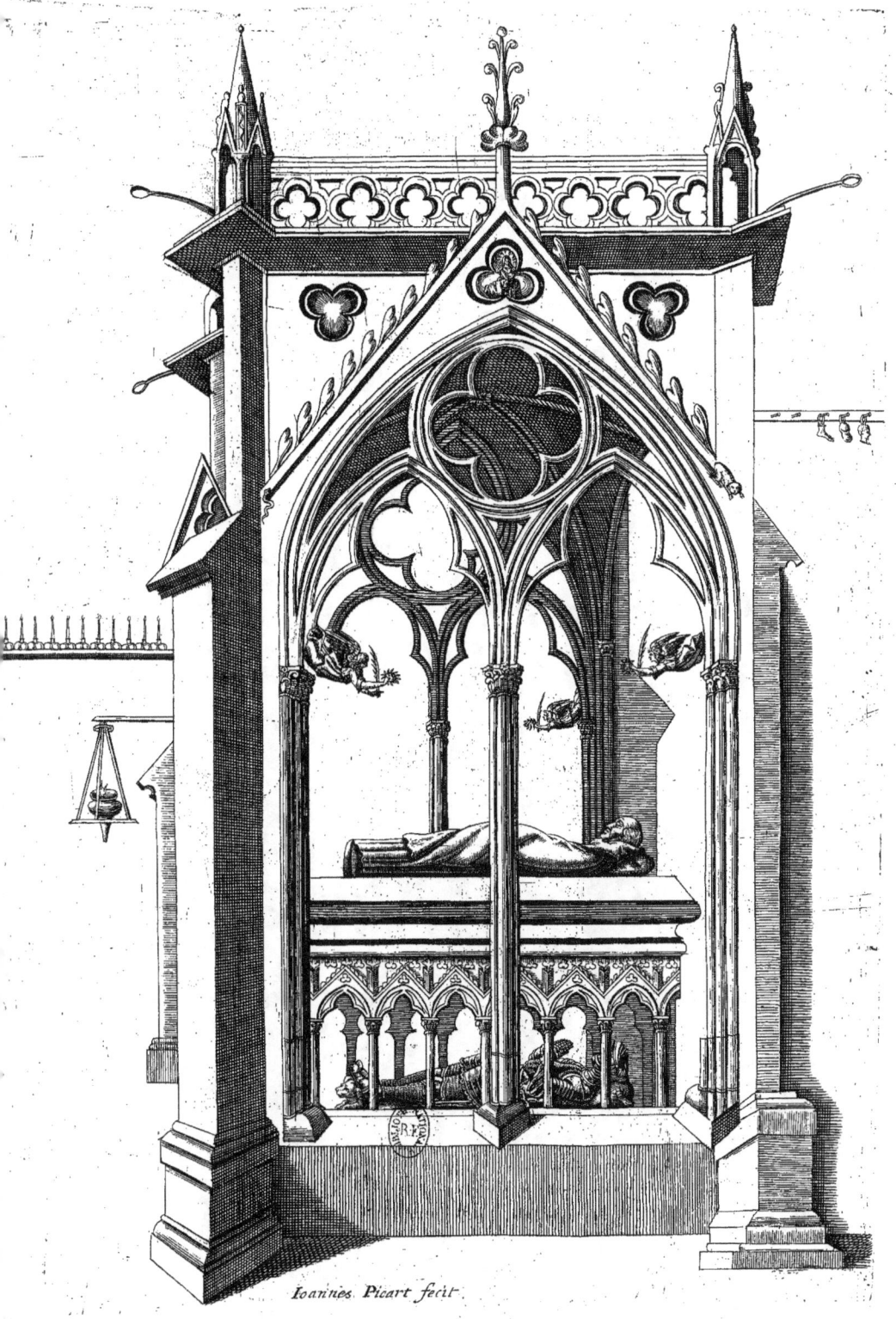
Ioannes Picart fecit.

HISTOIRE DE IEAN SEIGNEVR DE Montmirel & d'Oisy, Chastelain de Cambray, &c.

Puis Religieux en l'Abbaye de Long-Pont, de l'Ordre de Cisteaux.

LIVRE QVATRIESME.

Vision qui preceda le decez de Iean de Montmirel.

CHAP. I.

IL y auoit desia long temps que Iean de Mótmirel rendoit à Dieu les preuues de sa fidelité, tant lors qu'il voyoit encore

dans le monde, que depuis qu'il se fut retiré au port de la Religion. Le sainct Esprit, c'est à dire, la bonté mesme, a ce soin, comme il appert par l'Apocalypse, de mettre la fin à nos trauaux, comme c'est luy qui par sa grace nous y porte & nous y maintient. Nos affectiós ne luy plaisent qu'autant qu'elles sont necessaires pour nous rendre dignes de la gloire des-lors qu'elles nous ont conduit au point de nous faire capables du Paradis, il les arreste, & mettant fin à nostre vie, ne nous fait suiure en l'autre monde que par les merites de nos bónes œuures, pour nous en donner la recompense. Or c'est beaucoup à ceux qui se contentent d'vne vie ordinaire, quoy que tousjours reglée par la saincteté, d'arriuer à la gloire, sans que l'on viéne
à sçauoir

à sçauoir icy bas le chemin qu'ils ont pris: Comme ils n'ont eu rien d'esclatant en leurs actions, la fin n'en doit pas estre plus brillante: Mais c'est tousiours beaucoup sans doute, que d'estre auec Dieu pour vn iamais, encore que les hommes l'ignorent; & de iouïr auec les Anges de la gloire eternelle, quoy que ceux que nous laissons ne sçachent pas quelle route nous auons prise. Mais il en va autrement aux personnes de qualité: comme elles ont des aduantages de naissance, de fortune, de reputation dans le monde, si elles viennent aussi à en acquerir de vertu, il semble que Dieu soit obligé de donner quelques indices du iugement qu'il a fait de leur saincte vie, tant pour accoiser les estonnemens que les grandes mutations que la grace

opere en eux, a femé par les ef-
prits, que pour defcharger plus
authentiquement les efperances,
qu'elles ont monftré auoir prifes
de fa bonté.

Telle fut la vifion qui preceda le
decez de Iean Seigneur de Montmirel. Il eftoit gifant dans vn pauure lict, accablé de maladie, rendant les derniers combats contre
la nature & la mort fans aucune af-
fiftance des fiens, & n'ayant autour de foy que d'humbles Religieux, le monde luy ayant efté ennemy iufques au dernier foufpir
de la vie, de déplaifir qu'il fentoit
d'en auoir efté fi hautement, & fi
folemnellement rebuté ; quand il
plût à Dieu de defcouurir les merites de ce fien feruiteur par vne
veuë affez particuliere qu'il prefenta à Hugues, lors encore Prieur

de Long-pont, & peu de temps apres Abbé du mesme lieu. Ce bon Prieur venoit d'assister son malade, auec lequel il auoit eu vne priuauté toute entiere tandis qu'il estoit en santé, comme se sentant pressé de sommeil, il s'y laissa aller: & luy sembla voir incontinent en songe que tout le chœur des Religieux estoit plein de cierges allumez, entre lesquels neantmoins il en estoit vn, plus haut & plus esclatant que les autres, qui remplissoit l'Eglise de sa lumiere. Cette veuë l'ayant quelque temps satisfait, il s'apperceut que ce maistre cierge accompagné tousiours de la mesme lueur qu'il auoit, se detachoit du rang des autres, & montoit de soy-mesme, penetrant la voute d'enhaut, & puis peu à peu se perdoit dás le vague du Ciel. Le Prieur confessa depuis en rapportant cette vision imaginaire, figure de la verité, qui se passoit lors en l'Abbaye, & que Dieu luy auoit enuoyée comme à celuy qui deuoit peu apres en perdre le gouuernement, afin de tenir la main plus soigneuse aux hóneurs qui estoiét deubs à son seruiteur, qu'à la veuë de l'exaucement que fit le cierge, il se trouua fort en peine, ne sçachant où cette separation aboutiroit : mais quand il le vid monter au Ciel, il en demeura tout entierement affligé, encore que le sommeil luy ostast la liberté de faire le raisonnement entier, qui se fondoit sur la comparaison de ce cierge à Iean de Montmirel, & de son rauissement à sa mort : Comme si Dieu ne luy eut donné lors que ce qui estoit necessaire pour l'instruire de la qualité du Religieux qu'il perdoit, & luy en eut voulu rendre plus sensible la perte par l'infliction de cette douleur: sur lesquelles choses, venant apres à repasser pendant le iour, & lors que le decez mesme arriueroit, la ressemblance de ses tristesses le conuainquit plus clairement de ce que Dieu luy vouloit reueler au monde par son moyen.

Mais ce qui causa plus d'affliction à ce deuot Prieur, fut qu'apres auoir conduit le transport & la perte de ce cierge esclatant, qui montoit si pópeusement au Ciel, venant à rabattre sa veuë dans le chœur, il y vid des tenebres, nonobstant la lueur des autres cierges qui faisoient assez leur deuoir. Ce n'estoient que lumieres sombres celuy sembloit, en comparaison

S iij

de l'esclat qu'il auoit veu auparauant. Ce rencontre, & la dispensation diuine le détacherent d'vn sommeil, qui ne luy estoit suruenu que pour voir plus à l'aise ce que Dieu luy vouloit monstrer parmy les assistáces charitables qu'il rendoit à son malade. Comme cette veuë auoit esté forte, elle luy occupa long temps l'esprit sur la signification qu'elle pouuoit auoir. Chose estrange, cóme nous sommes aueugles de nous-mesmes sur les choses de Dieu, iusques à ce qu'il plaise à sa bonté de nous esclairer; tout ainsi que s'il luy plaisoit tirer de nos incertitudes la vérité, comme il fit autrefois la lumiere des tenebres. Ce bon Prieur se trauailloit à trouuer le sens de tout ce qu'il auoit veu, & en estoit tellement absorbé, qu'il ne pensoit à autre chose, ne pouuant demesler en son esprit, que vouloiét dire ces cierges, & sur tout, ce pompeux & ce majestueux entre tous les autres, qui par son depart auoit laissé le Chœur & les lumieres qui y estoient, pour ainsi dire, en tenebres. En fin il alla celebrer la saincte Messe, pendant laquelle entendant le timbre, qui estoit signe que Iean de Montmirel estoit passé à Dieu, il luy vint vn si subit esclaircissement d'enhaut, du sens de toute sa vision, qu'il se treuua autant desgagé de la peine où son ignorance l'auoit mise, comme attristé de la perte indicible que la maison faisoit ; & dans ces inquietudes d'esprit, acheua sainctemét son sacrifice. Telle donc fut la marque que Dieu donna au plus interessé de la maison des merites de son seruiteur.

Comme il fut veu dans la Gloire apres son sainct trespas, ayant passé trois iours au Purgatoire.

CHAP. II.

CE fut la nuict qui preceda le 27. iour de Septembre, dedié à la memoire de S. Michel, & de tous les Anges, que le Prieur eut cette vision. Ce fut aussi la derniere nuict que Iean de Montmirel passa dans les tenebres de ce monde; le matin son corps s'affoiblit extraordinairement, & comme d'vne personne tirant à sa fin; il n'auoit aupres de foy que toutes les marques de son humble condition, voulant mourir pauurement, afin que son Seigneur, qui aussi mourut pauure sur la croix, l'en agreast plus au moment qu'il daigneroit venir le receuoir. Celuy qui estoit Seigneur de tant de Comtés, de tant de terres, de si grands biens, rendoit les derniers deuoirs à la Nature, au milieu des mesaises & des necessitez; Et comme si la mort entiere n'eut pas esté suffisante pour l'integrité de son sacrifice, il se voulut voir mort à toutes les commoditez du monde, à tous les soulagemens de la vie que sa haute condition luy offroit deuant que de mourir au corps & à la lumiere.

Ce fut donc au matin de la feste sainct Michel que cette heureuse ame se detâcha de son corps, fermant les yeux aux tenebres du bas monde pour les ouurir à la lumiere de celuy, qui pour son soleil, & pour sa lune, à les yeux de Dieu. Pendant qu'il estoit en ce dernier passage, il plût à la bonté diuine d'enuoyer vne pareille vision que la precedente, à vn bon Conuers de l'Abbaye nommé Gerard, qui peut estre ayant tracassé toute la nuict, eut au matin autant de sommeil pour recompense de ses charitables peines, qu'il luy en fallut pour entendre les merites de Iean de Montmirel. Il luy fut donc pareillement aduis que l'vn & l'autre Chœur, tant des Religieux que des Conuers, circonstance que la bonté diuine adiousta pour sa cósolation particuliere, estoit plein de luminaires ardens : mais entre lesquels en estoit vn qui surpassoit

fort les autres en clarté. Apres
cette belle perspectiue, il vid vn
personnage venerable à merueille
du visage dont on peint ordinairement nostre Seigneur, qui s'approchant du plus beau cierge, le
prit & l'emporta auec soy dans le
Ciel. Le bon frere fut grâdement
attristé de la perte du cierge, à cause que l'Eglise luy sébloit en estre
demeurée en tenebres au pris de
ce qu'elle estoit auparauant, nonobstant tant d'autres qui ne laissoient pas de brusler. Et sur cette
angoisse d'esprit il s'esueilla. La
rencontre de ces deux visions apporta de l'asseurance à l'vne & à
l'autre, & le rapport qu'elles auoiét
monstra clairement que Iean de
Montmirel qui venoit de deceder
estoit dans la Gloire, nostre Seigneur l'estant daigné recueillir

luy-mesme, & le receuoir en personne.

Mais de là à quelque temps, comme l'Abbé de Cisteaux estoit à Longpont, & que l'on parlast dignement des merites & de la Gloire de Iean de Môtmirel, il se trouua vn Abbé de l'Ordre qui rapporta: Qu'il estoit en Normandie vne Dame de grande saincteté, qui entre autres graces qu'elle receuoit de Dieu, estoit souuent visitée de grandes illustrations & de reuelations particulieres ; De laquelle, dit-il, comme ie desirasse sçauoir l'estime qui se deuoit faire des merites de Iean de Montmirel, ie luy demâday en vn discours que nous eusmes ensemble, quelle pensée elle-mesme en auoit. Sur quoy elle me respondit; Sçachez que i'auois vne grâde familiarité d'esprit auec celuy que vous nommez Religieux de Long-pont de saincte vie, & depuis decedé. Dieu disposa de luy comme ie vous diray. Il pleut à sa bonté diuine, la feste de S. Michel au matin me faire voir son ame lors qu'elle se separoit du corps, & que les Anges la receuoient. Mais parce qu'elle auoit encore quelques petits restes de tâches qu'elle n'auoit pas effacé par la penitence, il plût à sa Iustice toute saincte & toute adorable, qu'elle fut trois iours dans le Purgatoire, & puis les trois iours expirez elle en sortit pour entrer en la gloire du Paradis, auec vne tresgrande beauté. Tel fut le rapport que fit l'Abbé deuant le General de son Ordre, de ce qu'il auoit appris de cette Dame de vertu.

En quoy, que peut-on faire autre chose, sinon admirer les Iugemens de Dieu, & nous humilie sous la Toute-puissance de son bras! vn Seigneur de ce grade ayāt fait tant de sainctes actiōs, demeurant encore dans le monde, & puis finalemēt le quittant pour se rendre Religieux, treuue encore trois iours de Purgatoire à supporter deuant que d'entrer dans le Ciel! Si nous n'auions veu sa vie, & que l'on nous eut dit simplemēt qu'vn Seigneur ayant pris l'habit à Lōgpont n'auroit duré que trois iours en ces peines, nous le tiendrions pour bien fortuné : Mais l'ayant veu tout esclattant d'or & d'argent à sa maison, baiser les ladres, les lauer, s'aboucher sur les playes puantes des malades, faire plusieurs fondations : & apres cela, voir encore en peine son ame en l'autre vie, que deuons-nous apprehender de la Iustice de Dieu, pour nous, & pour ceux qui croyết satisfaire à mille crimes enormes auec vn peu de deuotió & d'amendement? O saincte Iustice de mon Dieu, peu apprehendée par les hommes! ô saincteté de ses yeux adorables, peu cónuë des pecheurs! ô pureté de son abord, peu premeditée par ceux là mesme qui souspirent apres luy, puis que les austeritez & les rigueurs de la vie de ce grand seruiteur du Ciel, ne treüue rien que les égale en leurs deportemens! Il ne faut pas neantmoins croire qu'il en soit moins glorieux dans le Ciel, ou que les visions qui se firent deuát & apres son decez, & móstrerent son exaltation au Paradis, soient trompeuses. Dieu monstra lors aux deux

Religieux ce qui estoit ordonné de luy pour vne eternité, & comme il sortoit du monde pour estre receu dans le corps des Esleus; mais il specifia plus distinctement à cette Dame, qui estoit aussi plus capable d'apprendre tels secrets, le train en particulier qu'il tiendroit pour y entrer. D'autre part nous sçauons par les histoires des Saincts, que plusieurs d'entr'eux ont fait souuent des miracles, lors mesme que leurs ames estoient encore en Purgatoire. Les miracles sont des tesmoignages que Dieu par sa bonté donne à nostre foiblesse pour l'approbation de bonnes œuures & de la vertu; ainsi ils n'ont point de liaison auec les secrets particuliers, qui regardent la disposition des ames, desquelles Dieu dispense & marque les routes

tes pour aller au Ciel, aux vnes d'vn plein vol, aux autres par quelques peines; & si souuent, il peut arriuer qu'vne ame de moindre saincteté ira droit au Ciel, parce qu'elle se treuue sans debte, quoy qu'elle n'ait pas aussi tant acquis de merite; & qu'vne autre plus releuée en grace passe par le Purgatoire, parce que parmy les actions heroiques & glorieuses qu'elle a pû faire, il s'y treuue quelque tâche à effacer; comme ne rien deuoir n'est pas tousiours la marque d'estre plus riche, se pouuant faire qu'vn Seigneur deura quelques cétaines d'escus, qui ne sont rien toutefois au prix des milliasses qu'il possede, où vn petit mercadaue ne deura rien à la verité, mais n'aura que fort petitement de bien. L'on treuue de petits grains d'or tout pur assez souuent, qui n'a point besoin de passer par le feu: mais ils sont aussi petits, & peu considerables; au lieu que les grandes masses & les gros lingots que l'on tire des mines, doiuét estre mises dans le fourneau pour oster ce peu d'impureté terrestre qui leur reste: & si chacun iuge assez quelle est de ces deux pieces à preferer.

Recherche du temps precis de son bien-heureux decez.

Chap. III.

Ovs voila replongez dans la perquisition des temps, puis qu'il n'a pas plû à cét Auteur ancien de nous les marquer, & de nous dire au moins combien de temps Iean de Montmirel fut Religieux. Il importe peu à la mort de compter les années de Religion; c'est assez que le dernier passage nous treuue dans le deuoir. Mais ce qui est bon pour nous, ne suffit pas pour les Saincts. I'estime qu'il importe tousiours de sçauoir precisemét les marches des heures, & les bornes des années de leurs principales actions. Lors qu'vn Religieux faict ses vœux, il ne sçait pas pour combien de temps il les fait, ny quelle sera l'estenduë de la vie qui luy reste, pendant laquelle il les deura garder: comme il les offre pour vne eternité s'il auoit à la passer en ce monde; aussi quád Dieu, qui n'est pas pour se laisser vaincre par ses seruiteurs, l'en retire, ayant plus d'égard à la bonne volonté, qu'au

T ij

fait mesme, il les recompense d'vne eternité. Mais comme tous le pas des Saincts sont glorieux, & comme Dieu a des conduites pour eux qui meritent tousiours d'estre cósiderées, puis qu'ils sont les plus beaux ouurages de ses mains, ie ne me puis autrement persuader, sinon qu'il importe beaucoup à la fidelité d'vn escriuain, de ne pas laisser le monde en peine, sur la durée du temps qu'ils ont paru en quelque notable condition.

C'est ce qui me fait icy chercher combien Iean de Montmirel fut Religieux, & en quel temps il mourut, puis que ces deux demandes sont cóiointes, & que l'on sçait, qu'ayant pris le S. habit à Longpont, il le porta iusques à la mort. Au liure precedent nous auons marqué son entrée en Religion, vers l'an 1210. pour accorder plufieurs tiltres, & plufieurs inftructions enfemble, qui nous obligeroiét à en opiner ainfi. Maintenant i'eftime pour dernier accord auec les mefmes, & quelques autres apparences, qu'il faut mettre fon decez vers l'an 1217. ou 1218. fans pouuoir paffer plus auāt. C'eft à quoy nous force la Charte de Iean II. Seigneur de Montmirel fon fils, par laquelle il donne à Long-pont vne maifon fize à Gandelu, & marque expreffemét qu'il le fait pour le repos de l'ame de feu fon Pere. Il s'enfuit donc que l'an 1218. que cette Charte eft dattée, Iean de Montmirel eftoit decedé. Et afin qu'il n'y eut point d'occafion d'errer fur les noms, qui font femblables du fils & du pere, il eft vne autre Charte à Long-

T iij

pont d'vne trasaction, que ce mesme Iean II. le fils fait auec les Religieux sur certains droicts qu'ils auoient à Gandelu, pour lesquels il leur assigne douze muids de froment & s'oblige aux censures de l'Euesque de Meaux, au cas qu'il vienne iamais à maquer à ce payement. Où il remarque expressement que cét accord est fait du consentement de Matthieu de Montmirel son frere, en datte de l'an 1218. mois d'Auril: ce qui monstre euidemment que la Charte est du fils, & que leur sainct Pere estoit lors decedé.

De façon que mettant son entrée en Religion vers l'an 1210. que nous auons veu cy-deuant, Heluide de Dampierre sa femme, parler absolument, sans faire mention de luy, mais traicter les affaires de la maiſon comme Dame & ſouueraine, qui ſont de grands indices, qu'en effet Iean de Montmirel eſtoit lors retiré du monde; & puis marquant ſon decez peu deuant 1218. nous cócluerons qu'il aura veſcu à Long-pont quelques ſept à huict ans, qui eſt vn grand eſpace de temps pour acquerir beaucoup de merites à vn eſprit illuminé comme le ſien, & à vne ame qui auoit deſia fait dans le monde tant de progrez en la vertu. Et pour ioindre toutes nos Epoques enſemble, nous conclueróns qu'eſtant nay l'an 1170. ayant pris le ſainct habit de Religion l'an 1210., & eſtant decedé l'an 1218 il aura veſcu cinquante ans dans le monde, & à cét aage ſe ſera rendu religieux à Long-pont, où il aura veſcu huict ans en toute ſorte de

T iiij

saincteté, & partant sera decedé l'an cinquante & huictiesme de sa vie. Ce que nous tiendrons pour arresté, iusques à ce que nous voyons autre chose qui nous instruise autrement.

Plusieurs Translations de son S. corps, en tesmoignage euident de sa saincteté.

Chap. IV.

LE procedé que Dieu suit à manifester la gloire de ses Saincts apres leur mort, tiét beaucoup de la conduite qu'il garde à les perfectionner pédant leur vie, s'y gouuernant tousiours par mesure, & peu à peu les presentant à son Eglise auec tousiours plus d'esclat, iusques à ce qu'il les pousse au plein midy de l'honneur & de la veneration des peuples, selon qu'eux-mesmes ont esté dans le monde, ainsi que des lumieres, qui de petits commencemens, se sont finalement esleuez à remplir la sphere de leur iuste grandeur. C'est de cette façon qu'il en est arriué à Iean de Montmirel, Dieu faisant mesme parestre en ses ossemens les diuers progrez qu'il tiendroit à produire sa sainCteté. Il fut premierement inhumé dans le cemetiere commun des Religieux, sans autre ceremonie : Delà il fut transferé dans le Cloistre, ses ossemés estans deposez en vn cercueil enclaué dans la muraille proche lequel les Religieux auoient coustume de s'asseoir; Ce qui ne semblant pas assez seant pour les merueilles que Dieu operoit par son seruiteur, l'on commanda quelque remede qui fut accompagné de prodiges, comme nous dirons incontinent. Mais tout cela n'allant point encore à l'égal de la veneration que chacun luy portoit, ses reliques furent leuées de terre par les Abbez de l'Ordre, & portées dans l'Eglise, prés du grand Autel, au monument qui s'en voit encore : finalement, elles furent posées sur l'Autel mesme auec les autres reliques, & de là dans la Sacristie, où elles sont reuerées maintenant.

Dans l'ancienne Eglise, la plus grand' part de la ceremonie qui se faisoit pour canonizer les Saincts, c'est à dire, pour les reconnoistre du Canon & du corps des bienheureux, que l'Eglise croit regner auec Dieu dans le Paradis, confistoit à l'eleuation de terre du corps de celuy que les Prelats iugeoient deuoir estre inuoqué deformais pour amy de Dieu & pour Sainct. Cette saincte ceremonie se faisoit par les Euesques, ausquels a tousjours appartenu de regler la deuotion du peuple, de peur que l'abus ou la superstition n'y eut lieu. Cela ne se confirme pas icy par aucuns exemples, comme ce n'en est pas le lieu : Mais les Auteurs anciens sont pleins de tesmoignages de cette antiquité, qui a eu tant de vogue dans l'Eglise, que chez eux, c'est vne mesme chose de dire, qu'vn Sainct est esleué de terre, & qu'il est canonizé. Et en effect, aux anciennes sepultures, qui se distinguent encore dans les Temples de Dieu, l'on ne void autre marque de la sainĉteté de ceux qui y sont inhumez, sinon que leur tombeau est peu esleué de terre, & comme separé du commun. Les trois differentes inhumations des venerables ossemens de Iean de Montmirel, monstrent la prudence & la modestie que l'on y a gardé: & que l'ayant éleué la premiere fois pour le mettre hors du commun, comme il n'y auoit point d'apparence de l'y laisser dauantage pour le mettre dans le Cloistre, où l'on n'inhumoit que les Ecclesiastiques & les seculiers de qualité, l'on adiousta cét égard particulier à ces sainĉtes reliques, qu'elles furent mises dans la muraille, afin de receuoir plus commodement les deuoirs que la deuotion des Religieux, des domestiques, & des externes luy vouloit rendre, & pour en tesmoigner plus de respect.

Mais la seconde Translation qui en fut faite, quand ils changerent de troisiesme place, & que finalement ces saincts ossemens furent portez dans l'Eglise, & rangez à costé du maistre Autel, auec vn appareil magnifique, monstre bien dauantage l'estime que le monde auoit generalement lors de sa saincteté. Elle ne se fit point asseurement sans authorité publique: la chose estant de trop grande importance pour l'Eglise. L'on a treuué depuis peu dans l'Eglise de Long pont, auec les ossemens de Iean de Montmirel, deux Chartes antiques de parchemin, auec l'apparête & les restes de plusieurs sceaux: mais l'humidité du lieu, & la longueur du temps nous a rauy le moyen d'apprendre par leur lecture les particularitez de cette tranflation. Tout ce que nous en pouuons recueillir, eft, qu'elles môftrent que ce fut auec les voyes ordinaires de l'Eglife que cette trâflation fe fit, & que l'on y garda de grandes ceremonies, felon les faincts Canôs, puis que l'on eftima qu'il importoit à la pofterité d'en eftre informée, côme en effet nous le ferions maintenant fi les inconuéniens que i'ay marqué ne nous euffent enuié ce bon-heur.

Il eft vray que ie ne puis obmettre ce que les fages Prelats qui difpoferent de cette feconde tranflation, en ordonnerent ; la forme de la fepulture a ie ne fçay quoy de majeftueux & de rare. Plufieurs autres grands Rois, Princes, & notables Seigneurs ont changé leurs eftats en l'humilité de la Croix, &

sont entrez en Religion, où apres auoir sainctement vescu, ils ont esté inhumez. Il n'est point besoin d'en faire icy vne grãde liste, cõme il seroit aisé, si nous ne craignions d'estre ennuyeux: Mais l'õ ne void au sepulchre d'aucũ, ce qui se void en celuy de Iean de Montmirel: cõme si Dieu par l'instinct special qu'il donna à Marie de Montmirel Dame de Coucy sa fille, qui sans doute fut celle qui fit cette belle despense, eut voulu mõstrer au monde qu'il y auoit quelque chose d'eminent en sa saincteté, qui ne se treuuoit point en celle des autres. Cette sepulture est iustement du costé de l'Euangile, prés du grand Autel, dans l'enceinte du Chœur: Mais ce que ie dis y estre singulier, est, qu'elle est comme double: car au premier estage prés de terre, l'on void vn

Seigneur estendu de son long, armé de toutes pieces, comme portoit la façon de son temps, ayant son espée sous la main droite, & son escuçon sous la gauche, chargée des armes de la maison, d'vn Lyon d'or rampant en champ de gueule, qui estoient plustost en couleur qu'en relief, puis que maintenant elles ne paroissent plus. Puis est comme vn second estage, que fait vne grande & large pierre, de la mesme grandeur que tout l'ouurage, qui soustient vn autre deffunct, couché de mesme sorte, vestu en Religieux de S. Bernard, couuert du grand habit de l'Ordre, les mains couuertes de l'habit. Ainsi Iean de Montmirel se void en deux conditions differentes, de Seigneur terrien, & d'humble Religieux, auec vne

majesté,

majesté, qui de l'abord seulemét, donne de la deuotion. Le haut de la couuerture est vn ouurage d'Architecture, bien égayé, bien trauaillé, auec les accompagnemens necessaires de colomnes & d'arcsboutans, pour soustenir les deux estages, laissant l'entrée libre au iour, pour pouuoir trescommodement monstrer les deux sepultures susdites de tous costez.

Le mystere que ie reconnois en cette double condition où son corps paroist, selon les deux differents habits qu'il porte, consiste en ce qu'ayant esté Sainct en l'vne & l'autre, & sa saincteté se connoissant mieux par l'opposition de deux estats si dissemblables, il a esté iugé necessaire de nous les mettre deuant nos yeux pour for-

V

mer vne idée plus augufte & plus eminente de fa gloire dans le Ciel. En fin la veuë de cette contrarieté eft fi belle, qu'il ne fe peut nier, que le fainct Efprit n'en ait donné la penfée à quiconque en a fait le deffein, pour fe faire encore adorer dans les cendres d'vn corps qui luy a feruy iadis de domicile & de temple; où ayant operé cette diuerfité fi admirable, l'on croiroit qu'il en fait parade, & qu'il ait dreffé vn trophée à fa grace de la fepulture d'vn mortel.

Les grandes marques que les peuples l'ont iusques icy veneré pour Sainct.

CHAP. V.

IL y a long temps que l'on a dit la premiere fois, que la voix du peuple est la voix de Dieu. Aussi quel iugement d'vn particulier peut auoir vne saincte & vne bien reglée communauté que ce que Dieu luy en donne? Le peuple a tousiours veneré pour sainct, Iean de Montmirel, & en a donné tous les tesmoignages possibles. Apres les reiterées translations de son corps, il ne se pouuoit rien adiouster, ce semble, qui parlast hautement pour sa saincteté : mais la deuotion des fideles à des saillies touſiours nouuelles, & quand elle eſt bien fondée, elle produit inceſſamment quélque effet nouueau de ſon inſtinct. I'appelle marque de ſainčteté treize anciens chandeliers de fer attachez aux barres qui ſont au tour de ſon ſepulchre, quelques autres encore plus bas, & vne gráde lampe à l'antique, puis que ce ſont marques que de tout temps l'on a bruſlé des luminaires deuant ſes ſainctes Reliques, ce qui ne ſe defere qu'en des ſujets que l'on honore auec Religion.

Et que la choſe ſoit authentique, nous auons la Charte d'Enguerrád III. ſieur de Coucy, de Montmirel, & d'Oiſy, fils d'Enguerrand III. qui eſpouſa Marie de Montmirel, fille de noſtre bó Seigneur, par laquelle il appreuue la fondation faite à Long-pont par Matthieu de Montmirel son oncle, & frere de sa mere, iadis Seigneur de Montmirel, apres le decez de Ieā Comte de Chartres son aisné, de trente trois liures tournois chacun an, *à la Natiuité sainct Jean Baptiste, sur les granges d'Oisy, & de Hauriancourt, pour vn cierge qui art nuict & iour deuant la sepouture sainct Jean :* Elle est dattée de l'an 1277. au mois d'Auril. Sur laquelle il se void que de ce temps, qui est à dire quelque cinquāte ans apres son heureux trespas, il estoit nommé sainct, honoré pour sainct, & reueré de la plus auguste façon que l'on vse en l'Eglise, c'est à sçauoir par la lumiere, symbole de diuinité, & que l'on n'employe iamais en telles rencontres, sinon

V iij

pour donner à entendre vne eminente saincteté. En effet l'on void encore les chandeliers & la lampe vers les pieds de la sepulture, tirant vers le tombeau de Marie sa fille, l'on void aussi les Chartes de Matthieu de Môtmirel, és années 1252, & 1261. celle de Marie sa fille Dame de Coucy & de Montmirel, où il est absolument nommé Sainct de l'an 1271. & celle d'Enguerrand III. dont nous venons de parler; quoy que les guerres & l'appauurissemét de l'Abbaye ayent pour cette heure interrompu le cours de cette deuotion.

L'on ne laisse pas encore auiourd'huy, selon la deuotion des particuliers, de presenter des cierges à cette mesme sepulture pour honorer Dieu dans son Sainct. C'est ce qui se void tous les iours, selon les

graces que l'on reçoit, ou les besoins qui obligent de recourir à
son aide. Mais ce grand nombre
dont sont bordées les barres de fer,
qui font le haut de tout l'ouurage,
chargées de chandeliers propres à
receuoir les cierges, môstrent bien
auec quelle celebrité tels hôneurs
estoient rendus autrefois; & que
si les temps en ont interrompu l'e-
xercice, elles n'ont pû toutefois en
oster si absolument les vestiges,
qu'il n'en restast assez pour seruir
de preuues de ce que nos ancestres
en ont crû, & pour nous esmouuoir à les imiter.

Ie prens encore pour vn grand
tesmoignage de saincteté, de ce
que ses benits ossemens ont esté
portez en plusieurs endroits, selon
que la deuotion & le bon heur des
fideles en a pû obtenir. Nous en

V iiij

verrons des exemples plus bas, où mesme peu apres son decez, ses reliques portées aux lieux circonuoisins firent des miracles. L'on en garde mesme au Tresor incomparable de reliques, qui est à nostre Dame de Soissõs; entre les ioyaux qui decorent ce venerable Sanctuaire, l'on void des ossemens de Iean de Montmirel. Et maintenant qu'il plaist à Dieu renouueller la deuotion de son seruiteur, les Chartes signées de son sceau, & qui asseuremét ont passé par ses mains, au moins sont tousiours des marques de sa probité, sont ramassées soigneusement des archiues, où elles ont long temps esté, & tenuës entre les choses sainctes, qui meritent d'estre gardées auec respect.

I'obmets l'inuocation publique

& particuliere que l'Eglife a fouffert depuis quatre cés ans en eftre faite, dont les prieres fe verront au procez verbal de Mõfeigneur l'Euefque de Soiffons, qui par fon eminent fçauoir, fa vertu fans reproche, fa conduite la plus honorable, & la plus pieufe qui fe puiffe defirer en vn diocefe, approuuée par les loüanges du Roy, & de ce que la France a de plus eminent, cóme l'vne des plus grands & des plus loüables Prelats du Royaume, a daigné reconnoiftre folemnellement la verité de tout ce que nous rapportons icy, & a grandement auctorizé l'honneur & la veneration de Iean de Montmirel par les actes publics, qu'auec toutes les rigueurs de Canons, & folemnitez de l'Eglife en tels cas requifes, il en a fait dreffer;

De plus, dans vn sainct Ordre, & si celebre comme est celuy de Cisteaux, il ne s'y peut pas aisement glisser de la superstition ou de l'erreur : Tant de grands personnages y ont fleury en doctrine & en saincteté: Tant de Chapitres generaux s'y sont tenus depuis son decez, tant de visites ont esté faites de l'Abbaye de Long-pont; Au sceu neantmoins & au veu, & auec l'approbation de tant de grands Prelats, l'inuocation de Iean de Montmirel a esté, ie ne dis pas tolerée seulement, mais aydée & accreuë de tous les moyens que l'on employe dans l'Eglise en cas pareils. L'on void encore vn tableau ancien prés son sepulchre, où sont descrites les Oraisons que l'on luy fait comme à vn amy, & à vn seruiteur de Dieu. Les oratoires sont disposez au tour pour la commodité des suppliants ; Il y a vn tronc pour receuoir leurs aumosnes; vne ancienne escriture des miracles qui y ont esté faits. En fin toutes les formes exterieures y sont si auantageusement gardées, que sans attendre autre declaration de l'Eglise, la voix constante de quatre siecles est entierement pour la sainċteté, & pour la veneration de Iean de Montmirel.

Tesmoignages de plusieurs graues Auteurs anciens & modernes de la sainċteté de Iean de Montmirel.

CHAP. VI.

C'Est quelque chose plus grande, de rapporter les tesmoignages de ceux qui efcriuent, que l'on prefume toufiours auoir foin de leur reputation, & n'expofer rien à la volée, que le bruit & l'inclination du peuple. Tous les Auteurs qui ont deu parler de Iean de Montmirel à caufe de leur fujet, ont declaré qu'il eftoit reputé comme Sainct, & n'ont pas manqué d'adioufter les grands eloges que fa vertu deuoit attendre de leurs plumes. Les monuments publics des Abbayes voifines, bref tout ce qui peut faire foy du confentement vniuerfel que les gens graues & lettrez ont pû laiffer à la pofterité de ce mefme temps, eft en faueur de fes merites, & des graces eminentes que chacun reconnoift qu'il a receuës de Dieu.

Le Calendrier de l'Odre sacré de Cisteaux met au 29. de Septembre le decez de Iean Religieux à Long-pont: entre les principales solemnitez que les Religieux doiuent obseruer. Le recueil des priuileges du mesme Ordre, imprimé dés l'an 1470. rapporte le trespas à Long-pont de Iean, iadis Seigneur de Montmirel, duquel se lisent des actions admirables. Et presque de mesme façon en parlét les Messels du mesme Ordre, imprimez à Paris l'an 1556. Dans l'Obitier de S. Iean des Vignes, Abbaye de Soissons, au 3. iour deuant les Calendes d'Octobre est marqué le decez de Iean Seigneur de Montmirel, & depuis Religieux à Long-pôt, qu'ils qualifient amy de leur Eglise. Aubert Mirée dans les Chroniques de l'Ord. de Cisteaux, vers l'an 1241. en parle comme il suit : Le bien-heureux Iean l'humble de Montmirel, issu de tres noble famille, fleurit à Long pont au diocese de Soissons, où se void encore sa vie composée au long par vn Religieux du mesme temps. Il vse des mesmes eloges quand il fait le catalogue des Saincts & des bien-heureux de l'Ordre de Cisteaux, pour monstrer qu'il parloit en homme qui sçauoit ; comme en effet il a esté l'vn des grands scrutateurs des antiquitez Ecclesiastiques qui ait escrit entre les modernes. Le sieur du Chesne en son histoire de Guines & de Coucy, ayant rapporté les enfans qu'il eut de Heluide de Dampierre, il adiouste, qu'apres les auoir esleuez il se rendit Religieux à l'Abbaye de Long pont prés de Soissons, où il vescut si pieusement & austerement, qu'en fin il merita d'estre mis au nombre des Saincts. Et si chacun sçait, pour peu de cónoissance qu'il ait des liures modernes, l'estime qui doit estre faite du iugement de ce docte Escriuain, qui a peu de pareils au fait de nos histoires. Hugues Menard Religieux de sainct Benoist, qui a fait le Martyrologe Benedictin, fait vn abregé de sa vie, de deux manuscrits qu'il dit auoir leus, cóme sur l'vn d'eux nous l'auons icy descrite, auec les mesmes circonstances & les mesmes loüanges de sa vertu, & le surnomme tousiours Bien-heureux. Le sieur de la Saulsaye, qui a obligé toute la France par la docte & la pieuse recherche qu'il a faite de ses Saincts, ne l'obmet pas entre les autres, & par son graue iugement monstre ce que l'on en doit opiner.

Que se peut-il adiouster à tant de tesmoins autentiques, qui parlent tous également auec tant d'honneur, des merites, & des vertus de Iean de Montmirel? Et si les rauages des heretiques, qui se móstrerent cruels tout outre au diocese de Soissons, nous eussent espargné les monumens sacrez, que cette Abbaye celebre gardoit, il n'est point de difficulté que nous aurions plusieurs autres remarques à cómuniquer aux Lecteurs, qui leur monstreroient par quels degrez cette deuotion de quatre cens ans desormais s'est pû porter iusques à nous, & comme cette grande constance des peuples à le reuerer comme Sainct, n'a pû se maintenir iusques à nous sans de grandes

grandes veuës que le móde a tousjours euës de sa personne, & sans de grandes graces qu'il a receuës du Ciel par son intercession.

Chastiment de ceux qui ont eu moindre opinion qu'ils ne deuoient de la saincteté de Iean de Montmirel.

CHAP. VII.

LACTANCE dit grauement que le mal est l'interpretation du bien; parce que du mal comme d'vn truchement & d'vn interprete mieux employé par la prouidence diuine, que souuent les hommes ne iugent, l'on connoist le merite & la nature du bien. Il est vray, que comme la bonté de Dieu ne souffre iamais l'entrée dans le monde au mal que pour l'immoler aux victoires & aux eloges du bien: c'est aussi tousjours par sa destruction qu'il luy rend seruice, & par son chastimét qu'il contribuë à sa gloire. La punition de quelques indiscrets qui traicterent trop temerairement la reputation de Iean de Montmirel, & puis leur subit amendement, fit conoistre en quel rang d'honneur Dieu vouloit qu'il fut tenu entre les fideles.

En la premiere translation de son corps, qui se fit du cemetiere commun, en vn lieu plus decent dans le cloistre, comme le bruit s'en respandit par l'Abbaye, & aux endroits circonuoisins, quelques tailleurs de pierres l'apprirét aussi en trauaillant à Pacy. Comme les autres approuuoient fort qu'en effet ce sainct homme fut inhumé dans vn monument particulier, il y en eut vn si hardy qui dist que cela n'estoit pas bien fait: mais que les Moines en le deterrant deuoiét ietter ses os aux chiens. Ses compagnós entendans ce blaspheme, en fremirent d'horreur, & le tançans asprement, l'aduertirent qu'il se tint prest à receuoir le chastimét du Ciel, qui ne luy tarderoit pas beaucoup. En effet la main vengeresse de Dieu fut sur cét impie la nuict mesme, & luy enuoya le suplice à la langue auec laquelle il auoit blasphemé contre le Sainct. Ce fut vne douleur & vne enflure horrible, qui luy causa vne distorsion de bouche si hideuse, qu'il n'y auoit pas moyé de le voir, sans reconnoistre clairement que la punitió estoit d'enhaut, & qu'vn tel mal ne pouuoit venir que du chastiment d'vn atroce peché. Mesme pour côfondre cét effronté en toutes façons, il luy tomba vne grosse taye sur les yeux au mesme instant, qui luy osta la lumiere: Tellement qu'à le voir, ce n'estoit qu'vn visage de malediction. Il fut en ce supplice vn mois entier, pendant lequel il ne manqua pas de se faire porter en tous les endroits de deuotion & de miracle, que le temps honoroit pour lors, afin d'appaiser l'ire de Dieu. Il visita les corps Saincts dont il espera trouuer soulagement, neantmoins celuy qui chastioit cét insolent pour le mespris fait à Iean de Montmirel, ne luy relacha rien de son tourment, qu'apres auoir reconnu sa faute, detesté son peché,

Liure quatriesme.

reueré le sepulchre du Sainct, il fut venu chercher aide de celuy qu'il auoit offensé. Tellement qu'apres ses deuotions pleines de contrition & de larmes qu'il respandit aupres des cendres & des os qu'il auoit auparauant iniurié par ses blasphemes, il recouura parfaite guerison.

En la seconde deposition de ce sainct corps dont nous venons de parler, il se treuua que quelques sieges du Cloistre se rencontroiét deuant le monument, ce qui paroissoit peu seant aux Religieux. Le Prieur ne pouuant souffrir cette indecence, & qu'en quelque occasion que ce fut, l'on tournast le dos à ce qui meritoit tout respect, commanda à vn Religieux d'employer vn frere Coüers, nommé Matthieu, Charpentier de son mestier, pour eschancrer ces sieges à l'endroit qu'ils touchoient le sepulchre. Ce bon frere y accourut aussi tost auec ses instruments; se hastant le plus qu'il pouuoit dãs vne incommodité qu'il auoit au pied. Comme ils alloient de compagnie, il luy eschappa de dire au Religieux: Plust à Dieu que ce bon Sainct cy eut autant de bonne volonté pour m'impetrer du Ciel par ses prieres ma santé, comme ie vay volontiers accomplir le commandement que vous me faites à son honneur. Mais il fut preuenu par Iean de Montmirel, qui agrea sa candeur ; car les sieges n'estoient pas encore tous coupez, & la place laissée nette comme il falloit, qu'il se sentit luy mesme guery, & rauy d'aise, dit au Religieux ; Asseurement Dieu m'a rendu la guarison tout maintenant par les merites du bien heureux Iean. Et depuis n'en fut plus incommodé. Mais il n'en arriua pas de mesme à vn Religieux, qui passant par là, comme ordinairement les moins occupez sont ceux qui syndiquent plus aigrement tout ce qui se fait en vne maison, treuua à redire à cette grande eschancrure des sieges que l'on faisoit, & l'improuua fort. Les deux autres qui trauailloient, & notamment Matthieu, rendu puissant partisan de Iean de Montmirel par sa guerison, s'efforcerét de le rendre capable, que c'estoit peu de chose d'vn peu de bois couppé, au prix de la reuerence qui estoit deuë à ce venerable cercueil. Mais l'autre n'acquiesça iamais, & demeura tousjours dans son esprit de contradiction, qu'il monstroit assez par les mouuemens de teste, & par les gestes des mains. Mais il ne porta pas loin son peché, & paya bien-tost le zele indiscret qu'il auoit des biés d'vne maison, au desauantage de ses Saincts. Le mesme iour vne violente douleur le prit par tout le corps, sans aucune cause apparente, qui le secoüa si rudement, que le pauure syndic effrayé, perdit aussi tost contenance, & se voyant froissé & moulu de miseres en si peu de temps, ne contesta pas dauantage auec sa temerité, mais s'humiliant promptement vint au mesme sepulchre, s'accusant de son offense, & demandant pardon tout haut auec mille larmes : Et là mesme, deuant que d'en partir, il recouura santé par humilité, deuant les cendres de l'humble Iean de Montmirel, qu'il auoit maltraicté par son orgueil.

Ce qui arriua à vn autre Religieux de la mesme maison n'est pas si violent, mais n'est pas moins efficace, pour monstrer comme Dieu, qui seul voit les secrets de nos cœurs, y defend mesme l'honneur & l'estime des siens. Ce personnage auoit vne forte migraine, qui luy donnoit des inquietudes, qu'il ne pouuoit endurer; il fit sa priere deuant le cercueil de Iean de Montmirel pour estre aydé: mais sans effet. De façon que venant à considerer comme les autres malades y estoient aussi tost gueris pour peu de prieres qu'ils y fissent, & que luy cependant qui estoit enfant de la maison, Dieu mercy, n'en estoit point allegé, il arresta dans son esprit de n'y plus venir, & mesme de ne plus faire de reueréce au cercueil du Sainct, puisque nonobstant tous ses deuoirs, il n'estoit que le cercueil d'vn mort pour luy. Dela à quelque temps, comme ce mal a ses retours, pour ceux qui y sont sujets, le voila repris & traicté le plus rudement qu'il eut encore esté. Il ne sçauoit plus que faire; sinon que comme c'estoit plustost simplicité, qu'esprit de blaspheme qui l'auoit porté à l'oubliance que nous venons de dire, il eut recours à l'Oraison, l'vnique azyle des affligez, & fit cette priere à Dieu de tout son cœur. Seigneur, si vous auez agreable que ie rende l'honneur à vostre seruiteur, comme à vn Sainct, & à vn bien heureux du Ciel, ie prie vostre bonté, que pour marque de sa saincteté, il vous plaise me guarir du mal que i'endure. A ces mesmes paroles il fut guery, & rendit au double depuis ce que par vne petite mutinerie d'esprit il luy auoit refusé.

Nous pressions tantost les tesmoignages des Religieux de son Ordre, pour monstrer sa saincteté: Mais ie croy que l'on void maintenant que ce n'est point à mauuais tiltres, & que les preuues leur en cousterent assez, afin que l'on ne les croye pas aduantageux en vne chose qui les touche. Il est vray que comme les bónes ames n'ont pas de longues resistances aux veritez, pour nouuelles qu'elles soiét, il y a plus d'exemples aussi des graces & des faueurs que Iean de Montmirel fit à ses confreres, que non pas de chastiment. Nous vserons de quelque ordre à les rapporter, afin que ce soit auec plus grande facilité & non sans fruict.

Miracles arriuez à l'attouchement de son sepulchre.

CHAP. VIII.

IL estoit dans l'Abbaye vn Religieux, Prestre & graue personnage, qui mesme pendant la vie de Iean de Montmirel, auoit eu vne grande familiarité auec luy, & auoit esté celuy qui le pouruoyoit secretement de cilices dont il mattoit son corps. Il luy suruint vne douleur en toutes les ioinctures des membres, des pieds & des mains, si qu'il ne sçauoit ny s'agenouiller, ny se leuer du lict, ny mesme marcher vn pas quand il eſtoit debout. Comme il vid tant de miracles que Dieu faiſoit au ſepulchre de Iean de Montmirel, vne nuict il ſe fit tous les efforts du monde, & enfin ſe traiſna du lict le mieux qu'il pût iuſques à ſon ſepulchre; là il reſpandit ſon cœur, faiſant ſes prieres au Sainct de la meilleure affection qu'il eut iamais, demandant à Dieu, par ſes merites, la gueriſon. Puis toucha le ſainct cercueil de tous les membres qui luy faiſoient mal, auec vne grande foy, & auec des larmes qui euſſent amoly les pierres; Auſſi ſur l'heure meſme il ſe ſentit deliuré de touts ſes maux, & s'en retourna chez luy plein de l'aiſe que ſentent les miſerables, quand ils ſe voyent en vn inſtant ſoulagez de toutes leurs miſeres. Il y eut vn frere Conuers auſſi, à qui vne tumeur ſous la gorge donnoit bien de la peine. Il alla vers cette ſaincte tombe, la toucha de ſon col, & ſur l'heure meſme il vid que ſa tumeur, & la douleur qu'elle luy cauſoit, diſparut. Les Saincts font indifferemment bien à tous, & encore qu'ils n'obmettent pas les deuoirs de reconnoiſſance quand ils ſe rencontrent, c'eſt aſſez neantmoins aupres d'eux que d'eſtre miſerable, pour en eſtre aſſiſté.

Sur le temps de la moiſſon, le Conuers eſtoit ſorty aux champs pour trauailler. Comme il eſtoit en exercice, vne femme couuerte fort modeſtement vint à eux, du plus loin qu'elle les vid, & demanda de parler au Prieur. Le Prieur ſe preſente; auquel elle dit. Qu'elle eſtoit vne pauure femme, qu depuis long temps viuoit encore des aumosnes que luy auoit fait Iean de Montmirel. Vous auez eu pour bienfaiteur, luy repart le Religieux, celuy qui est maintenant vn grand saint au Ciel. C'est cela mesme, dit la femme, qui m'ameine icy; La nuict passée i'auois vne douleur de teste qui me faisoit affoler: mais me confiant en ses merites & en son intercession, ie me suis leuée pour aller à son sainct sepulchre, i'y ay vn peu reposé ma pauure teste, & puis me suis senti guerie de mon mal. Vn Religieux qui l'entendoit, se prit à dire à l'instant, Voila iustement comme il m'en est arriué; car ayant aussi mal à la teste d'vne estrange façon, ie l'allay poser dernierement sur son sepulchre, & apres vn peu de prieres ie fus guery.

Pendant que ces bonnes gens en parloient ainsi, il se treuua au mesme lieu vn autre Religieux qui les auoit escoutez : Et comme il est tousiours de certains esprits qui font les forts & les habiles, ce bon Pere ne croyoit pas que ce qu'ils disoient fut verité ; mais s'en mocquoit ; & mesme vint à lascher cette parole ; Comment ? croyez vous donc que ce soit par ses merites que vous ayez esté gueris ? Pauures gens, qui n'entendez rien aux choses naturelles, & faites miracles de tout ; Ne voyez-vous pas, que ce sepulchre estát de marbre, d'vne nature froide & seiche, a apporté le soulagement à vos maux, purement dans le cours de la nature ? Mais quelque autre qui l'entendit ainsi philosopher, s'en aigrit, & luy denonça que Dieu l'en puniroit

puniroit pour les blasphemes, &
pour les impietez qu'il proferoit.
Le terme n'en fut pas lóg. La nuict
suiuante, ce speculateur des causes
secondes, s'estant leué auec les autres pour aller à Matines, entrant
dans le Chœur, se sentit attaqué
d'vne si furieuse douleur de teste,
qu'il ne pouuoit plus durer. Il s'efforça de patienter encore vn peu
auec les autres pour voir si cela
passeroit; mais le mal croissoit à
tous momens, & luy estoit desia
insupportable. Il luy vint donc en
l'esprit de chercher d'où cét accident seroit ainsi suruenu; & treuua, laissant à part la consideration
des causes naturelles, que c'estoit
l'effet de ses blasphemes & de son
infidelité. C'estoit vn premier iour
d'Aoust, dedié aux liens de sainct
Pierre, que cela arriua. Tellement

qu'apres mille supplices en estant venu iusques au huictiesme Respons, ne pouuant plus durer, il rentra dans soy-mesme, & receuant de l'esprit par la vexation, se prit à demander pardon à Dieu & au Sainct, auec vne douleur de cœur, que l'on peut aisement penser. Il sort donc, vient au sepulchre, fait sa priere, demande pardon, & aussi tost se sentit soulagé de tout son mal, auec vne si grande benediction, qu'ayant l'ame pleine daise, il retourna au Chœur sur l'heure mesme, continua l'office comme auparauant, deuenant desormais aussi grand publicateur des eloges & des grādeurs de Iean de Montmirel, qu'il auoit esté porté à les reprendre. Cette piece appartenoit à l'vn des chapitres precedens; mais la suite de ce qui l'occasionna, m'a obligé de la reseruer pour ce lieu.

Miracles faits par l'honneur rendu à ses sainctes Reliques.

CHAP. IX.

ORS que l'on leua les ossemens sacrez de Iean de Montmirel pour la premiere fois, la ceremonie se fit par l'Abbé de Cercamp. Il arriua que l'vn des os fut porté à Votier, village voisin de Long-pont, que ces bónes gés receurent auec la deuotió qu'il conuenoit. Icy ie diray en passant, que l'on ne peut pas assez discerner de l'ancien manuscrit s'il faut lire Voutier, village de la paroisse de Faueroles, à lieuë & demie de Lóg-

Y ij

pont, ou Voutiennes, diſtant trois lieuës, que l'on treuue nómé dans les anciens tiltres, *Vallis ſignorum*, Vallée des miracles, ce qui ne conuiendroit pas mal à cette hiſtoire. Lors donc qu'ils ſceurent quels miracles Dieu operoit à la tombe de Iean de Montmirel, il ſe fit vn grand amas de malades en ce village, y affluás de tous coſtez, qui eſperoient de receuoir autant d'aſſiſtance par le moyen de cette ſaincte Relique, que les autres en faiſoient par la veneratió du corps entier. Les Saincts ſont comparez à la Coriandre auſſi bien que le Sainct des Saincts; la moindre partie de ce qui eſt d'eux porte autant d'allegement, que ſi on les poſſedoit en leur totalité; comme l'on dit que cette graine concaſſée prend auſſi aiſement racine en l'vne de ſes moindres parties, que ſi l'on la ſemoit toute entiere; La vertu n'eſt pas dans les eſtreciſſeures de la matiere: mais eſt dans l'eſtenduë des merites du Sainct, & de la foy de ceux qui le reclament. Ce petit os fit des merueilles à Voutier, & chacun y accouroit comme à vne panacée diuine, contre toute sorte de maux.

L'on auoit couſtume de le tremper dans l'eau, dont l'on donnoit à boire aux malades; & generalement tous ceux qui en beurent furét gueris, quelque infirmité qu'ils euſſent. Qui dira maintenant le nombre de telles gueriſons, la diuerſité des malades, la qualité des maladies, la varieté de telles rencontres, en vne affluance qui dura long temps, & preſque iuſques à e que tous les malades du pays y

Y iij

eussent treuué leur santé ? Il est bien vray, que c'est en ses Saincts, que Dieu est admirable, de faire vn remede general à toutes les miseres humaines, de ce qui n'a point de vie, & qui de sa condition est estimé inutile à toute chose ; C'est pour monstrer qu'ils ont vne autre vie que la presente, qui donne force à leurs cendres, anime leurs os, éleue leurs reliques à des effets surnaturels que Dieu leur accorde, pour tesmoignage de leur gloire, & pour les contenter en l'affection qu'ils ont de nous aider. L'Auteur dit qu'il pouuoit en ce point s'estendre notablement, s'il n'eut apprehendé de donner de l'ennuy par sa longueur. Mais il n'y eut eu longueur qui eut tenu ; c'est chose certaine, que nous en eussions tiré beaucoup de plaisir & d'vtilité.

En vn autre village, dit Nourroy, proche de Long-pont, il escheut qu'vn pauure homme fut tellement vexé de maladie, que mesme la malice de la fluxion venant à tomber sur la langue, il perdit totalement l'vsage de la parole. Il guerit de là à quelque téps, mais cette impuissance de parler luy demeura. Apprenant les graces que Dieu faisoit à Long-pont au sepulchre de Iean de Montmirel, il se resolut d'y venir. Il y fit deuotement sa priere, & prenant vn peu d'eau, dans laquelle on auoit trempé vn os du Sainct, le lien de sa langue fut incontinent rompu, & la parole luy reuint sur le chãp, quoy que non pas auec la mesme liberté qu'auparauãt. Il parla neãtmoins, mais auec vn peu de peine l'espace d'vne heure, puis peu à peu il recouura la parole si parfaitemét en moins de quatre ou cinq heures, qu'au sortir de l'Abbaye il ne paroissoit pas qu'il en eut esté incommodé. C'est hóme de bien ne manqua pas à son deuoir, mais employa les premiers vsages de la langue à rendre graces à Dieu, & à publier les merites de Iean de Montmirel, par les prieres duquel il auoit esté fait digne d'vn si grand miracle.

Ce n'est pas nouueauté que de tréper les choses sacrées dás l'eau, & d'en bailler aux infirmes; le mesme se void estre pratiqué dans vne infinité d'exemples; Nous apprenons cependant de là, comme en des differentes translations qui furent faites, l'on sequestra tousiours du corps quelques ossemés sacrez, qui furent reuerez par les peuples, à cause des signes que Dieu operoit par leur employ, ce qui nous confirme dauantage dans la creance du respect que les fideles ont tousiours eu pour ces sainctes Reliques, & de la reuerence que nous leur deuons porter.

Miracles faits en la personne des Abbez de diuerses Abbayes de l'Ordre, ou en leur presence.

Chap. X.

ENCORE que les signes qui surpassent le cours de la nature, soient aussi croyables, quand ils n'arriueroient que sur des personnes inconnuës ou de basse condition, que s'ils se font en faueur de gens qualifiez; neantmoins il y a cét honneur special pour Dieu, & cette gloire particuliere pour le Sainct, en faueur duquel ils se font, que les personnes signalées, par leur humble recours à leurs prieres, les releuent dauantage, & font d'autant plus certains que les accidents de tels sujets considerables, sont moins exposez au deguisement. Nous auons souuent parlé de Hugues IV. Abbé de Long-pont, la promotion duquel nous a seruy, pour determiner plus seuremét du téps prefix que Iean de Montmirel deceda. Il escheut que ce bon Abbé, qui estoit Prieur, luy auoit rendu tant de bons offices, tomba en de grands accidents de maladie, desquels neantmoins il fut guery, comme nous verrons plus bas, aussi bien que l'Abbé de la Cour-Dieu. Mais pour l'Abbé des Chasteliers, il arriua, que passant par Long-pót, comme il estoit tout malade, il entendit les merueilles que Dieu faisoit en faueur de Iean de Montmirel. Il auoit la fievre & vn grand desuoyement, dont l'on apprehendoit plus mauuaise issuë que de la fievre mesme. Il luy fit sa priere, & en receut vn si notable allegemét, qu'il pût cótinuer son voyage sans danger. Pareillement plusieurs Abbez de l'Ordre s'estans rencontrez à Long-pont, Dieu les fit spectateurs & tesmoins de ses prodiges. Il y auoit vn pauure homme si incommodement enflé par le ventre, que mesme la respiration & la parole en estoient fort empeschees. Il auoit entendu les miracles de Iean de Montmirel, & se fit transporter à son tombeau; Il y fit vn peu d'Oraison & s'endormit. Apres qu'il se fut resueillé, il se leua de luy-mesme d'vne promptitude extraordinaire, & dit tout haut, Ie rends graces à Dieu, & à son seruiteur le bien-heureux Ieã, par les prieres duquel ie suis maintenant guery. Cela fut veu par tout le Conuent, & par les Prelats que i'ay dit: Tellement qu'il se fit vne longue Procession de tous les Peres de l'Ordre, qui sur cét instant, allerent vers le sepulchre du Sainct pour remercier Dieu, qui l'honoroit de tant de merueilles: Et puis publiquement ils firent leurs prieres au Sainct mesme, se recommandans tres-deuotement à luy.

Au mesme iour, vn autre homme tourmenté d'vne fievre quarte depuis long temps, vint au sepulchre du Sainct, & apres sa priere, y recouura guerison. Le Prieur de Long pót en fut aussi tost donner aduis aux mesmes Abbez, qui renouuellerent leur deuotion à remercier Dieu de ses graces, & à loüer le Sainct: Et estans si bien instruicts de leur propre experience, semerent depuis par tout ce qu'ils en auoient veu de leurs yeux. Ie puis mettre en ce mesme rang ce qui arriua à vn venerable Religieux, Pere Confesseur de la maison ; vne nuict il entra dans le Chœur pour les Matines auec de si grandes tranchées, qu'il ne les pût dauátage supporter; il sortit donc, mais ce fut pour aller droict au sepulchre du Sainct, où ayant fait humblement Oraison, & supplié le Sainct de l'aider, il se sentit guery au mesme moment, & retourna fort consolé racheuer l'office auec les autres Religieux.

Cette vertu si presente & si secourable à tous infirmes, notamment à des personnes de sçauoir & de qualité, que l'on ne deçoit pas aisement, & qui ont autant de tesmoins de leurs actions que de suiuans, monstre beaucoup la sincerité de tout ce que cét Auteur en escrit, & que la deuotion vers le bienheureux Iean de Montmirel n'estoit pas seulement du petit peuple, mais d'autant de personnes qui le vouloient inuoquer en leurs besoins.

Deuotion des cierges allumez, deuant le sepulchre de Iean de Montmirel approuuee par miracles.

CHAP. XI.

Nous l'auons touché cy-deuant, rapportant comme Matthieu sieur de Montmirel, fils du venerable Iean, fonda vn cierge qui brusleroit iour & nuict deuant la saincte sepulture de son pere, que depuis Enguerrand III. Sire de Coucy son beaufrere, & apres son decez, son heritier, & de toute la maison, confirma. Les marques en restent encore par les chandeliers qui n'ont pû estre tous rompus par les huguenots, ennemis de la Nobleſſe, & de la Sainċteté. Mais il eſt bon de voir le iugement de Dieu ſur ce point, & ce qu'il luy a plû en auċtoriſer dans ſon Egliſe, afin que les miracles, qui ſont ſes atteſtations & ſes attaches authétiques, facent foy comme ils doiuét, meſme ſur les plus incredules, & maintiennent les autres qui vſent encore de cette meſme deuotion dans la continuation de leur reſpeċt.

Hugues IV. Abbé de Long-pont, qui eſtant Prieur auoit traiċté fort priuement auec Iean de Montmirel, ſentit vne ſi grande incommodité au genoüil & à la jambe, qu'il ne ſe pouuoit pas remuer, meſme encore il auoit vne fievre quotidiane, qui luy donnoit bien de l'exercice. Se voyant attaqué de ces deux maux, il crût conſeil, & enuoya

uoya mettre vn cierge ardent deuant le sepulchre de Iean de Mótmirel, pour estre soulagé par son intercession. Il ne laissoit pas pour cela d'auoir vn emplastre à la iambe ; que l'on y auoit mis pour appaiser la douleur, mais sans effet. En fin ce sainct Abbé, voyant que les remedes humains ne l'aidoient pas beaucoup, il fit oster cét emplastre ; & ne voulut plus auoir d'autre esperance, que sur les merites de son pieux confrere, auquel s'estát addressé dans cette angoisse, auec toute la deuotion qu'il luy fut possible, il se sentit aussi tost guery de tous ses maux, sans que la fievre retournast.

L'Abbé de la Cour-Dieu faisant voyage pour quelques affaires importantes, passa par Long-pont, où pensant auoir du repos, il se vid aussi-tost accablé de douleur. Elle estoit generale par tout le corps ; & quelque remede que l'on luy sceut appliquer, il n'en tiroit point de soulagement. Vn Religieux de Long-pont, qui estoit de sa connoissance, luy dit, que s'il luy plaisoit prendre son aduis, il quitteroit toutes les medecines, & toutes les drogues, & mettroit son recours apres Dieu, à l'intercession du bien-heureux Iean. L'Abbé le crut, & se fit porter par quatre Religieux vers la sepulture du Sainct, tenant vn cierge ardent à la main, pour luy offrir. Il y fit ses prieres, luy redemádant sa santé. Apres lesquelles, les Religieux le reprirent pour le reporter en son lict. Pendant ce retour, il sentit que sa douleur diminuoit, puis que ses forces reuenoient : tellement que se défaisant de leurs mains, pour voir s'il pourroit bien marcher de soy-mesme & sans aide, il ne fut pas si tost en liberté, qu'il commença à prendre la course deuant eux, & à marcher sans indice de foiblesse passée; comme estant parfaitement guery; Apres auoir rendu graces à Dieu & au S. il disoit aux Religieux; Voyez, non pas mesme pour cent marcs, ie n'eusse pû faire tantost ce que ie fais maintenant.

Mais ce qui suit, est d'autant plus agreable, qu'il semble que ce soit vne guerison faite sás dessein, & vne merueille operée furtiuement pour celuy qui en profita, sur la deuotion d'vn autre qui n'y pensoit pas. Vn petit enfant vouloit presenter vn cierge au Sainct, pour estre bruslé deuant son sepulchre. Il ne se trouuoit rien là qui fut propre pour l'attacher. Vn Religieux Prestre de l'Abbaye se rencontra là, comme cét enfant cherchoit où attacher son cierge. Il auoit vne grande douleur à l'espaule, de long-temps, qui l'empeschoit si fort, qu'à peine la pouuoit-il seulemét mouuoir. Neantmoins pour ne pas manquer à la deuotion de cét enfant, il s'efforça d'vn baston qu'il auoit de faire vne espece de chandelier pour y planter ce cierge. Et voila que rendant ce petit seruice au Sainct, sans penser à sa guerison, il se sentit incontinent guery de son mal. Ne faut-il pas aduoüer que les Saincts ont cela encore de Dieu, outre plusieurs autres choses par sa grace, qu'ils ne laissent iamais aucun bon office pour petit qu'il paroisse, sans salaire? Telle donc estoit dés lors la deuotion des fideles, & mesme des Prelats à honorer le sepulchre du bienheureux Iean de Montmirel de cierges allumez, qui estant vn hôneur que l'on ne rend qu'aux Saincts, n'est-il pas vray que sa saincteté en est authentiquement confirmée?

Autres faueurs faites à ceux qui ont eu recours à son intercession.

Chap. XII.

VN Religieux Conuers de l'Abbaye de Longpont, ayant eu long temps la fievre quarte, fut conseillé par vn Pere de la maison de faire ses deuotions à Iean de Montmirel; Il crût son sainct aduis, & visita trois fois le lieu de sa sepulture & fut guery. Le mesme se voyant attaqué d'vne fievre tierce, recourut aussi tost à son bon & sainct Medecin, & le treuua lors aussi secourable que la premiere fois. Pareillement vn pauure febricitant, qui estoit en l'infirmerie des pauures hors l'Abbaye, fut conseillé de faire ses vœux, & ses prieres à Iean de Montmirel; & treuua par experience que Dieu & les Saincts ne sont point acceptateurs de personne, mais en reporta santé. Ce fut cette esperance qui donna tant de ioye la nuict entiere à vn autre malade au mesme lieu, auquel l'Infirmier Religieux auoit promis qu'il le feroit porter à Iean de Montmirel; car il se persuada fortement, qu'y estre porté, & guerir, c'estoit mesme chose. Aussi toute la nuict, ce ne furent que des ioyes pour luy, qu'il ne sçauoit comme tesmoigner. Apres tout, on le porta le matin au lieu tant desiré, où ce pauure patient fit si bien sa priere, que sur le lieu mesme il fut deliuré.

Il vint vne enflure au visage à vn Religieux de Long pont, si fascheuse, qu'il ne voyoit plus presque de l'œil du costé mal affecté. Il chercha assez çà & là les moyens de se soulager: mais dans toutes les angoisses de son ame, il ne treuua rien de plus asseuré, que d'aller faire Oraison deuāt le Sainct; Aussi tost il sentit vne grande diminution de douleur; Puis y estant retourné vne seconde fois, il fut tout à fait deliuré. Vn autre bon Vieillard estoit si incommodé de ses genoux, que ne pouuant plus durer debout au Chœur où l'on chante, il obtint en plain Chapitre la permission d'aller s'asseoir sur les sieges qui sont derriere le Chœur. Ce ne fut pas beaucoup faire pour luy que de changer de lieu, car il y porta aussi ses jambes, qui luy firent tant de mal, que ne pouuant mesme demeurer assis, il se traisna vers l'Infirmerie. Quelqu'vn le vid aller, qui luy dit ; Vous estes bien empesché ; que n'allez-vous plustost au sepulchre de Iean de Mõtmirel ? Ce bon homme y alla, fit sa deuotion, & y fut guery ; Le lendemain il retourna à sa place du Chœur, comme s'il fut raieuny de vingt ans.

Nostre Auteur finit le denombrement de tels miracles par celuy dont il se donne pour tesmoin & pour garand. Vn Religieux fort aagé, auoit vne enflure au genoux & aux jambes si grosse, si fascheuse, & de si long temps, que ne luy laissant pas le moyen presque de marcher, d'ailleurs elle paroissoit incurable. Comme il estoit homme de bien, il auoit de la peine à voir que les seculiers treuuassent si tost guerison au sepulchre de Iean de Môtmirel, & que luy apres tant de visites & de prieres, n'y receut point d'allegement. Neantmoins il ne perdoit point l'esperance d'estre exaucé ; principalement s'il eut pû auoir vn peu plus de foy qu'il n'auoit. Car il ne faisoit point de difficulté de croire, que ce qui rendoit les autres si tost exaucés, c'estoit la foy, que n'ayât pas en pareil degré qu'eux, il aduoüoit qu'il n'y auoit rien à s'eſtonner s'il ne gueriſſoit pas. D'où ſuiuoit que ce bon perſonnage ſe confondoit dauantage ſur la petiteſſe de ſa foy, & demãdoit à Dieu auec ce bon Pere de l'Euangile, qu'il daignaſt la luy accroiſtre, & prendre pitié de luy. Neantmoins comme il fut vn iour rendre ſes deuoirs ordinaires au ſainct ſepulchre, il ne fut iamais ſi eſtonné que quand il ſe vid guery. Ie l'ay veu ſouuent depuis, dit l'Auteur, nonobſtant ſa vieilleſſe, faire des voyages qui n'eſtoient pas de ſon aage; Comme quand il paſſoit deuant le ſepulchre de Iean, ſe proſterna contre terre, pour rendre des graces plus ſignalées à celuy dont il auoit receu tant de faueur.

Briefue reueuë sur les miracles precedens.

CHAP. XIII.

UNE chose se presente icy, que ie ne crois pas deuoir obmettre pour satisfaire à ce qui se pouuoit dire, apres la lecture des miracles precedents. Ils ne sont, dira quelqu'vn, que pour des Religieux, & encore presque tous de la maison. Quelle confiance donc pourront prendre les estrangers & les seculiers, d'estre aydez en leurs besoins de Iean de Montmirel, qui semble borner son intercession & ses graces entre ses domestiques? Mais il y a plusieurs choses à repartir.

Premierement, ils ne font pas touts pour les Religieux; plusieurs seculiers y sont aussi nommez; & m'arrestant seulement à ce qui se rapporte de Voutier, ce point-là seul en donne plus aux gens du monde, que touts les autres ne font aux reguliers. Secondement, il faut bien mesme qu'à Long-pont le peuple receut plus de benediction que les domestiques, puis que nous auons rencontré plus d'vne fois des Religieux qui s'en plaignoient en leur interieur auec le Sainct. Ne les auons-nous pas entendu dire, que les estrangers leur enleuoient les miracles, par lesquels ils treuuoient leurs guerisons si frequentes & si faciles, ce qui ne se faisoit pas entre les personnes de Religion, qu'ils en demeuroient estonnez? Tiercemēt, il faut prende garde que ce que l'Auteur s'est dilaté dauātage en ce qui regardoit les domestiques, c'est qu'il leur escriuoit, les instruisoit par son liure, & pretédoit par l'allegation de tāt de merueilles operées en d'autres Religieux de mesme maison, & de mesme cōdition qu'eux, leur en dóner la deuotion. N'est-ce pas cét esprit qui regne generalement par tout son ouurage, selon lequel il a retrāché, quoy que plus soigneusemēt qu'il ne deuoit pas faire, tout ce qui se resentoit de la science du monde, pour s'accorder à l'humilité qui regnoit lors? Tellemēt qu'il faut croire, & ie l'estime indubitable, que sous cette clause generale dót il vse, quand il dit qu'il obmet plusieurs autres miracles qui se faisoient iournellement au sepulchre du S.

auprès duquel estoit vn assidu concours de peuple, de gés qui y abordoient de loin, & apres auoir receu guerison, s'en retournoient pleins d'aise en leurs maisons ; Il faut entendre vn nombre infiny de seculiers, qui de tous âges, de tous pays, de toutes conditions, s'y rendoient, & y receuoient les graces qu'ils desiroient.

Aussi qui dira que la main de Dieu, qui tourne le móde sur trois doigts, estrecisse ses bien-faits à vne petite poignée de Religieux, ou domestiques de Long-pont, quand il veut rendre glorieuse la memoire de son Sainct ? Qui ne voit pas comme de nos iours aussi tost que le bruict certain de quelque miracle s'est respandu par vne Prouince, toutes les villes y accourent ? ou qui se pourra persuader que les gés de ce temps-là n'ayent pas esté aussi desireux de leur santé que nous en sommes maintenant passionnez? Ce sainct lieu est-il vne fontaine de grace, vn tresor de santé, vne espargne, & vne banque ouuerte du Ciel, vne place publique pour toutes guerisons; Ne vous figurez pas donc que les Princes, les Dames, les Seigneurs, le peuple generalement n'y soit accouru de toutes parts pour en estre secouru. Mais ce bon Religieux escriuant à son Conuent, s'est contenté de presser dauantage ce qui le regardoit.

En dernier lieu, s'il a failly, nous reparons sa faute maintenant, & les Religieux mesme de la maison qui communiquent cét escrit au public, ne pretendent autre chose, sinon de leur solitude donner le signal à toutes les Prouinces voisines, & diuulguer le tresor qu'ils ont chez eux. Iamais les choses diuines ne sont plus nostres pour nostre enrichissement, ou plus prestes de prendre de nouueaux accroissemens, que lors qu'elles sont communiquées aux autres. Il n'est rien qui se donne tant que Dieu, ny qui se donne en plus de façons: Et si c'est la grandeur mesme, & l'Vnité ; L'enuie n'eut iamais de place au Ciel, quelques autres móstres que l'on y fit monter dans le Gentilisme; tant ce vice est ennemy de tout ce qui porte l'apparence de deité; Ils publient hautemét les graces que Dieu fait chez eux, & estendent par tout la bonne odeur des merites du bien-heureux Iean de Montmirel : afin qu'au moins, par l'attrait des besoins

soins, qui est liant, & peut beaucoup sur nos esprits, & par l'amorce des guerisons corporelles, qui y ont de tout temps continué, ils attirent les plus plongez dans le siecle à venir iouïr auec eux, & posseder vn bien qui ne se peut estimer.

Suite qu'a eu sur terre la posterité de Iean Seigneur de Montmirel, & comme Dieu l'a tousiours conseruée en grandeur iusques à nos iours.

CHAP. XIIII.

C'EST seulemét dans la Philosophie d'Aristote qu'il faut attédre à voir le cours que prendra la posterité de quelqu'vn, pour le nommer Bien heureux ; puis que dās l'eschole Chrestienne les Saincts acquierent leur felicité, quand leurs ames se détachent de leurs corps, & vont au Ciel voir Dieu pour vn iamais, sans que l'issuë de leurs descēdans puisse troubler le repos & la beatitude qu'ils possedent. Neātmoins Iean de Montmirel n'a pas manqué de ce point de gloire que l'on estime si prisable entre les mortels, ayant eu vne si belle & si noble lignée, qui dure encore iusques à nos iours, qu'il y a assez en cette seule rencontre, pour adorer les Iugemens de Dieu si fauorables & si tendres en son endroict, de luy auoir donné vne posterité pleine de grandeur & de vertu, pour sept ou huict années de vie,

Liure quatriesme.

qu'il consacra dans vn Conuent à son seruice.

Quant à sa personne, il estoit de tres-noble extraction, ainsi que nous l'auons monstré au premier liure: mesme Thibaud Roy de Nauarre en plusieurs Chartes, traicte Matthieu de Montmirel son fils, comme son cousin, soit à cause de sa mere Heluide de Dampierre-Bourbon, soit pour quelque autre alliance inconnuë. Ie ne vais pas neantmoins iusques à le dire sorty du sang de France, ainsi que quelques modernes ont fait, tant pour n'y pas voir tant de clarté, que parce que c'est temerairement hazarder par vne incertitude, la creance de mille autres grandeurs qu'on ne luy peut disputer. Il fut aussi allié à cette noble maison de Noyers en Bourgongne, qui a donné à la

Estomes.

Aa ij

France tant de braues Seigneurs, la vertu defquels a paru dans les principales charges de la Couronne. En fin, fes autres enfans eſtans decedez fans lignée, fa maifon tomba dans celle de Coucy, par le mariage de Marie de Montmirel fa fille, auec Enguerrand III. Sire de Coucy, defquels eſt fortie vne tres-illuſtre poſterité, que ie rapporteray icy fuccinctement, telle qu'elle s'eſt prefentée, fans chercher des Eloges aux Seigneurs que nous nommerons, puis que mon trauail icy n'eſt que pour l'Hiſtoire d'vn Sainct.

Du mariage d'Enguerrand III. Sire de Coucy, & de Marie de Montmirel, nâquirent Raoul de Coucy, l'aifné II du nom, qui de la fille de Iean de Nefle Comte de Ponthieu, eut vn fils, mais decedé ieune: Enguerrand de Coucy IV. du nom, Sire de Coucy & de Montmirel, apres son frere, qui de Ieanne de Bourbon sa femme, n'eut point d'enfans : & Alix de Coucy, mariée à Arnault de Guines, qui par consequent, herita de toute la maison de Coucy & de Montmirel. D'eux deux, nâquit Enguerrand de Guines V. du nom, Seigneur de Coucy & de Montmirel, par le decez d'Enguerrand IV. son oncle maternel; Il quitta le nom de Guines, & prit celuy de Coucy, & espousa Marguerite d'Austriche, de laquelle il eut Guillaume Sire de Coucy & de Montmirel, qui prenant alliance auec Isabel de sainct Pol, ne laissa qu'vne fille, Blanche de Coucy, mariée auec Hugues ou Huë de Roussy Comte de Braine, auquel elle apporta les grandes succesſions de ces deux Illuſtres maiſons. Iean de Rouſſy leur fils, Comte de Braine, Sire de Coucy & de Montmirel leur ſucceda, qui ne laiſſant d'enfans qu'vne fille; Ieanne de Rouſſy, heritiere de tant de biens, elle fut mariée à Robert de Sarrebruche Damoiſeau de Commercy. De leur mariage ſortit Amé de Sarrebruche, heritier & Seigneur de toutes ces maiſons; il eſpouſa Guillemette de Luxembourg, & laiſſa ſa ſucceſſion à ſon fils Robert II. de Sarrebruche Comte de Braine & de Rouſſy, Seigneur de Coucy & de Montmirel: qui eſpouſant Marie d'Amboiſe, ſœur du grand Cardinal d'Amboiſe Archeueſque de Roüen, ne laiſſa qu'vne fille, Philippe de Sarrebruche, qui fut mariée à Charles de Silly Côte de la Roche-Guyon, & Seigneur de Montmirel. D'eux sortirent Iacques de Silly Comte de Roche-fort, Seigneur de Montmirel, mort sans enfans, & Louis de Silly Côte de la Roche-Guyon, qui eut d'Anne de la Val sa femme, Henry de Silly Comte de la Roche-Guyon, mariée auec Antoinette de Pons Marquise de Guiercheuille, pere & mere de François de Silly Comte de la Roche-Guyon, qui ayant espousé Catherine de Montaigu, est decedé sans enfans : Et Antoine de Silly Comte de la Roche-Pot, & Seigneur de Montmirel, apres Iacques de Silly son oncle paternel ; De cét Antoine de Silly, qui parut si fort aux Estats pendant les premiers troubles, & de Marie de Launoy sa femme, sont issuës Magdelaine de Silly, puisnée, Dame de Commercy, & Comtesse de la Rochepot, mariée à Charles d'Agénes Seigneur du Fargis : & l'aisnée, Françoise-Marguerite de Silly, Dame de Montmirel, femme de Philippe-Emanuel de Gondy Comte de Ioigny, cy-deuant general des Galeres de France, & maintenant retiré dans l'Oratoire; qui sont les pere & mere de Pierre de Gódy, Duc de Retz, Pair de France, Comte de Ioigny, & Seigneur de Montmirel, & de François de Gondy Abbé de Retz: Seigneurs que nous voyons estre descendus par les Dames en droite ligne, de Iean Seigneur de Montmirel, dont ils possedent encore les Estats. Pour conclure, que Dieu a tousiours conserué la posterité de son seruiteur en honneur & en gloire iusques à nos iours : & que ce dernier traict de sa prouidence sur vne creature qui a fuy les grandeurs du monde, est vne puissante instruction aux personnes de qualité, qu'il n'y a iamais rien à perdre auec Dieu, & que le plus asseuré moyen de conseruer les biens & les honneurs dans vne famille, est de les mespriser pour son seruice.

F I N.

PROCEZ VERBAL
DE MONSEIGNEVR L'EVESQVE DE SOISSONS.

IMON miseratione diuina & sanctæ Sedis Apostolicæ gratia Episcopus Suessionensis, Christianissimi Francorum & Nauarræ Regis in suis Consilijs Consiliarius. Omnibus præsentes litteras inspecturis, Salutem & gratiam à Deo Patre & Domino nostro Iesu Christo. Nouerint vniuersi quod nos ex parte Venerabilium & in Christo Charissimorum Fratrum Marci Lespicier Sacerdotis & Prioris Claustralis, Roberti Dieu Sacerdotis, Egidij Mareschal Sacerdotis, Caroli Bizet Sacerdotis, Antonij Labennier Sacerdotis, Roberti Ieunier Sacerdotis & Monastery Portarij, Bernardi Mettecoueu Sacerdotis, Philippi Pillier Sacerdotis Antonij Muldrac Sacerdotis & Supprioris, Ioannis Moet Sacerdotis & Cellerarij, & Ioannis Cheron Diaconi, Religioforum & Conuentus Beatiſſimæ virginis Mariæ de Longoponte, alias & Gallice de Longpont, Ordinis Ciſtercienſis dictæ noſtræ diœceſis Sueſſionenſis, humiliter rogati, quatenus dignaremur mandare & ordinare fieri collationes in ſcriptis, eaſque ſignari à Nobis certorum quorumdam originalium librorum manuſcriptorum, & aliorum librorum typis excuſorum, mittendi cauſa in Curiam Romanam, & ad Sedem Apoſtolicam, eo quo tenentur deſiderio & animo, ſanctoque propoſito, humillimè dictam Sedem Apoſtolicam ſupplicare & rogare, quo ſit illis conceſſum ſingulis annis in Eccleſia ſua Feſtum & memoriam Beati Ioannis de Montmirel quondam dicti Monaſterij & Abbatiæ Religioſi profeſſi, ſecundum antiqua & authentica, quæ habent teſtimonia ſanctæ, vt creditur, illius vitæ & ſanctitatis in dicto ſuo Monaſterio, tam in ſcriptis Patrum dicti Ordinis quam aliorum auctorum fide dignorum. Cui quidem ſanctæ petitioni & iuſtæ intentioni, vt pium & gratum Deo exiſtimauimus annuentes: Ordinauimus & ſtatuimus Perſonæ noſtræ tranſlationem & adductionem ad dictum Monaſterium ad diem Veneris vigeſimam præſentis menſis May & anni currentis; Ad quem diem cum viris Ecclesiasticis, & Secretario in hac parte per Nos assumpto, cum cætero comitatu nostro (sub Vesperam accessimus, & ad primã dicti Monasterij portã cum Cruce, à Venerabili dicto Priore, cæterisque dicti Monasterij Religiosis benignè & charitatiuè accepti, & processionaliter in Ecclesiam ducti, & data per Nos Benedictione solemni, & habita ad dictos Religiosos in Capitulo, in quod ducti fuimus, exhortatione, in domum & hospitium dicti Monasterij recepti fuimus. Et die Sabbati vigesima prima dicti Mensis & Anni, celebrata per Nos ad Majus altare sancta Missa, dictus Prior, assistentibus alijs Religiosis dicti Monasterij, obtulit & præsentauit Nobis certum quemdã librum, in pergameno manuscriptum, coopertorio tabulario tectum, prout vidimus & cognouimus antiquum, cuius libri initium & caput ijs verbis continetur literis rubris.

Incipit vita S. Emundi Cantuariensis Archiepiscopi. *Et infra literis nigris cum majusculis* Excellentis ingenij & fœcundæ facundiæ Oratores auos atauosq; viroru cõmemorabant illustriu, quotiens eorum virtutes & merita parabant proponere cæteris ad exẽplum, &c. *Ad finem dicti libri, & in pagina vltima versa, hæc ver-*

ba habentur Ad hæc Rictiouarus cum vociferatione magna in hac voce erupisse fertur. Infœlicissimi omniũ hominũ, vos hunc affirmatis Deum & Dei Filiũ, quem constat à Iudæis occisum, mortuũ & sepultum. Nisi adoraueritis statuã Iouis, qui aëra cõmouet, maria concitat, fulgura deuẽt ilat, non effugietis manus meas.

Sed. *Ex quo libro, qui videtur esse Sanctorale ad memoriam plurimorũ Christi Sanctorũ pertinens, 223. folia, cum vno dimidio, continente, extractũ est scriptũ, seu extracta copia, quæ prima huic præsenti processui verbali affixa cõtinetur, & præsertim ex fol. 130. quod incipit;* Prologus in vita humilis Ioannis, quondam Montis Mirabilis & Oysiaci Domini, Solebãt antiquitùs Nobilium Victoriæ Pugnatorũ literarũ memoriæ cõmendari, vt posteri victoriosis eorum auditis actibus, effugata prorsus ignauia, & cõcepta cordis audacia, magnanimes ad pugnandũ & robusti redderentur. *Vsque ad folium vigesimũ primũ vitam & gesta dicti Ioannis de Monte Mirabili exponente. Quam quidem copiam fideliter & adamussim iuxta dictum originale & de pagina in paginam extraximus, retulimus, & contulimus de verbo ad verbum*, & *omnia dicta folia inuenimus sana, integra, neque suspecta, neque vllis maculis aut mendis interpollata*, & *fide dignum existimauimus tale originale manuscriptum ex fidei suæ antiquitate, quod quidem manuscriptum dicto Priori cæterisque Religiosis reddidimus in manus.*

Eodem die prædictus Venerabilis Prior cæterique Religiosi prædicto suo proposito adhærentes Nobis exhibuerūt certum quendam librum Parisiis apud Ioannem Germon, & Ioannem Bilaine via Iacobæa sub signo S. Benedicti anno Domini millesimo sexcentesimo trigesimo nono, cum priuilegio Regis typis excusum, cuius nomen est. Martyrologium *Sanctorum Ordinis diui Benedicti duobus obseruationum libris illustratum, in quibus continentur multorum Sanctorum vitæ numquam hactenus editæ,* & *præclara alia antiquitatis monumenta, Auctore Reuerendo Patre Domno Hugone Menard Religioso Benedictino Congregationis S. Mauri in Gallia, in cuius quidem libri in duas partes diuisi, quas prædictus Auctor Obseruationes nuncupat, ad mensem Septembrem pagina septingentesima quarta in medio dictæ paginæ prædictus Auctor sic incipit.* B. Ioannis. Beatus Ioannes de monte Mi-

Procez verbal.

rabili *Regia Francorum stirpe ortus Princeps Illustrissimus, magnum humilitatis Posteritati specimen reliquit*, &c.

Quæ à dicta media pagina, vsque ad finem paginæ septingentesimæ octauæ prosequitur, quarum quidem paginarum in dicto libro impressarum copiam fidelem de verbo ad verbum sedulò & attentè contulimus cum autographo triginali sano & integro, non suspecto nec vitiato, & præsentibus ad seriem secundam dictarum copiarum affiximus, dictúque librum prædicto Venerabili Priori cæterísque Religiosi dicti Monasterij reddidimus in manus.

Insuper prædictus Venerabilis Prior cæteriq; dicti Monasterij Religiosi Nobis exhibuerunt certum quendam librum Gallicè typis excusum in folio, qui apud Nos Gallos vocatur, Histoires genealogiques des Maisons de Guynes, d'Ardres, de Gand, & de Coucy, & de quelques autres familles illustres qui y ont esté alliées, le tout iustifié par Chartes de diuerses Eglises, tiltres, histoires anciennes, & autres bonnes preuues, par André du Chesne Tourangeau, Geographe du Roy, à Paris. chez Sebastien Cramoisy, ruë S. Iacques aux Cicognes mil six cens trente

& vn, auec Priuilege du Roy. *Et in pagina ducentesima vigesima tertia in capite quod tractat de dominis tēporalibus de Montmirel, sic habetur Gallice.* Iean Seigneur de Montmirel & d'Oysi, qui se rendit Religieux à Long-pont, auoit vne fille entre autres appellée Marie de Montmirel, joincte de parenté aux plus grands du Royaume, &c. *Et dictus Auctor historiam dicti Ioannis de Montmirel, prosequendo, addit ad paginam ducentesimam vigesimam sextam, dicti sui libri versus finem dictæ paginæ hæc verba Gallice.* Aprés l'education desquelles leur pere Iean Seigneur de Montmirel se rendit Religieux en l'Abbaye de Long-pont prés de Soissons, où il vescut si pieusement, & austerement, qu'en fin il merita d'estre mis au nombre des Saincts. *Ex quibus paginis dicti libri copiam extraximus & contulimus cum suo originali typis excuso de verbo ad verbum, & fideliter, dictúmque originale reperimus sanum, integrum, non suspectum, nec vlla in parte vicia tum, quod porrigenti dicto Priori dictísque Religiosis reddidimus in manus.*

Præterea prædictus Venerabilis Prior cæterique

ríque *Religiosi dicti Monasterij Chronicum Cisterciensis Ordinis à S. Roberto Abbate Molismensi primum inchoati, postea à S. Bernardo Abbate Clareuallensi mirifice aucti ac propagati, Auctore Auberto Mirræo, Bruxellensi sanctæ Theologiæ licentiato, Canonico, & Sigillifero Antuerpiensi, impressum Coloniæ Agrippinæ, sumptibus Bernardi Gualteri, anno millesimo sexcentesimo decimo quarto, qui quidē Auctor in dicto Chronico, pagina octuagesima nona, ad numerum secundum habet hæc verba.* Beatus Ioannes humilis de Monte Mirabili, Gallicè Montmirel, Nobilissimo genere natus, apud longum Pontem in diœcesi Suessionensi Monachus floret, extat ibidē vita eius à Coætaneo fusè descripta. *Et pagina trecentesima decima septima, eiusdem libri de dicto Chronico Cisterciensi ad numerum quartum, sic habet.* Anno millesimo quingentesimo vigesimo sexto, typis editum est Missale Parisiis, Ordinis Cisterciēsis, in quo habetur sub finem, Iste Catalogus Sanctorum ac Beatorum eiusdem Ordinis, *In quo quidem Catalogo prædictus Auctor, prædicti sui libri pagina trecentesima vigesima prima, ad numerum octauum sic loquitur,*

Bb

Ioannes quondam Dominus de Monte Mirabili in Longoponte Monachus, cuius miri actus leguntur: *& ad vltimam paginam prædicti sui libri in indice & numero qui incipit.* Sancti & Beati Ordinis Cisterciensis, *recenset inter prædictos Sanctos & Beatos prædictum Ioannem his verbis.* B. Ioannes humilis de Monte Mirabili, *quæ quidem omnia ex prædictis paginis dicti libri fideliter de verbo ad verbum lectione & collatione facta retulimus & hic inseruimus, quo facto prædictum librum præfato Venerabili Priori cæterisque Religiosis reddidimus in manus.*

Oblatus postea Nobis fuit à præfatis Priore & Religiosis liber quidam, qui Collecta Priuilegiorum Ordinis Cisterciensis dicitur Diuione impressus anno Domini, millesimo quadringesimo nonagesimo primo, quarto Nonas Iulias typis antiquis, quos vocat Gotticos, excusus, ad finem cuius, vbi agitur de enumeratione Sanctorum Cisterciensis Ordinis, habetur secundum ordinem dictorum Sanctorum prædictus Ioannes hac verborum serie, linea scilicet vigesima prædicta enumerationis, In Longoponte Ioannes quondam Dominus de Monte Mirabili & Monachus,

Procez verbal.

cuius miri actus leguntur, *quem quidem librum dicto Venerabili Priori & alijs Religiosis dicti Monasterij reddidimus.*

Praeterea Missale ad usum sacri Ordinis Cisterciensis confectum, auctum & recognitum Parisiis, apud Hieronymum de Marnef sub Pellicano monte diui Hilarij, anno millesimo quingentesimo quinquagesimo sexto excusum, per Nos diligenter & sedulo versatum, inspectum & relectum, habet & numerat in ordine & enumeratione Sanctorum & Beatorum dicti Cisterciensis Ordinis praedictum Ioannem sub his verbis. Ioannes quondam Dominus de Monte Mirabili in Longoponte Monachus cuius miri actus leguntur. *Quod quidem Missale per Nos fuit dicto Priori & Religiosis dicti Monasterij redditum.*

Calendarium quoque sacri Ordinis Cisterciensis praecipuarum eius solemnitatum dies festos iuxta ordinem mensium continens. Dinione apud Claudium Guyot Typographum Regium, anno Domini millesimo sexcentesimo decimo septimo typis excusum ad diem vigesimum septimum mensis Septembris sub littera D. inter Sanctos & Beatos dicti Ordinis recesset praedictum Ioannem hoc verborum ordine Ioannes Monachus in Longoponte.

Quod quidem Calendarium per Nos prædicto Venerabili Priori, cæterisque Religiosis reddidimus.

Quibus rebus sic peractis, sedulo visis, cognitis, & mature consideratis, prædicti Venerabilis Prior cæterique dicti Monasterij Religiosi præsentibus infrascriptis & subsignatis testibus, humiliter Nos rogauerunt, quatenus dignaremur in præsentia dictorum testium videre & intueri tumbam seu sepulchrum, in quo quondam sepultum & inhumatum fuit prædicti Ioannis Monachi corpus & depositæ exuuiæ, quod reperimus positum fuisse in Ecclesia dicti Monasterij ad latus dextrum, siue ad cornu Euangelij positum, ab humo eleuatum cum tumba lapidea, partim alba, partim nigra, sub cuius planicie iacet in modum Religiosi dormientis figura & imago dicti Ioannis Monachi, erectaque est ista tumba lapidea & posita super quatuor columnas, in medio quatuor columnarum, repræsentatur in humo iacens imago prædicti Ioannis Monachi sub figura militiæ armati iacentis & dormientis; circum istam tumbam & iuxta margines ipsius in circuitu, inscripta sunt hæc verba litteris maiusculis deauratis.

In Longoponte voluit se subdere
sponte

Obsequio Christi, lapidi, qui subiacet, isti,

Cuius ibi cineres Montis Mirabilis hæres

Olim iure Dei gratia nomen ei (id est Ioannes.)

Gratia sit Christo qui nos decorauit in isto. *Amen.*

Post quidem verbum Amen, *habentur ista verba inscripta.*

Aue Maria gratia plena.

Quæ verba signo † *interposito & impresso iunguntur per circuitum ad principium verborum* In Longoponte.

Ad partem dicti sepulchri extra Chorum versus Septentrionalem oram reperimus tabellã appensam in qua legimus quæ sequuntur.

Ad Magn. Antiph. Oritur in gaudium Ioannes, cælestis Paradisi ianuam intrans, qui audiens Summum Præceptorem, seruauit humiliter omnium honorem. *Ad Ben. Antiph.* Miles Christi gloriose, ô Ioannes Sanctissime, tuo pio interuentu culpas nostras ablue, vt cælestis Regni sedem valeamus scandere.

Verſ. Ora pro nobis B. Ioannes. *Reſp.* Vt digni efficiamur promiſſionibus Chriſti.

Oratio.

DEvs qui Beatum Ioannem ſtrenuum Militem tuum de ergaſtulo temporalis militiæ ad ſempiterna cœleſtis aulæ ſtipendia vocare voluiſti : concede nobis famulis tuis, vt meritis ipſius & interceſſione, ad te qui præmium es & fœlicitas Beatorum, per viam iuſtitiæ ſine offenſione currentes valeamus peruenire. Qui viuis & regnas cum Deo Patre in vnitate Spiritus ſancti Deus. Per omnia ſæcula ſæculorum. Amen.

Verſus prædictam Tumbam & ſepulchrum, & ad latus dextrum, extra Chorum dictæ Eccleſiæ vidimus quædam donaria votiua, & quaſdam effigies & ſimilitudines partium humanarum, ſcilicet tibiarum, pedum, capitis humani, vinculorum ferreorum, quæ videntur exhibere memoriam inuocationis quondam factæ prædicto Ioanni, in ſubſidium, & leuamen morborum & infirmitatum. Subiacet etiam ad infimas dicti ſepulchri partes, extra ſepta Chori, capſa lignea valdè antiqua, ferrata, affixa clauis ad parietem quæ videtur ibi poſita fuiſſe recipiendis fidelium orantium lar-

Procez verbal.

gitionibus & eleemosynis charitatiuis.

Hinc transtulimus Nos, præsentibus infra nominatis testibus subsignatis, ad dicti Monasterij Sacrarium siue Sacristiam, in quo Reliquiæ & imagines Sanctorum pie reseruantur in armario ad id confecto, religiosè & piè ornato, ex quo armario prædictus Prior & Religiosi prædicti Monasterij Capsulam ligneam longam eduxerunt, Nobisque visendam obiecerunt, qua aperta vidimus multa, & in magno numero ossa, quæ Nobis à peritis Chirurgiæ & Anatomiæ descriptionis declarata fuere esse humana, dictique Religiosi Nobis retulerunt se ex antiqua traditione Patrum & prædecessorum suorum, ab omni temporis memoria, quæ etiam multa secula transgreditur, audiuisse & retinuisse, esse ossa prædicti Ioannis Monachi ad hoc vsque tempus, ex quo è sepulchro & tumba elenata fuere in prædicto Monasterio ad piam & sanctam prædicti Ioannis memoriam reseruari, cum suo capite in altera Capsa lignea incluso & deposito, circumornato quibusdam imaginibus picturis deauratis, & affabrefactis & depictis. Vidimus etiam in dicta Capsa lignea prædicta ossa continente, quasdam Chartas pergamenas antiquissimas nimis, si fas sit ita loqui, in quibus certæ quædam literarum species adhuc visuntur & leguntur, licet textus & series sermonis propter nimiam vetustatem picturam literarum obliterantem colligi vix possit, infertur tamen facillime prudentibus circumspectis & litteratis viris, litteras istas pergamenas confectas olim fuisse in titulum & memoriã eleuationis è tumulo istorum ossium, & prædicti Capitis & depositionis eorumdem in dictis Capsis, pro asseruandis & pie retinendis prædictis ossibus & dicto Capite. Aspeximus enim, & manibus tractauimus multas cordulas sericas adhuc subsistentes, quibus singulis appensa sunt, & inserta sigilla & arma, vel Ecclesiastica, vel Gentilitia Nobilium illustrium Virorum & præcipue sanctissimorum Archiepiscoporum & Episcoporum, qui eleuationi è tumulo prædictorum ossium & dicti Capitis, nec non depositioni eorumdem in dictis Capsis summa cura à multis seculis, & sedula pietate Abbatum & Religiosorum dicti Monasterij per iniurias seculorum tumultuum & bellorum reseruatorum præsentiam suam, & pietatem potuerunt tunc temporis exhibuisse.

Quæ quidem omnia Nos legisse tam in

scriptis, contulisse tam in libris, vidisse oculis, manibus tractauisse testamur, & horum omnium fidem facimus cum infra scriptis subsignatis, nominatis, vocatis & rogatis testibus, scilicet Domno Fratre Firmino Pingré, sancti Dionysii in Francia Religioso expressè Professo Ordinis sancti Benedicti, sancti Ioannis apud Blesas diœcesis Carnotensis Priore, Magistro Petro Morlier Presbytero Beluacensis diœcesis nostræ Cathedralis Ecclesiæ Suessionensis Canonico Præbendato. Nobili Viro Antonio le Grain, apud Suessionenses in sede Præsidiali Regia Consiliario Regio & Assessore, Nobili Viro Stephano Pottier Domino temporalis Feudi d'Abancourt, Ciue Suessionense ibique commorante, Nobili viro Paulo de Lalain, apud Suessionem Consiliario & Antigrapha Regio, Antonio Outrebon artis Chirurgicæ perito, vna cum Magistro Isaaco Moilin Presbytero, in Iure Canonico Bacalaureo, Notario Apostolico, Ecclesiæ nostræ Suessionensis Capellano, in hac parte per Nos pro Secretario assumpto die Sabbati 21. mensis Maij, Anno Domini millesimo sexcentesimo trigesimo nono. In dicto Monasterio Beatæ Mariæ

Procez verbal.
Virginis de Longoponte Cisterciensis Ordinis & dictæ nostræ diœcesis Suessionensis.

Simon Episcopus Suessionensis.

Pingré, Morlier, Le Grain, De Lalain, Pottier, Oultrebon, Moilin pro Secretario assumptus.

EODEM Anno, die decima quinta Iulij, supra nominati Religiosi, Prior, & Conuentus prædicti Monasterij de Longoponte per manus Prioris sui, Nobis ad Palatium nostrum Episcopale Suessionense repræsentarunt Chartas pergamenas, vetustissimis characteribus scriptas, tam Latinis, quam Gallicis verbis, testimonia quædam continentes, quibus constare potest multis retroactis seculis prædictum Ioannem de Montmirel in sanctitatis fama apud Gallos nostrates, & in dicta nostra diœcesi, necnon in præfato Monasterio vixisse & defunctum fuisse, quarum Chartarum pergamenarum Copia presentibus affixa de verbo ad verbum fideliter & ad amussim per Nos Episcopū Suessionensem facta fuit cum suo originali. Et fidem facimus prædictum originale Nos legisse, vidisse, & manibus tractauisse, in præsentia præfatorum testium ad hæc vocatorum & rogatorum, & infra, Nobiscum, cum dicto Moilin in hac parte, pro Secretario per Nos assumpto, subsignatorum. Quibus peractis prædictas Chartas pergamenas prædicto Priori præsentatori reddidimus in manus, Anno, die, & mense prædictis, scilicet Anno Domini millesimo sexcentesimo trigesimo nono. S.

Simon Episcopus Suessionensis.

Pingré.   Morlier.   Le Grain.

De Lalain.   Pottier.   Oultrebon.

Inferius vero sic.

De Mandato Reuerendissimi Domini Domini Episcopi Suessionensis.

Moilin pro Secretario assumptus.

VERSION FRANCOISE
DV
PROCEZ VERBAL
DE MONSEIGNEVR
l'Euesque de Soissons.

SIMON par la miseration diuine, & de la grace du sainct Siege Apostolique, Euesque de Soissons, Conseiller du Roy tres-Chrestien en ses Conseils d'Estat & Priué, à ceux qui verrõt ces lettres, salut & grace de Dieu le Pere, & de nostre Seigneur Iesus-Christ. Sçachent tous que de la part des Venerables, & nos tres-chers Freres Marc l'Espicier Prestre & Prieur Claustral, Robert Dieu Prestre, Gilles Mareschal Prestre, Charles Bizet Prestre,

Antoine Lahennier Prestre, Robert Ieunier Prestre & Portier du Monastere, Bernard Mettecouen Prestre, Philippe Pillier Prestre, Antoine Muldrac Prestre & Soûprieur, Iean Moet Prestre & Cellerier, & Iean Cheron Diacre Religieux, & Conuent de nostre Dame de Long pont, Ordre de Cisteaux, de nostre diocese de Soissons, Nous estans humblement suppliez de daigner commander & ordonner que fussent mis en escrit, & signez de Nous, certains extraicts de liures originaux & manuscrits, & d'autres imprimez, pour estre enuoyez en Cour de Rome, & au sainct Siege, sur le desir & le saint dessein qu'ils ont d'obtenir par tres-humbles prieres dudit sainct Siege, qu'il leur soit permis de celebrer annuellement en leur Eglise la feste & la memoire du Bien-heureux Iean de Mótmirel, iadis Religieux profez en la mesme Abbaye, selon les anciens & authentiques tesmoignages qu'ils croyët auoir de sa vie & de sa sainĉteté, tant des escrits des Peres de leur Ordre, que d'autres Autheurs dignes de foy. Consentant à leur saincte demande, & à leur iuste intention, comme ce que nous croyons estre plein de pieté & agreable à Dieu : Auons arresté de nous transporter en personne audit Monastere le Vendredy, vingtiesme du present mois de May : Auquel iour, nous nous y sommes rendus auec personnes Ecclesiastiques, & vn Secretaire choisi par Nous à cet effet, & auons esté receus benignement & charitablement, à la premiere porte du Conuent par le Venerable Prieur susdit, & les autres Religieux, auec la Croix, & de là conduits processionnellement dans l'Eglise, où ayant dõné la benediction solemnelle, & puis apres auoir fait vne exhortation dans le Chapitre, où Nous auions esté cõduits, fûmes receus en l'hospice & logement pour les estrangers dans ledit Monastere. Puis le Samedy vingt & vn iour du mesme mois, ayant celebré la saincte Messe au grand Autel, le susdit Prieur assisté des autres Religieux, Nous presenta vn certain liure en parchemin escrit à la main, couuert de bois, que Nous auons veu & reconnu estre ancien ; dont le commencement estoit en lettres rouges tel qui suit, *Incipit vita S. Edmundi*... Et plus bas en lettres noires, *Excellentia Ingenÿ*... à la fin duquel liure, page derniere, se lisoit, *Fulgura deuentulas, non effugietis manus meas. Sed*... Duquel liure, qui semble estre vn recueil de la vie de plusieurs Saincts, contenant 223. fueillets & vn demy, a esté extraict l'escrit ou la copie, mise au commencement de ce procez verbal, tiré du fueillet 130. qui commence, *Prologus in vita Humilis Ioannis*.... Et plus bas, *Solebant antiquitùs*.... iusques au fueillet contenant la vie dudit Iean de Mõtmirel, que nous auons conferé mot à mot auec ledit original, & trouuans tous les fueillets sains, entiers, non suspects, sans defaut, auons iugé ledit original manuscrit, pour son ancienneté, digne de foy, & l'auons remis entre les mains dudit Prieur & des Religieux.

Le mesme iour le susdit Venerable Prieur & les Religieux, continuans en leur dessein, Nous ont exhibé vn certain liure imprimé à Paris, chez Iean Germon, & Iean Bilaine, ruë S. Iacques, à l'enseigne de S. Benoist, l'an de nostre

Seigneur 1639. auec priuilege du Roy: dont le commencement est, *Martyrologium Sanctorum Ordinis Diui Benedicti*.... dans lequel liure, partie seconde, au mois de Septembre, page 704. au milieu de ladite page, se lit, *Beatus Ioannes de Monte Mirabili*.... iusques à la page 708. l'extraict desquelles nous auons conferé mot à mot auec l'original imprimé, & l'ayant trouué conforme & entier, l'auons ioint pour seconde piece, en rendant le liure susdit au Venerable Prieur & aux Religieux du Monastere.

De plus, les mesmes nous firent voir vn autre liure en François, in folio du titre, *Histoires genealogiques*.... Et en la page 223. au lieu où il se traicte des Seigneurs Temporels de Montmirel, se lit *Iean Seigneur de Montmirel*.... Et puis en la page 226. selon la suite de l'Histoire vers la fin de la page, l'Autheur adiouste, *Apres l'education desquels*.... Desquels endroits, l'extraict nous ayant esté presenté, l'auons trouué fait fidelement, le conferant mot à mot auec son original que nous auons rendu au Prieur susdit & Religieux du Conuent.

Dauantag

Dauantage, le susdit Venerable Prieur & les Religieux Nous ont presenté vn autre liure intitulé, *Chronicon Cistercien-sis Ordinis*.... L'Autheur duquel, page 89. nombre 2. a ces termes, *Beatus Ioannes humilis de Monte mirabili*.... Et page 317. nombre 4. *Anno millesimo*.... où l'Autheur en la page 321. nombre 8. a les termes suiuans, *Ioannes quondam Dominus*... Et en la derniere page de sondit liure, à l'Indice, & au nombre qui commence, *Sancti & Beati Ordinis Cistercienss*, il nomme entre lesdits Saincts & Bien-heureux de l'Ordre de Cisteaux, le susdit Iean de Montmirel, par ces termes, *B. Ioannes de Montemirabili*; toutes lesquelles veritez extraictes par escrit des pages susdites, ont esté fidelement collationnées par Nous auec le liure imprimé, & les auons iointes aux pieces precedentes, rendant le liure susdit au Prieur, comme deuant.

Dabondant Nous a esté presenté par les mesmes vn liure intitulé, *Collecta Priuilegiorum Ordinis Cistercienss*... imprimé à Dijon l'an 1491. d'anciens caracteres, que l'on nomme Gothiques; à la fin du quel, où il s'agit du denombrement des Saincts de l'Ordre de Cisteaux, selon leur rang de l'Alphabeth, le susdit Iean de Montmirel, ligne 20. du mesme denombrement, est marqué par ces termes, *In Longoponte*.... que nous rendismes comme dessus.

Dauantage, le Missel à l'vsage de l'Ordre sacré de Cisteaux, fait, augmenté, & reconnu, imprimé à Paris par Hierôme Marnef au Pellican, Mont sainct Hilaire, l'an 1556. manié par Nous diligemment, met au rang des Saincts & des Bien-heureux de l'Ordre, le susdit Iean de Montmirel, par ces termes, *Ioannes quondam Dominus*.... lequel Messel Nous rendismes audit Prieur & Religieux.

Pareillement le Calendrier du mesme Ordre de Cisteaux, contenant les iours de Festes de ses principales solemnitez, selon l'ordre des mois, imprimé à Dijon, chez Claude Guyot, Libraire Royal, l'an de nostre Seigneur 1610. au 27. Septembre, à la lettre D. entre les Saints & Bien-heureux dudit Orde, met le susdit Ieande Montmirel, auec ces mots, *Ioannes Monachus in Longoponte*, le-

Procez verbal.

quel Calendrier Nous rendifmes audit Venerable Prieur & Religieux.

Lefquelles chofes ainfi faites, veuës diligemment, connuës, & meurement confiderées, les fufnommez Venerable Prieur & Religieux en prefence des tefmoins cy-deffous fignez, Noûs prierẽt humblement de daigner deuant les mefmes, voir & confiderer la tombe & le fepulchre où jadis le corps du fufdit Religieux Iean de Montmirel auoit efté inhumé : Nous trouuafmes que le fepulchre auoit efté pofé dans l'Eglife du Monaftere, au cofté droit du grand Autel, ou bien vers la corne de l'Euangile, leué de terre, auec vne tombe de pierre en partie blanche, & en partie noire, fur le plain de laquelle eft la figure dudit Iean de Montmirel, comme d'vn Religieux gifant ; cette tombe eftãt efleuée & fouftenuë fur quatre colomnes, au milieu defquelles, comme en vn eftage inferieur, eft l'image ou la reprefentation du mefme Iean de Montmirel, ainfi que d'vn Noble armé, gifant mort ; Autour de la tombe fufdite fur les bords qui font le tour, fe voyent les vers fuiuans escrits en grandes lettres d'or.

In Longoponte voluit se subdere sponte, &c. Apres laquelle parole, d'*Amen*, se voyët encore les mots qui suiuent, *Aue Maria gratia plena*, qui apres vn signe de croix, se vont rejoindre aux vers precedens, pour faire la bordure entiere.

Pareillement au costé dudit sepulchre, qui est hors le Chœur, vers le Septentrion, Nous auons trouué vne tablette de bois pendüe à la muraille, en laquelle estoit escrit ce qui suit, *Ad Magnificat. Oritur.... ad Benedict. Miles Christi gloriose .... Vers. Ora pro nobis B. Ioannes. Resp. Vt digni efficiamur promissionibus Christi. Oratio. Deus qui Beatum Ioannem.*

De plus, au tour de ladite tombe & sepulchre, au costé droict, hors le Chœur de ladite Eglise, nous vismes quelques vœux & offrãdes, cõme figures de membres de corps humain, iambes, pieds, testes; aussi chaisnes de fer: lesquelles choses semblent exhiber la memoire de l'inuocation iadis faite au susdit Iean de Montmirel, pour le soulagement des maladies: Se voit aussi hors le Chœur, vers le bas du sepulchre, vn trõc de bois, couuert de fer, attaché auec clouds à la muraille, qui paroist y auoir esté mis pour receuoir les offrandes, & les aumosnes de la charité des fideles.

Delà, Nous nous sommes transportez auec les mesmes tesmoins, dans la Sacristie du mesme Monastere, où les images & les reliques des Saincts sont deuotement gardées en vn armoire fait à ce sujet, & dignement orné; duquel le susdit Prieur & Religieux tirerēt vn longue quaisse de bois, & nous la presenterēt à voir, dans laquelle nous vismes plusieurs ossemens, que les experts en Chirurgie, & en Anatomie, Nous monstrerēt estre de corps humain; les Religieux nous asseurerent aussi que de l'ancienne traditiō de leurs Peres & Predecesseurs, & de toute memoire de temps, qui passe plusieurs siecles, ils auoiēt tousiours appris & entendu que c'estoient les ossemens du susdit Iean de Mōtmirel, de posez là, depuis le temps qu'ils furēt leuez de son sepulchre, & y estoient gardez pour venerer sa pieuse & saincte memoire, le chef mesme estant enclos dans vn autre reliquaire de bois, orné tout

Cc iij

autour d'images dorées, & faictes auec trauail. De plus Nous vismes dans la quaisse qui contenoit ses ossements certaines Chartes de parchemin, de lettre trop ancienne, s'il est ainsi loisible de parler, pour ne laisser plus à voir que certaines apparéces de characteres, sans que l'on puisse lire la suite des paroles, & la tissure de l'escrit, pour cette antiquité qui les a effacées : Il est neãtmoins aisé d'inferer à toute personne prudente & lettrée, que ces Chartes en parchemin furent faites jadis en tiltre & en memoire de l'eleuation des susdits ossemẽs du tombeau, & de la deposition des mesmes, dans les chasses susdites, pour les conseruer auec plus de pieté. Nous vismes aussi & touchasmes de nos mains plusieurs lacets de soye encore subsistés, à chacun desquels sont pendus & attachez les sceaux de personnes Ecclesiastiques ou Seculieres de qualité, & principalement des tres-saincts Archeuesques & Euesques, qui de leur presence & de leur pieté assisterent à l'eleuation des ossemens, & deposition dans les chasses susdites, faites deuant plusieurs siecles, par la diligēce & pieté des Abbez & des Religieux du Conuent, qui a paru encore à les conseruer pendant les miseres de tant de troubles & de guerres.

Toutes lesquelles choses Nous tesmoignons & certifions auoir leu dans les liures susdits, conferé auec les originaux, veu de nos yeux, & manié de nos mains, auec les tesmoins nommez, priez, & appellez, c'est à sçauoir Dom Frere Firmin Pingré, Religieux Profez de sainct Denys en France, Prieur de S. Iean du Bois, diocese de Chartres, Maistre Pierre Morlier Prestre, du diocese de Beauuais, Chanoine de nostre Eglise Cathedrale de Soissons; Noble homme Antoine le Grain Conseiller Assesseur au Siege Presidial de Soissons; Noble homme Estienne Potier Seigneur d'Abancourt, demeurant à Soissons, Noble homme Paul de Lalain Conseiller du Roy, & Controolleur à Soissons; Antoine Oultrebon, expert en l'art de Chirurgie; auec Maistre Isaac Moilin Prestre, Bachelier en droict Canon, Notaire Apostolique, Chapelain de nostre Eglise de Soissons, pris par Nous pour

Cc iiij

Secretaire en cette partie ; le Samedy vingt & vniesme du mois de May, an de noſtre Seigneur 1639. audit Monaſtere de noſtre Dame de Long-pont, de l'Ordre de Ciſteaux, & de noſtre dioceſe de Soiſſons.

Simon Eueſque de Soiſſons.

Pingré, Morlier, Le Grain, De Lalain, Pottier, Oultrebon, Moilin pour Secretaire.

AV meſme an, le quinzieſme iour de Iuillet, les ſuſnommez Religieux Prieur & Conuent du ſuſdit Monaſtere de Long-pont, par les mains de leur Prieur, Nous ont repreſenté dans Noſtre Hoſtel Epiſcopal de Soiſſons, certaines Chartes de parchemin, eſcrites d'ancien charactere, tant en Latin qu'en François, qui contenoient pluſieurs teſmoignages, par leſquels il apparoiſt conſter, que depuis pluſieurs ſiecles paſſez, ledit Iean de Montmirel a eſté en reputation de ſainɛteté, par la Fráce, & dans noſtredit dioceſe, au Mo-

Procez verbal.

nastere susdit, auoir vescu Religieux, & y estre decedé; Desquelles Chartes de parchemin la coppie attachée auec les pieces precedentes à ce procez verbal, a esté reconnuë par Nous conforme à son original; Nous faisant foy auoir leu & manié les susdits originaux, en presence des tesmoins nommez cy-deuant, priez & mandez à cét effect, auec le susdit Moilin choisi en cette partie pour Secretaire, & soubs-signez : Ce qu'ayant fait, Nous auons rendu lesdites Chartes en parchemin au susdit Prieur qui nous les auoit presentées; an, mois, & iour susdits.

Simon Euesque de Soissons.

Pingré.   Morlier.   Le Grain.
De Lalain.   Pottier.   Oultrebon.

Et plus bas.

Du Mandement de Monseigneur le Reuerendissime Euesque de Soissons.

Moilin pour Secretaire.

COPPIES DES CHARTES

DV B. IEAN DE MONTMIREL & d'Oisy, Vicomte de Meaux, Comte de la Ferté Gaucher, Chastellain de Cambray, &c. De ses enfans, de sa femme Heluide de Dampierre, & de quelques-vns de ses ancestres, produits pour l'intelligence ou pour l'authorité de cette Histoire.

Des Archiues des Seigneurs, Barons de Montmirel.

Donation faite à l'Hostel-Dieu de Montmirel, desia fondé par Iean da Montmirel, & Heluide de Dampierre sa femme.

1. EGo Ioannes Montis mirabilis Dominus & Heluidis vxor mea,

Notum facimus.... Quod pro remedio animarum .... donauimus in eleemosynam domui Dei, quæ sita est apud Calceiam in vniuersis nemoribus meis mortuum nemus ad calefactionem pauperum, & totius domus necessitatem; vnum autem nemus ad vniuersa ædificia domus iam dictæ ædificanda... an.. Inc. Verbi 1207. mense Octob. *Deux seaux pendants à lacs de soye rouge & iaune, l'vn, qui reste encore, d'vn Caualier armé, l'espée à la main, portant vn lyon rampant en son escu, autour:* Ioa. de Mont...... *Au contresel, vn escu à trois faces, & autour,* Et Castellanus Cameraci: *L'autre pendant à vn lacs soye orangé, qui sans doute estoit de Heluide de Dampierre y manque.*

Charte pour emologuer la fondation de l'Hostel Ditu de Montmirel.

2. Ego Ioannes Montismirabilis Dominus, & Heluidis vxor mea.... quod de assensu hæredum nostrorum ... fundauimus domum Dei in Calceia Montismirabilis in pauperum susceptionem, & locū, in quo domus illa ædificata est, liberum ab omni consuetudine dedimus ....

Etiam eidem domui aquam omnino liberam ab omni, à prato cuturæ vsque ad finem fossati quod eiusdem domus porprisium includit perducentem.... Terram duabus carrucis sufficientem ab omni consuetudine in loco qui Mortoria appellatur.... In vniuersis nemoribus nostris vsuarium nostri nemoris, tam ad claudendum quàm ad ardendum perpetuò possidendum; Ita tamen quod in nemoribus nouiter abscissis infra septem annos nihil amputetur. In vno autem nemore similiter eidem domui, & eidem granchiæ perpetuum vsuarium dedimus ad hospitandum..... An. Inc. Verb. 1208.

Confirmation de ce que dessus par Blanche Comtesse de Troye.

3. Ego Blancha Comitissa Trecensis Palatina omnibus.... quod dilectus & fidelis meus Ioannes de Monte mirabili, & Heluidis vxor sua de assensu hæredum piorum.... *Le reste comme dessus* .... act. an. ab Inc. Dom. 1208. mense Ianuario vacante Cancellaria. *Vn seau pendant à vn ruban de soye rouge, où se void vne Da-*

du B. Jean de Montmirel. 413

me, qui tient de la main droite vn rinseau de palme ; autour .... *Campan* .... au contreseel, l'escu de Champagne, & au tour, † *Passa-uant* ....

Donation au-mesme Hostel-Dieu, du bled du moulin de la Duitz, de Pargni, & de Chiele, pres Gandelu.

4. Ego Ioannes de Mõte mirabili Dominus, & Heluidis carissima vxor mea, Notum... quod Bartholomæus de Condeio in molendino de la Duix... Hanc vero partem dicti B. titulo emptionis acquisiuimus, & domui Dei de Monte mirabili in eleemosynam donauimus...., Præterea laudauimus & diligenter approbauimus eleemosynã Magistri Ioannis de Faremonasterio dilecti nostri, videlicet vnum modium auenæ quem nos ei prius in eleemosynã donaueramus in grangia de Chieles, quæ est in Essardis de Gandeluco, quem ipse postea sæpedictæ domui donauit pro ministratione olei in lampade quæ est in medio domus infirmorum. Vt igitur .... 1208. mense Martio. *Deux lacs de cuir blancs, où pendent deux seaux, l'vn de Iean de Montmirel, cõme dessus,*

auec le Contreseel: l'autre de Heluide de Dampierre sa femme, tenant vn oiseau sur la main gauche. Au tour, Sigillum Heluidis Dom. De Monte Mirabili, *sans contreseel.*

Donations propres & confirmations des choses données audit HostelDieu par Heluide de Dampierre, Dame de Montmirel, & Iean son fils.

5. Notum .... quod Philippus de Metringiis voluntate & assensu Auferici fratris sui & Flandrinæ vxoris suæ in perpetuam eleemosynam donauit domui Dei de Monte mirabili dimidium modium bladi..... vnde ego Heluidis Montis mirabilis domina in testimonium & garentiam dictæ donationis præsentem cartulam fieri præcepi .... 1210. *Son sceau comme dessus, pendant à vn lacs de cuir blanc. En vn autre pareil, il y a contreseel.... au tour* Secretum Heluidis.

6. Ego Heluidis Montis mirabilis & Oysiaci Domina Notum facio .... quod cum carissimus Dominus & vir meus Ioannes & ego in proprio fundo terræ nostræ domum Dei ædificauerimus in Calceia sub Monte mirabili pro nostra-

du B. Iean de Montmirel.

rum animarum remedio, Ego iugiter dictæ domus commodum & augmentum affectans de consensu eiusdem vnū molēdinum fullatorum instauramus in fossatis quo vltra consuetum alueum.... Piscatura autem fossati in quod flumen reflectetur eiusdem domus erit... Quicumque autem idem tenuerit molendinum prouidere debebit, vt desuper & maximè à parte domus habeant congruentem tecturam ne nimiam faciat infirmis molestiam in strepitu malleorū ... 1210. *Coppie seulement sous le sceau de Guillaume de Champeaux Bailly de Montmirel, au sceau des armes de Coucy...* 2402.

7. Nouerint vniuersi... quod domina Fenia de Rix de assensu, & voluntate filiorum suorum pro remedio animæ suæ, & Domini & mariti sui..., sex sextaria bladi.... Ego autem Heluidis Montismirelli Domina & Ioannes filius meus Oysiaci Dominus ante quorum præsentiam prædicta eleemosyna instituta fuit.... 1216. *Deux sceaux pendants à lacs de parchemin; le premier est de Heluide assise en vne chaire ... au tour, Sig. Heluid .... Au contresccl, vne fleur de lys, & au tour:* Secre-

tum Heluidis : *L'autre seau manque.*

8. Nouerint vniuersi.. quod Domina Hermengart quondam Montismirelli præposita antequam domum Dei de Calceia intraret seruitura pauperibus, habitum Religionis ibidem suscipiens pro remedio animæ suæ, & antecessorum suorum de assensu, & voluntate hæredũ suorum donauit eidem domui Dei vnum modium bladi…. Ego autem Heluidis Montismirelli Domina & Ioannes filius meus Oysiaci Dominus, de quorum feodo prædictum terragium…. 1217. *auec la place de deux seaux qui manquent.*

Donations & tiltres de Iean Comte de Chartres Seigneur de Montmirel, &c.

9. Ego Ioannes Comes Carnotensis, Montismirelli & Oysiaci Dominus Notum facio…. quod Fulco Seignouret de Vilers vendit coram me… domui Dei de Calceia subtus Montemmirellum quinque solidos…. Ego vero ad petitionem vtriusque partis præfatam venditionem volui & concessi; recepta tamen mihi alta iustitia & melleia quæ mihi concessa est à dicta domo Dei. Quod vt….

vt.... anno gratiæ 1233. mense Octob. vn seau pendant à vn lacs de parchemin d'vn Caualier armé, l'espée à la main, le lion rampant en son escu: au tour. † Sig..... Oysiac. au contreseel, vn escu chargé de trois faces, & au tour. † Et Castella.....ci.

10. Ioannes Comes Carnotensis Mõtismirelli & Oysiaci Dominus, Vniuersis... Noueritis quod sexaginta duo arpenta terræ & prati quæ domus Dei de Calceia subtus Montemmirellum emit apud Chamblon & in confinio eiusdem villæ....Salua tamen iustitia mea.... laudo & approbo....1233. mense Nouemb. le seau comme dessus.

11. Ego Ioannes Comes Carnotensis Montismirelli & Oysiaci Dom. Notum facio.... quod ego dedi.... domui Dei de Calceia.... quatuor libras annui redditus in teloneo meo Montismirelli in festo D. Martini Hyemalis post decessum meum annuatim... percipiendas pro recompensatione damnorum, interpressurarum vel iniuriarū, si quas eidem domui feci vel fieri contigerit ante obitum meum, quod absit. Saluis omnibus aliis legatis meis dictæ domui, vel aliis, qui

buscūque locis & perſonis ex teſtamento meo relictis. Si vero dictæ quatuor libræ ſcilicet Pruuinenſ. non ſufficient ad ſatisfactionem dictarum iniuriarū ſeu interpreſſurarum ac dānorum integrè faciendam: Ego do, volo & concedo ſpontanee liberam & plenariam poteſtatem illis quos ordinaui executores prædicti teſtamenti mei vt ipſi poſſint poſt deceſſum meum de bonis meis mobilibus ſeu immobilibus prædictę domui ſatisfacere competenter prout ſecundùm Deum & ſalutem animæ meæ viderint expedire. Quod vt ratum ... 1236. Menſe Nouemb. *Coppie dans vn vidimus du Bailly de Montmirel, ſous le ſeel aux armes de Coucy .... 1402.*

Confirmation de Matthieu Seigneur de Montmirel & d'Oiſy.

12. Ego Matthæus Mōtiſmirelli & Oyſiaci Dominus Notū facio... quod mercatum de terra quæ dicitur Eſſartum Magiſtri Laurentij ſita in parochia de Molene inter Gemblon & Vifort, quod Prioriſſa & ſorores domus Dei de Calceia .... emerunt à prædicto Laurentio...

du B. Iean de Montmirel.

ratum habeo.... 1241. mense Aprili. *Le seel manque.*

Charte d'Enguerrand de Coucy Seigneur de Montmirel.

13. Nos *Engerrans Sires de Coucy , de Montmirail & d'Oysi, faissons que nüe chose à tous ceux qui ces presentes lestres verront & oiront comme Messires Pierre iadis Arcidiacres de Meaux an Brie eut acheté .... & volons que li diz hospitax tiegne & ait paissiblemēt à tous iours la dite vigne au main morte, sauf à nos & à nos oirs Seigneurs de Montmirail toute Iustice & toute Seignieurie en la vigne deuant dite ....* 1270. *ou mois de Iannier le Venredi deuant la Chandeleur. Auec vn seel pendant à lacs de parchemin , où est vn Caualier armé, l'espée à la main , l'escu & le cheual couuert des armes de Coucy .. Au tour .... Au contreseel, & vn escuson de Coucy. Au tour,* Et Castellani Cameraci.

Fragments de l'ancien Chartrier de la maison Dieu de la Chaussée.

1. Ego Agnes Domina Noeriorum.... vnum modium auenæ annui redditus in perpetuam eleemosynam .... pro reme-

dio animæ meæ, & Domini Milonis bonæ memoriæ quondam mariti mei.... 1234. mense Iunij. *Vne autre de la mesme Dame en faueur de la Maison-Dieu* de Pruuino ante fontem. 1232. mense Iulio.

2. Matthæus de Montemirabili Miles Oysiaci & Firmitatis Galcheri Dominus,.... *amortit la vente faite à l'Hostel-Dieu, de la Chaussée de trois pieces de terre.* 1244. mense Ianuario.

3. *Mahieus Sire de Montmirail & d'Oisy approuue vne vente faite par Odars de Chauerion.* 1253. *Autre Charte du mesme, pour vn luminaire qui doit brusler en l'Hostel Dieu.* 1253.

4. *Ie Mahieus sires de Mõtmirel, Chastellains de Cambray... Il veut que la maison-Dieu de la Chaussée de Montmirel, que ses pere & mere fonderent, demeure en ses franchises & libertez...* 1261. *Autre, par laquelle il fait vne nouuelle donation de quelque terre au mesme lieu* 1261. *Decembre.*

5. Enjorranus de Couciaco Montismirabilis & Oysiaci Dominus ... *Approuue la vente de quelques terres faites à l'Hostel-Dieu de la Chaussée, par le nommé* Colardus filius Domini Radulphi de Montemira-

du B. Jean de Montmirel. 421

bili defuncti militis, & Domicella Yfabella eiufdem vxore .... die Martis poſt feſtum S. Martini Æſtiualis, anno Dom. 1270. *Il y a encore ſentence arbitrale du meſme Enguerrand, entre l'Hoſtel-Dieu, & ledit Colard, où il eſt fils à Monſeigneur Raoul de Montmirail. De la meſme année.*

De la Notice des Egliſes de Flandres d'Aubertus Miræus Doyen d'Anuers, imprimé l'an 1630. pour les Seigneurs d'Oiſy.

Roger Eueſque de Cambray reçoit Iean 1. Abbé de Canteprè, dans le lieu que Hugues d'Oiſy Chaſtellain de Cambray, auoit donné pour la fondation. pag. 454.

1. ROgerus Dei gratia Cameracenſis Epiſcopus .... Dilectis in Chriſto filijs Ioanni, & ſocijs eius... terram illam quæ eſt inter Eccleſiam S. Saluatoris & mariſcum, quam Hugo Caſtellanus Cameracēſis eis nomine eleemoſynæ contulerat, eiſdem & eorum ſucceſſoribus

Dd iij

absolutam, & ab omni decimatione liberam ad fundationem Ecclesiæ Canonicæ concessimus... 1183. Item ex Necrologio Cœnobij Cantipratani. IX. Kal. Decemb. Ob. Dominus Rogerus Cameracensis Episc. qui voluit nobis ad fundandum dare locium : sed ad maiorem Ecclesiæ nostræ vtilitatem Domino Hugoni de Oysiaco, vtpote terræ Principi, in hoc dando cedere voluit....

Fondation, & dotation de l'Abbaye de Cantepré en Cambresis, par Hugues d'Oisy Chastelain de Cambray, & Vicomte de Meaux, & Marguerite sa femme. pag. 460.

2. Ego Hugo de Oysi Cameracens. Castellanus.... decimam de Wagnel... S. Stephani de Lambres... Anselle de Markion, actum an. 1186.

3. Hugo, Castellanus Cameracens.... quod Eustachius fidelis noster de Markion duas partes decimæ... *sans datte.*

4. Ego Hugo Castellanus Cameracēs. .,. quod per assensum Margaretæ vxoris meæ.... Ecclesiæ S. Mariæ de pratis in eleemosynam totū nemus meum quod dicitur Vacaria... testes sunt Godescalcus Abbas de Vacellis.... *sans datte.*

5. Hugo de Oysi Cameracensis Castellanus & Margareta eiusdē vxor...furnos nostros de Creuecuer Ecclesię S. Mariæ de Pratis... S. Henrici Comitis... 1189.

6. Hugo de Oysiaco Vicecomes Meldensis Castell. Cameracensis... meæ animæ & animæ vxoris meæ Margaretæ prouidere intendens, in omnibus terris meis vbicumq; vectigalia ad nostrā iurisdictionē pertinentia exiguntur, Ecclesiā B. M. de Pratis liberā esse decreui...1189.

7. Margareta Domina de Oysi Castell. Camerac. Meldis Vicecomitissa...quod Nicolaus de Walleis, fidelis noster, terragium, quod à nobis nomine feodi possidebat ... 1190.

8 Ex Necrolegio Cœnobij Cantipratani. XIII. Kal. Septemb. Ob. Dominus Hugo de Oysiaco, qui primò fundum Abbatiæ nobis dedit ; secundò decimam de Wagenguuel: tertiò terragium de Raillecort : quartò, nemus Vacariæ : quintò furnum de Creuecuer. Idem de transmarinis partibus rediens priùs ad nos, quàm ad domum propriam diuertens, pretiosas quas ferebat, Sanctorum Reliquias nobis reliquit à

D d iiij

vectigalibus etiam in tota terra sua nos absoluit. Hæc ibi.

Donations faites à l'Abbaye de Cantepré, par Iean Seigneur de Montmirel & d'Oisy, ou par ses enfans. pag. 504.

9. In nomine Sanctæ & Ind. Trinit. Ego Ioannes Montis mirabilis & Oysiaci Dominus Cameracensis Castellanus, & Heluidis vxor mea, Notum... quod assensu liberorum nostrorum, videlicet Willelmi, & Ioannis filiorum nostrorum, & Elizabeth filiæ nostræ, donauimus in perpetuam eleemosynam Ecclesiæ B. Mariæ de Cantiprato.... Huic autem donationi adfuerunt Renaldus de Bergerijs, Gerardus de Castellione, Ioannes de Valle-campi Simon de Fontenelle, Iuo Linuandres, Willelmus de Vilers, Nicolaus de Buxiaco ; actum anno 1202. Martio.

10. Vniuersis præsentes .... E. Couciaci, Montismirabilis & Oysiaci Dominus.... quod dilecta nostra Ecclesia de Cantiprato habeat & possideat in perpetuum viginti arpenta nemoris, quæ quondam Carissimus Auunculus meus bonæ memoriæ Dominus Montismirelli & Oy-

du B. Jean de Montmirel. 425
siaci Dominus.... Datum 1264. Martio.

*Stemma Dominorum de Oysiaco & Montis-
mirabilis.* Ibid.

Hugo de Oisy Castell. Cameracens. 1050. duxit Adam neptem Richildis Hannon. Comit.

Hugo Castell. Camerac. duxit Heldiardam. 1130. & Valcellas fundat. ob. 1132.

Simon Castell. Cameracens. 1160.   filiæ. V.

Hugo Castell. Camerac. fundat. Cantipratum, duxit Margaritam Vicecomitiss. Meldensem ob. 1190. sine liberis.

N. Vxor. Andreæ Domini de Montemirelli.

Ioannes Dom. de Montmirel & Oisy Castell. Camerac. duxit Heluidem Valcellis sepultam.

Gulielmus, dictus Comes, Dom. Montism. ob. siue lib.

Ioannes Carnotensis successor Dom. Montism. ob. sine lib.

Mathæus fratris Dom. felicia.

Elizabet.

Maria nupsit Enguerrano Dom. de Coucy

Chartes tirées des Archiues de l'Abbaye nostre Dame de Soissons.

1. Ego Ioannes Montis mirabilis Dominus Notum... quod ego & Heluidis vxor mea laudamus & comedimus Petro de Chauegni, & Garnerio fratri suo 32 arpenta terrę in grueria de Charli...1199.

2. Nouerint præsentes, ... quod ego Ioannes Montismirelli Dominus laudo excambium factum de Richoud & de Freebours quod Comitissa Feritatis fecit cum Abbatissa Suessionens. eo tenore quod ego habeam literas predictę Abbatissę de eodem excambio. *sans datte.*

3. Venerabili Dominæ suæ B. Comitissæ Campaniæ. H. Domina Montis mirabilis & Ioannes eiusdẽ filius salutem, & paratũ in omnibus obsequium. Cùm diu inter nos & Dominam Abbatissam B. Mariæ Suession. & Capitulum diu versata fuit controuersia pro grueria nemoris de Charleio & nemoris de Coperu; Tandem ... Valete *sans datte.*

4. Ego Mathæus de Montemirabili Firmitatis Galcheri Dom.... ratam habeo & firmam donationem terræ quam

dedit Villardus & Aliz vxor eius; similiter de furno de Charli Abbatissæ & Monialibus B. Mariæ Suession.. In cuius rei testimonium, ego qui dictæ terræ sum aduocatus... 1230. mense Martio.

De la Chronique de S. Iean des Vignes, par le R. P. Le Gris, & des Chartes de la mesme Abbaye.

De la Charte de Lisiard Euesque de Soissons, à Galterus, cinquiesme Abbé.
pag. 96.

1. ...Præterea Galcherus Dominus Castelli quod dicitur Mons mirelli, Ecclesiam sancti Stephani in eodem castro sitam, similiter per manus nostras reddi postulauit prædictæ S. Ioannis (in Vineis) quod ita factum est... *La Charte est dattée de l'an* 1125.

De la Charte de Burchardus Euesque de Meaux. pag. 97.

2. ...Recēset ea quæ pro dotatione Galcherus (Mōtismir. & Feritatis Galcheri

Dominus) & Dalmatius pater eius reliquerunt Ecclesiæ furnũ bannalem cum lignis neceſſariis ex ſuis nemoribus, etiã ad reparandum, ex quo decimumtertium panem perciperent: Item redecimationem, id eſt poſt decimam, adhuc vndecimam tam ex agris ſuis, quàm molendinis & horreis....

Charte de Manaſſes Eueſque de Meaux, à Guy Abbé de S. Iean. pag. 98.

3. Manaſſes Dei gratia Meldenſis Epiſcopus G. fratri ſancti Ioannis Abbati... in perpetuum concedimus Eccleſiam S. Martini de Firmitate Galcherij, à Domino Galchero, eiuſdem villæ Domino per manum prædeceſſoris noſtri bonæ memoriæ Burchardi datam.... anno 1153.

Charte de Iean Seigneur de Montmirel, pour le Prieuré S. Eſtienne de Montmirel.

4. Ego Ioannes Dominus Montiſmirelli & Heluidis vxor mea, Notum fieri .... Quod Eccleſia B. Stephani & Canonici B. Ioannis in vineis ibidem deſeruientes ex donatione anteceſſorum noſtrorum qui dictam Eccleſiam fundaue-

du B. Jean de Montmirel.

runt redecimam omnium generum annonæ in omnibus horreis & molendinis ... in commutationem & efcambium prædictorum eis affignauimus octo modios bladij ... acta vero hæc funt omnia & confirmata apud Montemmirellum affenfu omnium liberorum noftrorum an. Inc. Dom. 1203. menfe Ianuario.

5. Ego Ioannes Comes Carnotenfis, Dominus Montmirelli & Oyfiaci .... Ioannem Montmirelli & Oyfiaci Dominum affenfu vxoris fuæ dediffe Renaldo de Bergerijs in feudum & hommagium ... Ob hoc itaque donum Renaldus eft homo ligius Domini Ioannis, falua ligia Comitis Henrici de Campania ... Quoniam Condæum nobili viro Ingerando Domino Couciaci cum Maria forore noftra in mantagium dedi ... Si vero dictos Bartholomæum & Colardum vel heredes ipforum aliquas alias patris mei vel anteceflorum meorum contigerit exhibere ... Et faluis quadraginta folidis, quos ipfi dederunt in eleemofynam Abbatiæ de Gratia, de affenfu noftro, & voluntate noftra ... actum anno Domini 1230. menfe Augufti. *Auec vn grand*

seel, où se void vn Caualier armé, tenant vne espée à la main, & son bouclier chargé d'vn lion rampant.

Martyrologium Abbatiæ sancti Ioannis in Vineis.

6. 19. Kal. Februar. Matthæus Dominus Montis mirabilis & Oysiaci, qui dedit nobis 20. libras annui redditus super mesterijs de Monte mirabili, ita quod in die obitus sui dedit habere conuentus pitātiam cōpetentē, quam soluit Ecclesia.

5. Kal. Feb. Galcherius de Firmitate pater Domini Heliæ, qui dedit nobis Ecclesiā de Firmitate, & de Mōte mirabili.

Idib. Martij. Gaucherus miles de Monte mirabili.

8. Id. Iunij. Andreas de Firmitate Galcheri, pro quo habemus medietatem prati & quartam partem decimæ de Chatrongia villa.

6. Kal. Octob. Petrus filius Vicecomitis de Firmitate Auculphi.

3. Kal. Octob. Ioānes Dominus Montis mirelli, postea monachus sanctæ Mariæ Longipontis amicus huius Ecclesiæ.

3. Non. Nouemb. Elizabeth vxor

du B. Jean de Montmirel. 431

Domini Galcheri bonæ memoriæ, viri cuius interuētu altaria de Firmitate Galcheri, & Montis mirelli cum furnis suisque appenditijs huic Ecclesiæ concessa sunt; Quæ etiam domũ suam apud Firmitatem Galcheri, Ecclesiam in honorem sancti Martini consecrari permiset.

6. Kal. Ianuarij. Andreas de Firmitate Galcherij.

Extraict de quelques Chartes de la mesme Abbaye.

7. Ioannes Comes Carnotensis Montismirelli & Oysiaci Dominus....dedi in perpetuam eleemosynam S. Stephano Montismirelli sexaginta solidos Paris. annui redd. ad Festum S. Ioannis Bapt. in molendino de Creuecuer percipiendos.... pro pœna dilationis, soluat dicto sancto pro qualibet libra. 12. denarios pro quolibet die quo retinuerit vsque ad 20. dies... Quod vt ratum ... 1225. mense Februar.

Ioannes Comes Carnotensis.. Ecclesiæ B. Stephani de Monte mirabili 40. solid. Pruninens. annui redd. in teloneo meo Montifmirelli in Festo B. Martini Hyemalis post decessum meum annuatim & pacificè in perpetuum percipiendos pro recompensatione damnorum, interpressurarum, siue iniuriarum, si quas eidem feci Ecclesiæ, vel facere me contigerit ante obitum meum, quod absit, saluis omnibus alijs legatis meis dictæ Ecclesiæ vel aliis quibuscumque locis & personis in testamento meo relictis. Si vero dicti 40. solidi non sufficerent ad satisfactionem dictarum iniuriarum seu interpressurarum vel damnorum integrè faciendam, Ego do, volo, & concedo spontaneè liberam & plenariam potestatem illis quos ordinaui executores prædicti testamenti mei, vt ipsi post decessum meum de bonis meis mobilibus seu immobilibus prædictæ Ecclesiæ super dictis iniuriis seu interpressuris ac damnis satisfacere competenter possint, prout secundùm Deum & animæ meæ salutem viderint expedire. Quod vt ratum .... 1236. mense Nouemb.

Ie Mahius Sire de Montmirail & d'Oisy, & Chastelains de Cambray ... pour le remede de m'ame ... à l'Eglise parochiale de Montlenon

du B. Jean de Montmirel. 433

von à acquerre & à tenir permanablement en ma seigneurie de Chaullon trois arpens de vigne & trois arpens de pré, & quatorze arpens de terre arable: & si ay donné & octroyé à celle mesme Eglise de Montleuon vint soudées de terre à tousiours mais prendre chacun an dedans la sainct Martin d'Hyuer, sur ... 1261. *mois de Decembre.*

Ie Isabiaux Dame de la Chapelle en Brie, iadis femme Monseigneur Mabiu Seigneur de Montmirail & d'Oisy ... permes l'acquisition & la possession d'vne masure à S. Iean des Vignes, à la ville aubois ... Ce fut fait l'an de grace 1265. *au mois de Septembre, le iour de la Natiuité nostre Dame.*

Vniuersis... Frater P. Ordinis Fratrum Prędicatorum Prior Parisius qualiscumque, & P. Presbyter de Orbac. & Cono de Vitriaco Presbyter S. Ioannis in Cathalaun. salutem in Domino. Nouerit vniuersitas vestra quod cùm Nobilis vir Matthæus Montismir. & Oysiaci Dom. nobis contulisset potestatem, vt de forefactis suis inquireremus veritatem, & promisisset, quod ad dictum nostrum emendaret eis quibus diceremus emendandum fore: Inter cætera inuenimus, &

E e

constitit nobis per instrumentum sigillis Patris & Matris suæ, quod Prior & Canonici sancti Stephani Montismirelli habebant vsuagium trium quadrigatarum in septimana in nemore, quod est vltra Planchiam de Artonchis, & alijs nemoribus suis propinquioribus, si illud deficeret. Et licet aliquanto tempore eodem vsuagio vsi non fuissent ac per hoc crederetur ab aliquibus ius suum eos amisisse; Nos tamen deliberato consilio eos ius in dicto vsuagio habere decreuimus, & eidem Domino Matthæo quod ordinaueramus retulimus; quod & ipse gratum & ratum habuit, & dictū vsuagium eisdem restituendum decreuit... 1244. Februario.

La Charte de Matthieu Seigneur de Montmirel à cét effet, est de l'an 1250. *mense* Septemb. *& le reitere.* 1261. *mense* Decembri.

Chartes du Prieuré de Montlohan, aux faux-bourgs de Montmirel, dependant du Prieuré de Coincy, Ordre de Cluny.

Charte d'Ansculphe Euesque de Soissons.

1. In nomine Sanctę & Ind. Trinit. Ego Ansculphus... quia Ordo Cluniacensis lux mundi huius est stella radians cæteris Ordinibus prælucet, proinde & ego Domini prouidentia Suessionensis vocatus Episcopus post vitæ huius decursum, huius tantæ lucis radijs cupiens illuminari, nostræ auctoritatis confirmatione & sigilli mei impressione, corroboro quicquid Ecclesia Beatæ Mariæ de Montemirello (quæ Ecclesia Cluniacensis est) in nostra diocesi habere dinoscitur, eleemosynam videlicet Gaucherij militis Montismirelli Domini quam cum vxore sua Elizabeth præfatæ Ecclesiæ dederunt, &.... Concedo etiam eisdem fratribus torcularia de Montemirello quæ Adalaidis, tunc Domina

eiufdem caftri iam dictæ Ecclefiæ dedit, laude & affenfu filiorum, qui eos deinde inquietare poterant.... Actum Sueffionis in Capitulo noftro, anno Incar. Ver. 1158. Epifcopatus noftri anno fexto.

Alexander Epifcopus feruus feruorum Dei dilectis filijs Priori & Monachis fanctæ Mariæ de Montemirello... poffeffiones, & bona inferius annotata ficut ex deuotione bonæ memoriæ Gofleni quondam Sueffion. Epifcopi rationabiliter & pacificè poffidet, & in eius fcripto authentico continetur... Torcularia etiam de Montemirella, quæ quondam vobis ab Adalaide, tunc eiufdem Caftri Domina cum affenfu filiorum fuorum... Quicquid infuper Gaucherius miles cum vxore fua Elizabeth, vobis & Ecclefiæ veftræ in terra fua deuotionis intuetur conceffetunt. Datum Tufcul. feptimo Idus Febr.

Tiltres de l'hermitage, fitué contre la foreft de Beaumont, à demy lieuë de Montmirel.

Fondation du lieu donné aux Religieux transportez de l'Abbaye de Cantepré en Cambresis.

1. Ego Ioannes Montifmirabilis & Oyfiaci Dominus, Castellanus de Cambray Notum facio... quod de voluntate & assensu Heluidis vxoris meæ donaui Ecclesiæ Cantiprati quendam locum ... in nemore Belli montis iuxta Montē mirabilem ... quem quidā Presbyter Bonnellus à se ædificatum in manus meas.... actum anno Incarnati Verbi. 1200.

2. Ego Ioannes Montifmirabilis Dominus & Heluidis vxor mea Notum facimus... quòd de assensu liberorum nostrorum videlicet Guillelmi, & Ioannis filiorum meorum, & Elizabeth filiæ meæ, donauimus in perpetuum Ecclesiæ B. Mariæ de Cantiprato grangiam nostram in territorio de Gilloches constitutam cum terris, iam cultis, & in posterum colendis, cui donationi affuerunt Renaudus de Bergeriis, Gerardus de Castellone, Ioannes de Vallecampi Simon de Fontinellis, Guillelmus de Viliers, Nicolaus de Brifiaco... 1202. mense Martio.

3. Ego Blancha Comitissa Trecēsis Palatina, Notum facio... quod dilectus & fidelis meus Ioannes de Montemirabili, laude & voluntate vxoris suæ Heluidis in eleemosynam dedit Deo & Ecclesiæ B. Mariæ de Cantiprato sex Carrugias terræ.... actum apud Meld. an. Dom. 1202. Mense Martio datum per manum Galteri Cancellarij.

4. Ie Mahius Sire de Montmirel & d'Oisy, Chastellain de Cambray fais sçauoir .... que pour le remede de m'ame & de mes antecesseurs & successeurs, ay donné en aumosne perpetuelle ez Hermites du bois de Beaumont lez Montmirel, vint arpens de bois ... Ie veux que hors en auant qu'ils vsent de leur vsage qu'ils ont en mes bois, en la maniere que les letres qu'ils ont de Monsieur mon chier Pere portoient .. Ce fut fait l'an de l'Incarnation de nostre Seigneur 1268. alias 1267. ou mois de Decembre.

Chartes du Prieuré nostre Dame du Charme de l'Ordre de Fonteurault, pour la maison d'Oisy & de Montmirel.

1. Notum sit omnibus tam præsentibus quàm futuris, quoniam ego Hugo

Meldensis Vicecomes concedo & laudo eleemosynam, quam Dominus Andreas de Firmitate Gaucherij dedit Deo, & sanctimonialibus de Carmo pro anima Hildiardis vxoris suæ, sororis meæ, scilicet vnū modium vini apud Bouolium, qui erant de hæreditate mea. Testes sunt Dominus Niuardus de Cameniaco, Hugo de Lambris, Petrus de Coscherel, Aladus de Cicurte qui tempore illo Senescallus erat de Wandelud.... *sans date, en l'original mesme, le seau cousu dans du parchemin & apparemment rompu.*

2. Ego Ioannes Montismirabilis Dominus omnibus... Notum facio quod Isabella la Ferrée de sacto Aniano assensu meo & Heluidis vxoris meæ & hæredum meorum dedit & concessit pro remedio animæ suæ, & suorum, Ecclesiæ de Carmo quatuor sextarios bladi in terragio de sancto Aniano... Quod vt ratum... Huius rei testes sunt, Simon prædictæ Isabellæ maritus, Renaudus de Bergeriis, Hugo Castri Theodorici Vicecomes... an. 1202. *seel cousu & rompu comme deuant.*

3. Ego Heluidis Montis mirabilis Do-

mina.... 1215. menſe Octobri.

4. Ego Ioannes Comes Carnotenſis, Montiſmirelli & Oyſiaci Dominus, Notum facio... quod cariſſimus conſanguineus meus, Milo Dominus Noeriorum dedit in perpetuam eleemoſynam ſanctimonialibus de Charmo quadragines ſolidos annui redditus in cenſibus ſuis de Hertonger... ego de cuius feodo eleemoſyna illa mouet, laudaui..., 1225. *Du Chartrier.*

5. Ego Ioan. Dominus Oyſiaci & Caſtellanus Cameracenſis Notum facio... quod aſſenſu & voluntate Heluidis matris meæ, & fratris mei, ad remedium animæ meæ, & Anteceſſorum meorũ dedi Deo & Monialibus de Charmo in perpetuam eleemoſynã decimam meam de Vernolio cum accreſantijs duorum modiorum. Quod vt ratum.... Ego & mater mea ſigillorum noſtrorum munimine fecimus roborari,... 1224. menſe Septembri. *Du Chartrier.*

6. Ego Ioan. Comes Carnotenſ. Montiſmirelli & Oyſiaci Dominus...dedi monialibus de Charmo decem libras annui redditus in Winagio de Markiõ... 1225.

mense Februar. *grand seel cousu comme les precedens.*

7. Omnibus præsentes literas inspecturis, Magister Ioannes de Thorota Canonius & Officialis Suessionensis... inspeximus literas bonæ memoriæ Nobilis viri Ioannis quondam Domini Montismirabilis sub sigillo eiusdem non cancellatas, non abolitas... In nomine S. & Indiuid. Trinit. Amen. Notum sit omnibus, tam futuris, quàm præsentibus, quod ego Ioannes Montismirabilis Dominus, assensu Heluidis vxoris meæ ob remedium animæ meæ, & antecessorum meorum donaui sanctimonialibus de Charmo quadraginta solidos in perpetuam eleemosynam absque aliqua iustitia videlicet de parte mea prouentuum grueriæ pro pitantia prædictis Monialibus emenda in Purificatione Beatę Mariæ singulis annis persoluendos per manum famuli mei qui illos recipiet & reddet annuatim. Quoties autem famulus meus præassignatos quadraginta solidos die cõstituto Monialibus nõ reddiderit, quinq; solidos eis pro lege dabit. . actum

anno Dom. 1202. In cuius rei testimonium præsenti transcripto... an. Dom. 1268.

8. Ego Heluidis Montismirabilis Domina... quod Radulphus cognométo le Wandres, de assensu & voluntate mea & Ioannis filij mei in, perpetuam eleemosynã donauit B. Mariæ de Carmo... vnum modium bladij Hyemalis Motteangij in terragio suo de Cariaco quod de me mouet... Huius vero donationis testes sunt Carricus eiusdem Ecclesiæ Capellanus, Alardus miles de Sausiaco, Hugo miles Courobert, Calceius Notarius. Quoniam igitur hæc donatio coram me fuit facta, eam laudaui, approbaui, & in testimonium & garantiam, præsentem cartulam fieri conscribi, & sigillo meo confirmaui. Actum est hoc anno gratiæ 1213. mense Octob.

Chartes & donations tirées des Archiues de l'Abbaye d'Essomes, diocese de Soissons.

Tiltre de Geofroy Vicomte de la Ferté-Aucoul, & de Simon d'Oisy & d'Ade sa femme, ses heritiers.

1. Quoniam in hac vita vnicuique de salute animæ suæ prouidere necesse est, Gaufridus Vicecomes Feritatis Auculfi pro redemptione animæ suæ, antecessorúmque suorum remisit Sosmensi Ecclesiæ in perpetuum, totum illud quod sibi singulis annis debebatur apud Bonnellium pro his quæ Constantij erant. Quæ eadem Ecclesia ipso Constantio pro salute animæ suæ donante possidet; consentiente in hoc Constantia Vicecomitissa vxore sua, & eorumdem filio Petro. Hoc vero vt ad successorum suorum notitiam perueniret, atque per totam eorum successionem ratum permaneret, literis suis & quorumdam legitimorum virorum testimonio quia sigillo carebat, confirmare curauit. Quorum nomina sunt hæc. Odo de Carliaco, Berardus miles filius Hugonis de Feritate, Odo de sancta Alda, Clemens præpositus, Paganus Mosterellus, & alij quamplures. Quia vero quidam maligni, atque per-

uersi, cupiditatis atque odij veneno cæcati, tam liberalem tamque beniuolam largitionem caſſare impiè moliebantur, ne quis deinceps temerario auſu contra illud, vel mutire aliquid præſumeret, *Simon de Oyſiaco Vicecomes*, qui in loco prædicti Gaufridi Vicecomitis ſucceſſit. Et Ada vxor Simonis filia Gaufridi, Guillelmi Abbatis, tunc temporis precibus benigne acquieſcentes, ſigilli ſui munitione in perpetuum hoc donum firmum eſſe voluerunt. Huius rei teſtes ſunt, Albericus de Vlcheio, Matthæus Lotharingus, Giſlebertus de Domno Medardo, Guido Præpoſitus, Robertus Teleonarius, & Ioannes frater eius, Radulfus priuignus præfati Guidonis. Acta ſunt hæc anno Incarnati Verbi, milleſimo centeſimo quinquageſimo ſecundo, Regnante Ludouico Iuniore, Teobaldo Comite. Anno eodem Ioſlenus Sueſſionenſis Epiſcopus raptus de medio in pace quieuit.

du B. Jean de Montmirel. 445

Charte d'André Seigneur de la Ferté-Gaucher.

2. In nomine S. & Ind. Trin. Patris Filij & Spiritus Sancti, Amen. Ego *Andreas Firmitatis Gaucherij* hæreditario iure protector & Dominus, subdolæ fraudis vitium damnabile fugiens..... Nouerit igitur tam modernæ generationis perdita discretio, quàm futuræ posteritatis propagãda successio, quamdam altercationis controuersiam dudum fuisse exortam inter me, & domnum Gauterum sancti Medardi Suessionensis monachum Sosmensem præpositum, quia ipse & homines potestatis Sosmensis, quicquid nemorum sancti Medardi antiquitus fuerat aratum, vel pratis accommodatum, & in terram arabilem & pratorum herbositatem iterum redigebant, absque meo nutu, sub cuius ditione erat, & ad cuius grueriam pertinebat. Facta est tandem inter nos bonæ pacis firma concordia. Tunc quoque concessi & in æuum

possidendum confirmaui Domno Gaufrido Pruuinenſi Soſmēſis Ecclesiæ Abbati, quod ipſe, itidem & ſui de Nemore Trianguli ſuæ terræ continuarent quod ſibi vendicauerant, & agriculturæ & pratis commodauerant, datis inde mihi de facultate Ecclesiæ XL. ſolidis. Metas etiam illis impoſui, quas minimè liceret tranſgredi. Vir autem ille prouidus Eccleſiæ ſuæ multùm inuigilans vtilitatibus, dolens adhuc fines ſuos coartari, & vlteriùs iam non poſſe dilatari, doctum ſuper hoc excogitauit conſilium. Quapropter adijt prædictū Gauterum monachum, diligenter efflagitans quatenus prædicti nemoris quantum inter ſe determinatè competeret, caritatiuè ſibi concederet. Conceſſit, & ſpatium quoque metis impoſitis determinauit. Lætus igitur Abbas efficitur. Deinde amicorum fretus auxilijs, mihi rem ipſam conſequenter retulit, iuſtum ſe daturum promittens pretium, ſi meum præberem aſſenſum. Renuere non potui multorum coarctatus precibus. Præcepi ergo Stephanum præpoſitū meum, & quoſdam alios clientes meos quantitatem terræ diligenter infpicere, metas competentibus locis ponere, omnia mihi referre. Imperata iuffi fecere. Affuit iterum Abbas, coram me conftituto die cœptum confummauit negotium. Tunc multis præfentibus probis & legitimis viris, quicquid infra ambitum metarum priorum & fequentium continetur, Ecclefiæ deinceps liberè poffidendum libenter conceffi, laudaui, & contra aduerfantium calumnias refutandas, figilli mei protectione præmuniui. Qua de re prædictus Abbas centum mihi folidos tribuit. Laudauit illud idem Hildeardis vxor mea & confirmauit; ob cuius laudis & confirmationis memoriam & teftimonium xv. folidos habuit. Affuerunt autem ex parte mea teftes legitimi, Robertus Capellanus meus, Radulfus Sacerdos de Curbuin, Guillelmus Miles de Campo-lucenti, & Habranus frater eius, Haymericus miles, Stephanus præpofitus meus, Hugo maior meus de Romenio, Guido de Moncherel. Ex parte vero Ecclefiæ, Domnus Manerius Decanus, Radulfus de Poncello Sacerdos Caziaci.... Oylardus Cliens Ecclesiæ. Odo de Mongirardo. acta sunt hæc Dom. Incarn. an. 1169. Sanctæ & Summæ Apostolicæ sedis Romanæ Vrbis apicem Deo dispensante, Alexandro Papa III. sancte & fideliter gubernante, Ludouico Francorum Regum nobiliter & quiete moderante: Henrico eiusdem Regis fratre Ecclesiæ Remensis Metropolis Cathedræ præsidente. Guillelmo quoque Theobaudi Comitis filio Ecclesiæ Senonensis Archiepiscopo nuper consecrato. Suessionensis verò Ecclesiæ Episcopatum amministrante Hugone Regis Cancellario, Meldensis autem Ecclesiæ Stephano Parisiensi Episcopo existente, Henrico Trecensium Comite Palatino Principatum suum.... & liberaliter dispensante.

Charte du B. Iean Seigneur de Montmirel & d'Oisy.

3. Ego Ioannes Montis mirabilis Dom. ... quod in territorio meo de Gelesches de quibusdam exertatis ad culturam redactis partem decimæ ad ius Ecclesiæ Sosmensis pertinentem, quibusdam mihi suggerentibus ad ius meum pertinere
per

per annum tenui in saisina. Postmodum verò facta deliberatione à senioribus illius patriæ magis disertis rei veritate inquisitâ, eiusdem decimam præfatæ Ecclesiæ reddidi, & cum vxore mea Heluide concessi in eleemosynam, & laudaui libere & absolutè saluo iure aliarum Ecclesiarum in perpetuum possidendam. Et vt magis ratum haberetur, nec res ad litigium deueniret, excommunicatione præmissa & iuramenti distinctione, testimonio testatorum approbato supra metas, & locorum conterminia quibus partes Ecclesiæ diuiduntur, certis metis feci limitari terram. Prædictam itaque decimam, & ego, & successores mei contra violentiam, Sosmensi Ecclesiæ obtinendam iure tuebimur, & quicquid infra metas continetur, vel est, vel erit ad culturam redactum, eiusdem Sosmensi Ecclesiæ decima persoluetur. Quod vt ratum .. .. corroboro; deinde ex parte mea testes introduco, Reinaldum militem de Bergieres, Rainaldum militem de Valle-campi, & Domnum Ausoldum, & Stephanū præpositum de Chaueron, Radulfum de Curia Dominici. Nicolaum de Villa fontis, Doonem Sacerdotem de Condé, cum suis Capellanis Radulfo & Guitero. Ex parte Abbatis Gaufridi, Hugonem Canonicum Sacerdotem de sancto Martino, Petrum de Brumets Capellanum Abbatis.... Actum est hoc anno ab Incarnat. Dom. 1194.

Chartes de Matthieu Seigneur de Montmirel & d'Oisy.

4. Ie Mahieu Sire de Montmirel & d'Oisy & Chastellains de Cambray, fais sçauoir.... pour le remede de m'ame, & de mes deuanciers.... & du consentement Isabeau ma femme, ay donné en aumosne perpetuellement à l'Eglise d'Essome dix liurées de terre, à prensur la foire de sainct Berthelemy chacun an... l'an de grace mil deux cens soixante & vn, au mois de Decembre. Vidimus de Frere Iean Danizy Prieur du Chasteau de Chasteau-Thiery, Garde du seel de la Preuosté dudit lieu, pour Madame la Reine Ieanne Reine de France & de Nauarre.... mil trois cens trente sept.

Charte de Thibaud Roy de Nauarre & Comte de Champagne.

5. Nos Theobaldus Dei gratia Rex Nauarræ, Campaniæ & Briæ Comes Palatinus, Vniuersis... Notum facimus quod cùm felicis recordationis consanguineus noster carissimus Matthæus quondam Montis mirabilis & Oysiaci Dominus pro remedio animæ suæ... dedit & concessit in puram & perpetuam eleemosynam Ecclesiæ Sosmensi decem libratas terræ percipiendas singulis annis super nundinas sancti Bartholomæi, & tres modios bladi Hyemalis percipiendos singulis annis intra festum Beati Martini Hyemalis super terragia de Hartonges, & de Villa ad Nemus. Nos prædicta omnia de feodo nostro mouentia ob salutem & remedium animæ nostræ... Sigilli nostri munimine facimus roborari. Actum per nos apud Castrum Theodoricum proxima die Dominica post Inuentionem sanctæ Crucis, anno Dom. 1263. Nota Adonis de Castro Theodorico.

Extraict des Chartes de l'Abbaye de Lagny, par la faueur du sieur Guerin, Docteur en Medecine à Lagny sur Marne.

Charte de Henry Comte de Troye, donnant les marets de Leschis à l'Abbaye de sainct Pierre de Lagny.

1. Henricus Trecensis Comes.... Notum .... maresium de Leschis ... Testes Theobaldus Comes Blesensis & Gulielmus fratres mei. *Simon de Oysiaco*, Ansellus de Triangulo, Raherius de Lisiaco... Datum Latigniaci anno Inc. Dom. 1163. Ludouico Rege Regnante, Mauritio Episcopo Parisijs existente, Meldis per manum Guillelmi Cancellarij. Guido Notarius scripsit.

Du mesme pour l'Anniuersaire du Comte Thibaud son pere.

2. Henricus Trecensis Comes... assensu matris meæ Mathildis Blesensis Comitissæ, & fratrum meorum, videlicet

Theobáldi Blesensis Comitis & Stephani & Guillelmi Clerici... quod ibidem contigit Theobaldum Patrem & obijsse, & sedere, & per magnam reuerentiam digne sepultum fuisse, pro quorum remuneratione beneficiorum.... *Il leur fait beaucoup de biens*... Testes, Manasses Meldensis Episcopus, Lambertus Abbas S. Faronis, Godefridus Abbas de Castro Theodorici, Elias Abbas S. Mariæ de Cagia, Theobaudus Abbas de Calmis, Godefridus Abbas eiusdem Ecclesiæ (Latigniac.) Hugo decanus Meldensis. ... De laicis, Ebrardus de Puteolo consanguineus meus, *Galterius de Monte Mirabili*, Iosællinus de Alnello, Ausericus de Monte-Regali, Renaldus de Pompona & Ioannes frater eius... Actum est hoc Pruuini Castro, an. ab Incar. Dom. 1152. Ludouico Rege Regnante, & Theobaldo Paris. Episcopo existente. Manu Guillelmi Cancellarij tradita est.

Notice de la Remise de la Seneschaussée de Lagny que fit Guy le Descousu Seneschal de Lagny.

3. In præsentia Radulfi Abbatis Guido

Diffutus pro famulatu fui Dapiferatus panem & vinum, & quæcumque intra villam & extra, de Ecclesia sancti Petri Latigniac ... homóque Abbatis remansit in perpetuum ... Testes imprimis ipse Comes Theobaudus, Andreas de Baldimento, *Andreas de Firmitate Gaucherÿ*, Milo de Pompona ... 1132. Regnante Ludouico Rege Franc.

Charte d'André de Baudemont sieur de Braine.

4. Notum sit omnibus...quod Andreas de Baldimento apud castrum quod dicitur Pons, reliquit Ecclesiæ S. Petri Latigniac. Viginti modios vini quos pro feodo se iniustè tenuisse recognouit .... factum est in præsentia Comitis Theobaudi ... Tempore Radulphi Abbatis Latigniac. Coram Gaufrido Carnotensi Episcopo, qui tunc temporis in Occidentalibus partibus Legationis fungebatur officio... Testes Hugo Abbas de Pontiniaco .... *Andreas Miles de Feritate Galcherÿ* ... Albertus Miles de Domno Martino ... Actum est an. ab Inc. Dom. 1132. regnante Ludouico Rege Franco-

rum. Radulfus Capellanus Comitis Theobaldi sigillauit.

Extraict des Chartes de Cerfroy, Chef d'Ordre de la Redemption des Captifs, en Brie.

Donation que sainct Iean de Montmirel fait aux Religieux de Cerfroy.

1. Ego Ioan. de Monte-mirabili Dominus Oysiaci Notum facio... fratribus sanctæ Trinitatis de Ceruo frigido concessi... illos viginti arpentos nemoris quos M. Comitissa Burgundiæ eis priùs dederat, in eo loco videlicet in quo prædicti fratres primitus resederũt; & vnum arpentum prati apud Brumets in loco, qui dicitur Creuecœur, & circiter totum marchium quod ad me pertinet in eo loco qui dicitur Valendois, & totum lariscum vsque ad magnam viam. Quæ eleemosyna... Testibus Domno Adam Capellano, Dom. Galtero Clerico. Dom. Anserico milite de Meigenes. Actum est anno gratiæ 1212. mense Martio.

Donation de Matthieu de Montmirel au mesme lieu.

2. Ego Matthæus Montismirelli & Oysiaci Dominus Notum... quod ego pro remedio... fratribus de Trinitate commorantibus apud Cerfroy dedi... donatione inter viuos quadraginta arpenta nemoris mei de Cerfroy propinquioris eisdem fratribus.... obligo successores meos.... Quod vtratum... anno Dom. 1253. mense Sept.

Extraict des Archiues de l'Abbaye de nostre Dame de Long-pont, où S. Iean de Montmirel est inhumé.

Donation de Iean Seigneur de Montmirel, depuis Comte de Chartres.

1. Ego Ioannes Montismirelli Dominus & Oysiaci Notum facio... pro remedio animæ meæ, & pro anima patris mei.. domum vnam acquirere extra muros de Wandelus ad reponendam decimam suam & auenam... habere in ipsa domo seruientem proprium non vxora-

du B. Jean de Montmirel. 457

tum, sed viuentem de proprio eorum, omnino immunem à tallia & corueia, & omni exactione. Quod vt ratum... actum anno gratiæ 1218. *Auec vn seau pendant à lacs de soye, où est la figure d'vn Caualier armé, tenant de la main droite vne espée, de la gauche vn escuçon chargé d'vn lion rampant, qui sont les armes paternelles du Seigneur de Montmirel; au tour du seau,* Sigillum Ioannis Montismirabilis & Oysiaci Domini: *Et de l'autre costé pour le contreseel, est vn escuçon chargé de trois faces; autour duquel est escrit,* & Castellani Cameraci.

Autre Charte du mesme.

1. Ego Ioannes de Monte mirabili, Dominus de Oysiaco omnibus... cum diu fuisset controuersia inter me ex vna parte, & fratres Longipontis ex altera super quadam domo quam habebant in Castro de Wandelus, & super stallis, censu, hostisijs, gallinis & fracijs & terragijs quæ fuerunt Odonis le Pot in eodē Castro, & in villa de Villers le Roast; Tandem de communi consensu conuenit... concessi prædictis fratribus duodecim modios frumenti ad mensuram de

Wandeluz sani & laudabilis.... si vero contigerit prædictum frumentum prædicto modo non reddi de grangia de Iehegnes, seu de minagio (de Wandelus) Episcopus Meldensis terram supponet interdicto donec.... Et Matthæus quoque frater meus hoc totum laudauit, & fide interposita firmiter tenendum promisit. Quod vt ratum ... Actum anno Dom. millesimo ducentesimo octauo decimo. Mense Aprili.

Donation d'Ade Vicomtesse de Meaux.

2. Notum... quod ego Ada Meldensis Vicecomitissa, dedi pro salute animæ meæ & Simonis mariti mei... quicquid ad Cortabon ex emptione matris meæ possidebam...Monachis de Longoponte assensu, & laude Hugonis de Ausiaco filij mei... Quod vt ratum ... Sigillorum nostrorum.... Huius verò rei testes sunt Albericus de Vehia, Bartholomæus filius eius Goffridus Broslardus, Bisellus Dapifer, Robertus Præpositus Rad. de Wandel. Hugo de Tancro, Arnulfus de Tancro Stephanus Gauis.... *Deux seaux pendans à deux couroyes de cuir blanc; le pre-*

mier, qui deuoit estre de Hugues d'Oisy, est perdu: Le second, est d'vne Dame debout, tenant sur son poing vn oiseau; Au tour quelques lettres rompuës.

Consentement de Iean Comte de Chartres, & de Matthieu Comte de la Ferté-Gaucher, pour vne donation faite à Long-pont.

3. Nos Ioannes Comes Carnotensis, Montismirabilis & Oysiaci Dominus, & Matthæus de Montemirabili Feritatis Galcherij Dominus .... Notum ... quod Adam Bordon ... se concessisse Ecclesiæ Longipontis viginti libratas terræ Pruuinensis monetæ... Actum anno Dom. millesimo ducentesimo trigesimo sexto, mense Martio.

Donation de Matthieu Seigneur de Montmirel & d'Oisy.

4. Ego Matthæus Montism. & Oysiaci Dom. Notū ... dedi .. Ecclesiæ B. Mariæ de Longoponte ... tresdecim libras fortium annui redditus pro quodam cereo qui ardebit nocte diéq; in perpetuū

coram tumba Kariſſimi Domini & Patris mei Ioannis quondam Domini de Mirabili accipiendas annuatim in pedagio meo de Tremis infra Feſtum Omnium Sanctorum... Volo etiam & præcipio quod quicumque dictum pedagium noſtrum tenebit, quod dictos denarios dictæ Abbatiæ dicto termino annuatim perſoluat, ſine alicuius expectatione mandati... quod reddat dictæ Abbatiæ pro qualibet die qua in mora ſoluendi dictos denarios poſt dictum terminum fuerit quinque ſolidos fortium pro pœna... & ad hæc & omnia & ſingula ſupradicta firmiter tenenda, me, mea, & ſucceſſores meos obligo. In cuius rei teſtimonium.... datum anno Dom. 1252. menſe Iunio. *Vn ſeau de cire verte pendant à vn lacs de ſoye rouge, où eſt vn Caualier armé comme deſſus, auec le meſme contreſeel auſſi, & l'inſcription ſemblable, excepté du nom propre de Matthieu.*

Autre du meſme Seigneur.

5. Ego Matthæus.... Notum... quod ego... dedi in puram & perpetuam eleemoſynam... Conuentui Longipontis..

du B. Jean de Montmitel.

pro pitancia ipsius Cōuentus in die Annunciationis Dominicæ, decem libras Pruuin. monetæ annui redditus octauo die ante dictam Annunciationem in pedagio meo Firmitatis Auculfi... pro pœna dilationis duos solidos eiusdem monetæ soluere teneatur... in cuius rei testimonium.... actum anno Dom. 1241. mense Aprili... *Vn beau seau & bien entier, pareil à celuy que dessus : & le contreseel de Cambray.*

6. Ego Matthæus Montismirelli & Oysiaci Dominus Cameracensisq; Castellanus.... Nouerint vniuersi.... dilectis meis in Christo Abbati & Conuentui Longipontis eleemosynas factas eisdem ...prout in literis meis & bonæ memorię Karissimi fratris mei Ioannis quondam Comitis Carnotensis continetur ... datum an. Dom. 1257. mense Iulio. *Seau comme dessus, & le contreseel aussi de Cambray.*

7. *Mahieus Sires de Montmirel & d'Oysi, & Chastellains de Cambray... fais sauoir.... donné à l'Eglise de Long-pont treize liurées de rente, pour vn cierge soignir, qui ardra tousjours mes nuit & iour deuant le grant Autel*

noſtre Dame de Long-pont, & deuant la tombe de Monſeigneur mon Pere : Et vint liurées rente auſint por vne Chapelerie que i'ay fondée ſur la porte... ſuz ma granche de Haraincourt... 1261. ou mois de Decembre. Seel & contreſeel comme deſſus.

Tiltres de Marie de Montmirel Dame de Coucy, Montmirel, &c.

8. Ie Marie Dame de la Fere & de ſainct Gobain à ceux qui ces preſentes verront ſalut en noſtre Seignor. Comme pour le ſalut & la ſeurté de m'ame, & por l'amor & la noble recordance dou bon Iean mon ſainct Pere de cuy ly corps giſt honorablement dedans le monſtier de Long-pont l'eus aye requis deuotement & humblement à l'Abbé & au Conuent de Long-pont ma ſepoulture en leur maiſon, ſçache tuit que ly Abbé & ly Conuent dedit eſgardant la bonne volenté que i'ay enuers eux, & enuers leur Egliſe por les raiſons deuant dites debonnairement liément & doucement m'ont oćtroyé ma ſepoltoure leur tres-grand mercy en leur Egliſe preſent Chapitre le Conuent le ior que ie leur requis ma ſepoltoure en propre perſonne. Ce fut faićt l'an de l'Incarnation Noſtre Seigneur

mil deux cens soixante & vnze, le Venredy apres les Octaues sainct Pierre, sainct Pol Apostres ; & por ce que ce soit ferme chose .... vn seau pendant à lacs de soye : la figure d'vne Dame debout, qui de la main gauche tient vn oiseau, & de la droicte vne fleur de lys : auec le Contre-seel de Coucy.

9. Ie Marie, Dame de la Fere .... deux cens liures tournois, pour acheter dix liures de rente pour mon Anniuersaire chacun an .... quinze liures à prendre à Conde en Brie .... treize liures, pour vn cierge qui ardra deuant le grand Autel de Long-pont, à touiours/mes .... l'an mil deux cens soixante & douze, mois d'Aoust. Vn seau pareil à celuy que dessus.

Tiltres d'Enguerrand de Coucy, troisiesme du nom, petit fils de sainct Iean de Montmirel.

10. Ie Eniourrans Sires de Coucy, de Montmirail & de Oisy .... sçachent tuit que ie pour le remede de m'ame .... & pour l'amour que i'ay à l'Abbé & au Conuent de nostre Dame Lon-pont ... conferme touts les

biens, tous les dons, toutes les graces, & toutes les aumosnes que my ancesseurs... C'est à sçauoir cent sols parisis chacun an lendemain de la Circoncision nostre Seigneur, seur mes vinages de Monciaux, & de la Fere de l'aumosne le Comte Robert & la Comtesse Yolent sa femme... sept liures de tournois chacun an, sept iours deuant la feste nostre Dame en Mars, à la Ferté Aucoul: trente trois liures... à la sainct Iean Baptiste, sur mes granges de Oisy & de Haucaincourt, pour vn cierge qui ard nuit & iour deuant la sepouture sainct Iean: Et pour vne chapelerie de l'aumosne Monseigneur Mahiu mon oncle, iadis Seigneur de Montmirel, & quinze liures de tournois chacun an à Condé en Brie, à la Feste de Toussaincts, de l'aumosne de bonne memoire Madame Marie ma chiere mere... Ce fut fait en l'an de l'Incarnation nostre Seigneur 1277. ou mois d'Auril. Vn beau seel pendant à lacs de soye, ayant empreint vn Caualier armé comme dessus, qui porte en son escuçon les armes de Coucy, aussi bien qu'en l'habillement du Cheual; au contreseel, sur l'escuçon de Coucy est vn Chasteau.

II. Ie Enioirans Sires de Coucy, de Montmirail & d'Oisy.... pour le mesme suiect que dessus... 1310.

― du B. Jean de Montmirel. 465

12. *Isabeau de sainct Pol Dame de Coucy & d'Oisy .... pour le payement de deux années 1347. 1348. des donations & aumosnes assignées sur les deux granges de Hataincourt & Oisy .... l'an de nostre Seigneur 1348.*

Charte de Simon d'Oisy Chastellain de Cambray, & de sa femme, & de Vicomtesse de Meaux.

13. In nomine sanctæ & Indiuiduæ Trinit. Ego Simon Cameracensis Castell. & Ada vxor mea ... Quoniam habitus mũdi huius præterit.... concessimus Ordini Cisterciensi in sempiternum, vt omnem terram potestatis nostræ cum pace & quiete intrent & exeant à peagio & vinagio omnino liberi.... nulla ab eis fiat exactio, nulla consuetudo requiratur de illis duntaxat rebus, quas ad proprios vsus suos, & necessitates Monasteriorum suorum dixerint se portare, vel ducere. Sciant etiam omnes quod filius noster Hugo gratanter hoc nobiscum concessit in manu Domini Nicolai Cameracensis Episcopi. Eapropter desideramus & petimus, vt & nos & successores nostri cum antecessoribus nostris sus-

cipiamur in orationibus Ordinis plurimùm nobis dilecti, & participes simus desiderabilium bonorum, quæ in vniuersis exercentur coenobijs. Vt autem eleemosyna nostra apud successores nostros stabilis & illibata semper maneat, Ego & Vxor mea præsens scriptum sigillorum nostrorum impressione signauimus & credibilium virorum testimonio, qui subtus annotati sunt diligenter eam roborare curauimus. Testes Domnus Nicolaus Cameracensis Episcopus, per cuius manum hoc factum est, Anselmus de Chimai, Egidius de Businiis, Adam de Wallencurth, Hugo de Lambies, Walterus Brisepot, Landrius de Gulesin. Actum anno Incarnati Verbi 1165. *Au bout de la Charte sont les deux seaux entiers.*

ABREGÉ DE LA FONDATION ET CHOSES MEMOrables de l'Abbaye nostre Dame de Long-pont, Ordre de Cisteaux, diocese de Soissons.

LONG-PONT l'vne des plus belles & celebres Abbayes de l'Ordre de Cisteaux, anciennement estoit vn fief, village, & parroisse : Le fief & le village appartenoient à vn Seigneur nommé Gerard de Cherisy, la paroisse, & les droicts Curiaux à l'Euesque, au Preuost & grand Archidiacre de Soissons, dont s'estoient emparé quelques seculiers, & le village presque tout ruiné & desert par les miseres du temps. Le tres-digne Prelat Ioslin estant lors Euesque dudit Soissons, par son authorité & vigilance le remist en ses droits, & touché de l'odeur de la saincteté & feruer de l'Ordre sacré de Cisteaux l'an mil cent trente & vn, l'an sixiesme de son Episcopat, & l'année mesme que le Roy Louys le Ieune fut sacré à Rheims par le Pape Innocent 2. lors du Concile, se transporta à Cleruaux, où il demanda & prit de la main du grand S. Bernard lors Abbé dudit lieu, vn Abbé & des Religieux qu'il amena audit Long-pont, & le fonda en Abbaye, laquelle auec l'aduis & le consentement du Preuost de l'Eglise Cathedrale de Soissons nommé Arnoul, ou Ancoul, & Niuelon Archidiacre, il exempta de toute iurisdiction des Ordinaires, de toutes dismes & autres semblables redeuances, & luy donna le labeur de deux charruës à vne ferme nommée Morambœuf, auec plusieurs autres graces & priuileges qu'il fit aggréer par le Chapitre de S. Geruais dudit Soissons, & confirmer l'année suiuante 1132. par le Synode entier. Il procura aussi que ledit sieur Gerard de Cherisi donnast tous les droits & possessions qu'il auoit audit Long-pont sans reserue quelconque, & que beaucoup d'autres personnes laissassent par aumosne ce qu'ils auoient tant au tour dudit lieu qu'ailleurs, pour accommoder ladite Abbaye; ainsi qu'il se void par plusieurs Chartes.

L'an 1133. la semaine de la Pentecoste, les Estats generaux de France estants assemblez à Soissons, où les Rois Louys le Gros, & Louys son fils regnants paisiblement ensemble auec la Reine Adelle ou Alix, & tous les Princes & Seigneurs se trouuerent, fut confirmée solemnellemét la fondation de ladite Abbaye, & toutes ses immunitez, franchises, priuileges, biens donnez & a donner; ainsi qu'il ap-

de l'Abbaye de Long-pont. 469

pert par vn double de Charte authentique de ladite année signée des deux Rois pere & fils, & de ladite Reine Adelle.

Tost apres Dieu suscita Raoul le vieil Comte de Vermandois, Seneschal de France, Prince du sang Royal, fils de Hugues le grand, qui estoit fils de Henry premier, frere de Philippes 1. & oncle de Louys le Gros, tous Rois de France à faire bastir la belle Eglise, & autres riches edifices que l'on void encore auiourd'huy audit Long-pont, & à luy leguer deux des plus belles fermes de son Comté de Vermandois nommé Hidonual & Tronquoy, & de beaux droicts sur la forest de Reths. De sorte que c'est à iuste tiltre qu'il se qualifie luy-mesme fondateur de cette noble maison en deux de ses Chartes. Son frere Simon de Vermãdois Euesque de Noyon, *fondateur d'Ours-camps*: Comme aussi ses enfans Raoul le Ieune, Isabeau & Elienor contribuerent beaucoup à l'amplification du bien de cette maison, confirmans les donations de leur pere, & en faisant de nouuelles, sur tout la pieuse Elienor, ainsi qu'il appert par leurs Chartes.

Vn bon & charitable Prestre Chanoine de S. Geruais de Soissons nommé Renauld, l'an 1143. donna vne maison size à Presles, auec vne vigne & le pressoir, & cinq belles cuues ou tonnes, chacune tenant cent muids: & autres choses necessaires à vendange. Cette donation fut agreée expressemét par S. Bernard,

Gg iij

& confirmée par ledit Reuerendiss. Ioslin Euesque au Chapitre mesme dudit Long-pont, l'an 1148. ainsi qu'il appert par vne Charte dud. an, signée de luy, de deux Archidiacres, du Preuost & Doyen, du Chapitre de S. Geruais, de l'Abbé S. Crepin, de l'Abbé de Long-pont Godefroy, & de Hugues premier Abbé encore viuant.

Les Euesques aussi de Senlis, specialement Pierre, Thibaut, Amalric, & Henry, auec tout le Chapitre dud. lieu, confirmans la susdite donatiō, ont pareillemēt aumosné tous les droicts & biens qu'ils auoient en ce lieu, & és enuirōs de Presles, se reseruans quelque reconoissance.

Toutes les Communautez de Soissons, & des enuirons ont à l'enuy l'vn de l'autre contribué à augmenter le reuenu de ladite Abbaye, aussi bien que quantité de particuliers, soit en donnant, soit en vendant : Mais particulierement les Euesques dudit Soissons imitans la pieté de Ioslin leur predecesseur, ont monstré tousiours vne affectiō paternelle à ladite maisō.

Les Comtes pareillement dudit Soissons, & tous les Seigneurs voisins n'ont point manqué de faire paroistre leur liberalité enuers ce Sanctuaire de deuotion, notamment Yues, Raoul, & Iean 2. Contes dudit Soissons, qui ont accordé de beaux priuileges à ladite maison, ainsi qu'il appert par quātite de Chartes.

D'ailleurs, les Seigneurs de Pierrefons, nommément la tres-pieuse Dame Agathe, ont porté vne singuliere affection à ladite Abbaye, confirmans les donations faites de deux belles fermes Vauberon & Gorge: & donnans de leur part tous les droicts & biens à eux appartenans en ces lieux & és enuirons.

Ie passe icy sous silence vne infinité d'autres Seigneurs, & particuliers, pour parler de nos Rois, & des souuerains Pontifes, qui ont la pluspart fait demonstration d'vn amour & bienueillance speciale à ladite Abbaye.

Tous les Rois de France depuis Louys le Gros, iusques à Louys le Iuste à present regnant, ont mis cette S. maison, & ses appartenances sous leur protection & sauuegarde, l'ont exéptée de tout peage & autres exactiõs par tout le Royaume, l'ont gratifiée de leurs Royales liberalitez, l'ont tousiours tenüe & recognüe de fondation Royale, & mesme quelqu'vns l'ont honorée de la presence de leurs Majestés, nommement S. Louys & Philippes le Long.

Les Papes semblablement ont dés le cõmencemét de la fondatiõ mis cette maison, & toutes ses appartenáces sous la protectiõ du S. Siege Apost. particulieremét Innoc. 2. & Eugene 3. disciples & Relig. de S. Bern. ainsi qu'il apert par leurs Bulles, celle d'Innocét en datte de l'an 1141. le 12. an de son Pontificat, signée de luy, de 8. Cardinaux & 3. Euesques, par laquelle il confirme toutes les donations, exéptions, & priuileges dõnez & à dõner à lad. Abbaye, & celle d'Eugene en datte de l'an 1148. signée pareillement de luy, de huict Cardinaux, & d'vn Euesque, par laquelle il met ledit Monastere en la protection du sainct Siege, & confirme en general, & en particulier tous les biens & donations faites depuis la fondation iusques à ce temps, y specifiant le lieu de Long-pont, auec tous ses droits & possessions, les terres de la grange, les bois & pasturages iusques au haut de la montagne du costé de Vioulaines, Presles, Morambœuf, Parcy, la Gorge, Heronual, Marimont, Demenrart auec touts leurs droicts & dependances, droict de pesche en la riuiere de Somme, les exemptions données par le Comte de Vermandois & Enguerrand de Coucy, & franchises de dismes.

Bref cette saincte maison riche de toutes façons paroissoit en ce premier siecle comme vn Paradis de delices, habitée d'vne grande multitude de bons Religieux, qui viuoient comme des Anges terrestres, ou plustost des hommes celestes, entre lesquels ont excellé trois grands personnages, sçauoir le B. S. Iean de Montmirel, dont cy-dessus la vie est amplement descrite, le B. Gregoire, Vidame de Plaisance, & Pierre le venerable Chantre de nostre Dame de Paris : qui, selon la remarque du docte Claude Robert, en son liure intitulé *Gallia Christiana*, estoit vn des plus signalez de son temps en science & en probité, dont il faisoit bonne part à ses escholiers, & estant esleu pour estre Euesque de Tournay, refusa humblement cette haute dignité, & se retira en ladite Abbaye (selon son ancien epitaphe) où il a confommé Religieux le reſte de ſes iours, & terminé ſa vie par vne heureuſe mort, & y eſt honorablement enſepulturé en vn monumét creuſé dans le mur de l'Egliſe, en dedans le grand Cloiſtre tout prez de la porte de ladite Egliſe à main droite en entrant. Ce pieux Docteur a eſcrit quantité de liures, dont on trouue encore trois ou quatre manuſcrits dans l'anciéne Bibliotheque dudit Long-pont. On ne peut point ſçauoir au vray le temps de ſon entrée en Religion, non plus que de ſon deceds, & autres particularitez, qui s'ignorent, pareillement du B. Gregoire, lequel (ſelon l'Epitaphe graué dans ſon tombeau eminent dans l'Egliſe, du coſté de l'Epiſtre, eſtant Cheualier & Vidame de Plaiſance, laiſſa miraculeuſement, & par voye extraordinaire, ſes enfans, ſes amis, & ſes poſſeſſions pour ſe venir rendre pauure & humble Religieux en ladite Abbaye, & y a veſcu l'eſpace de vingt-cinq ans dans l'eſtroite obſeruance des auſteritez & cóſtitutions de l'Ordre, lors tres-floriſſant, auec grande feruveur & deuotion, & en fin y eſt decedé ſainctemét. Il a touſiours eſté tenu pour B. Son Epitaphe, le lieu, & la façon de ſa ſepulture ſont des preuues de ſa ſaincteté, iointe l'ancienne defenſe de l'Ordre, de ne point enterrer dans l'Egliſe, ſinon les Rois, Reines, les Eueſques, & autres Prelats Superieurs.

L'an de grace mil deux cens vingt-ſept, quatre-vingt seize ans, depuis la premiere fondation de cette maison, & cent trente cinq ans, depuis le commencement de l'Ordre, la premiere année du Pontificat de Gregoire neufiesme, Hugues huictiesme, estant lors Abbé, & ce du temps de Sainct Iean de Montmirel, l'Eglise de ladite Abbaye, & le grand Autel furent dediez à l'honneur de la tres-glorieuse Vierge Marie mere de Dieu, par le tres-digne Prelat Maistre Iacques de Bazoches Euesque de Soissons, auec de grandes pompes & solemnitez, & vn concours extraordinaire : Car le glorieux S. Louys aagé seulement de 14. ans, venant d'estre sacré à Rheims par ledit Euesque, accompagné de sa mere la Reine Blanche, & de toute la Cour, y assista par deuotion, & l'Archeuesque de Mithilene Iean, & les Euesques Milon de Beauuais, Gerard de Chartres, & Pierre de Meaux seruirent de Coadiuteurs audit Iacques Euesque de Soissons, en cette saincte action, & furent mis dans ledit grand Autel pour le moins 132. sortes de Reliques. On garde encore pour le present deux coutelas auec inscriptiõ de lettres incogneuës parmy les antiquitez de cette maison, qu'on tient par ancienne tradition auoir esté pour seruir de tesmoignage de cette honorable visite dudit S. Louis, en laquelle il est probable qu'il conceut & prit le dessein de faire bastir le celebre Monastere de Royaumont du mesme Ordre, assez prés Chantilly sur le modele dudit Long-pont,

de l'Abbaye de Long-pont. 475

attendu que l'année suiuante 1228. on en ietta les fondements.

C'est sous le regne florissant de ce S. Roy, que ladite Abbaye de Lōg-pont s'est accreüe merueilleusement, & a continué durant les regnes de Philippes le Hardy son fils, Philippes le Bel, Louys Hutin, & Philippes le Long, lequel s'estant fait sacrer à Rheims l'an 1316. vint visiter ceste saincte maisō, & y laissa vne de ses Chartes confirmante tous les biens, graces & exemptiōs de ses predecesseurs Rois, & depuis 1317. fit passer Arrest à Paris en faueur d'icelle, touchant les tresfons & droits dans la forest de Reths, contre Charles Comte de Valois, petit fils de S. Louys, qui d'ailleurs a dōné de beaux droits & priuileges dās ladite forest audit Lōgpont, ainsi qu'il se peut voir par ses Chartes.

Charles le Bel, & Philippes de Vallois ont continué l'affection de leurs predecesseurs enuers cette maisō, ainsi qu'il appert par les Chartes dudit Charles, en datte de 1322. & dud. Philippes en datte de 1348. durant les regnes desquels l'on reconnoist assez manifestement que ladite Abbaye estoit encore en son lustre & iouissante de tout son reuenu, capable de nourrir aisément 60. Religieux de Chœur, & 50. Freres Lais ou Conuers, ainsi qu'il conste par des vieux registres des années 1341.1342.1343. & vne Charte de la visite d'vn Abbé de Cleruaux nōmé Iean, en datte de l'an 1335. veille de la Purification N. D. & que mesme enuirō l'an 1360.

Il y auoit encore sept vingt Religieux en l'Abbaye, tant de Chœur que de Conuers.

Mais voicy bien du changement. Cette noble & florissante Abbaye se void presque enseuelie dans sa totale ruine sous les regnes calamiteux de Iean & Charles sixiesme, & allant de mal en pis, est contrainéte de relascher sa premiere ferueur & ses estroites obseruances par les miseres des guerres & se descharger de ses enfans, est priuée d'Abbez & Prelats Reguliers, l'an mil cinq cens trente & vn, apres en auoir iouy l'espace de quatre cens ans, perd la plus part de ses plus belles fermes, maisons, rentes & terres par alienation, ou vsurpation, & a demeuré toute languissante iusques au regne de Louys le Iuste à present regnant.

Dieu inspira fortement le Reuerend Pere Dom Iulian Vvarnier maintenant Prieur de sainct Lazare à la Ferté-Milon, lors Prieur dudit Long-pont, de s'estudier au restablissement du spirituel, & des premieres estroites obseruances de l'Ordre fort descheuës audit Long-pont: Ce qu'il commença à effectuer (apres auoir souuentefois recommandé auec larmes & prieres ce dessein à la glorieuse Vierge mere de Dieu, & à sainct Iean de Montmirel, aupres de son tombeau) le iour de sainct Bernard l'an mil six cens douze, accompagné seulement de son Superieur, & depuis ayant receu trois autres Religieux, fit auec iceux vne renouation de vœux, auec promesse expresse de pratiquer doresnauant exactement lesdites premieres & estroites obseruances de la regle de sainct Benoist, & de l'Ordre de Cisteaux, confirmans le tout auec vn acte signé de leurs mains, la veille de la feste de S. Bernard mil six cens quatorze, & le faisant aggréer & approuuer par l'authorité de feu Monsieur le Reuerend Abbé de Cleruaux Dom Denys l'Argentier de saincte & heureuse memoire, & depuis par feu d'eternelle memoire Dom Nicolas Boucherat Reuerendissime Abbé de Cisteaux: en vertu dequoy & par l'assistance speciale de la tres-saincte Vierge Marie mere de Dieu, & du glorieux S. Iean de Montmirel, iournellement inuoqué pour ce suiect, ladite estroite obseruance: nonobstant vne infinité d'obstacles & côtradictions, a tousiours subsisté & continué iusques à present en ladite Abbaye.

Reste maintenant de sçauoir les noms des Abbez qui ont gouuerné ceste maison, les sepultures qui sont restées apres tant de ruines, & aucuns des principaux droicts de cette noble Abbaye.

Quant aux Abbez, parmy beaucoup d'obscuritez que i'ay rencontré dans la recherche d'iceux: en voicy le catalogue que i'ay iugé plus conforme à la verité.

Catalogue des Abbez Reguliers de l'Abbaye de Long-pont.

1 Hugo Pipars.
2 Balduimus.
3 Godefridus.
4 Gerardus.
5 Alexander.
6 Hugo.
7 Galcherus post Abbas Cisterciensis.
8 Hugo.
9 Balduinus.
10 Hugo.
11 Robertus.
12 Adam.
13 Ioannes.
14 Ioannes.
15 Adam.
16 Nicolaus.
17 Ioannes.
18 Iacobus.
19 Adam.
20 Thomas.
21 Ioannes.
22 Egidius.
23 Petrus de Gilloturia.
24 Nicolaus de Sarcicourt. s. Clarau.
25 Robertus Religiosus Vrsicampi.
26 Iacobus Meldens.
27 Robertus Caroliloci.
28 Ioan. Desfossez.
29 Petrus d'Arragó.

Il n'y a rien de particulier à remarquer touchant les susdits Abbez, sinon de Galcherus (sous lequel a esté receu & est decedé Religieux S. Iean de Montmirel) lequel sans doute, pour ses merites a esté creu 19. Abbé de Cisteaux, & General de l'Ordre; & y a pour Eloge ce Distique.

Doctorum splendor multos superansque coaeuos,
Galterus veniens confestim transiit annos.

Pour ce qui concerne Pierre d'Arragon, nous lisons dedans l'Obitier,

Anno M. CCCCC. XXXI. IIII. Kalend. Iunij Obiit Domnus Petrus d'Arragon xxix. Abbas Longipontis. Rexit annis xvij. Vir fuit præclaræ virtutis, boni regiminis, acquisiuit suo tempore stagnum dictum la Ramée, ædificauit domum nouam Nouioni, fecit fieri locale illud in quo reponitur corpus Dominicum die S. Sacramenti Calices nouos & aulam, & hospitum cameras erexit, pluraque alia laudabiliter fecit.

Catalogues des Abbez Commendataires.

1 1532. Maistre Iean du Bellay Euesque de Paris Cardinal tit. S. Cæciliæ.
2 1545. F. Gabriel de Guseman Docteur en saincte Theologie, Espagnol de l'Ordre des Freres Prescheurs : De Commendataire prit l'habit de l'Ordre de Cisteaux.

Abregé de la fondation

3 1550. Maistre Guillaume de S. Marcel d'Anançon fils de Monsieur le President d'Ananson.

4 1565. l'Illustrissime Hypolyte Cardinal de Ferrare Archeuesque de Narbonne.

5 1573. Monsieur le Cardinal de Vendosme.

6 1279. L'Illustrissime René Cardinal de Birague Chancelier de France.

7 1587. Maistre Gaspard de Birague, fils de Messire Charles de Birague Cheualier des deux Ordres du Roy, &c.

8 1596. Maistre Nicolas Renaud Archidiacre de la Riuiere en l'Eglise de Soissons.

9 1617. Maistre François Crocquet sieur du Puituert Conseilier & Aumosnier du Roy.

10 1635. Messire Cesar d'Estrée Cheualier, fils de Messire Annibal d'Estrée Mareschal de France, &c. & de haute & puissante Dame de Bethune Commmendataire.

Quant aux sepultures, voicy ce que l'on a peu recueillir de tant de ruines.

Premierement dans le Chœur de l'Eglise sont trois Euesques de Soissons assez proches du grand Autel, l'vn est au costé de l'Epistre dans vn tombeau de pierre bien elabouré & eminent, où est enterré le tres-digne Prelat Ioslin Euesque de Soissons, l'vn des premiers & singuliers bienfaicteurs de ladite Abbaye, dont voicy l'Epitaphe graué dans son sepulchre.

Hic iacet Ioslenus Episcopus Suessionensis

de l'Abbaye de Long-pont.

nenſis, qui primo adduxit Conuentum huius domus de Clarauallé tempore beati Bernardi Abbatis.

Et dans vn petit tablet prés ſon tombeau, eſt eſcrit ceſt Eloge.

Ioſlenus vel Goſlenus anno M. C. XXV. Sueſſorum creatur Epiſcopus, antea Bituricenſis Archidiaconus, Magiſter Celeberrimus Pariſienſis, pater Iuſtitiæ & multorum cœnobiorum, hoſtis vitiorum, & caſtitatis cultor præcipuus Obijt anno Dom. M. C. LI.

Le ſecond tombeau eſt vis à vis des ſieges du Preſbytere, où eſt enterré Arnoul ou Ancoul de Pierrefons, qui de Preuoſt du Chapitre, & puis Archidiacre, fut fait Eueſque aprés Ioſlin l'an mil cent cinquante trois, & a contribué auec ſondit predeceſſeur, à la fondation de ladite Abbaye, & a confirmé quantité de donations faictes de ſon temps, & eſt decedé l'an mil cent cinquante huict. Voicy ſon petit Epitaphe graué auſſi dans ſon ſepulchre.

Hic iacet Anculphus Epiſcopus Sueſſionenſis.

Le troiſieſme eſt de cuiure tout au milieu du Preſbytere, où eſt enterré Monſieur Milon de Bazoches ſieur dudit lieu, grandement liberal, bienfaicter de cette Abbaye, qui fut conſacré Euesque l'an mil deux cens soixante & vnze, le 31. d'Aoust sacra à Rheims Philippe le Hardy, fils de S. Louys, puis est decedé l'an mil deux cens quatre-vingts & dix le 24. du mois de Septembre. Voicy son Epitaphe graué autour de sa tombe.

Anno Domini M. CC. LXXXX. Octob. viij. Kal. Obijt Vir prudens, pius, & liberalis Milo de Basoch quondam Suess. Episcopus, & tunc fuit corpus eius sepultū in Ecclesia Suess. (vbi nunc iacet Gerardus Episcopus Nepos eius) & anno M. CC. Incarn. eiusdem LXXXXVI. III. Nou. Octob. hic fuit demùm corpus translatum, prout dum viueret ordinauit, dextro brachio Suessioni remanente. Orate pro eo.

Au costé de l'Euangile, au dessus du tombeau d'Ancoul Euesque, il y a trois sepulchres magnifiques. Le premier est celuy de S. Iean de Montmirel assez depeint cy dessus. Le second, est celuy de Marie de Montmirel sa fille aisnée qui fut mariée auec Enguerrand 3. de Coucy, surnommé le Grand, dont elle eut cinq enfans Raoul, Enguerrand 4. Iean, Marie & Alix de Coucy, fut belle mere d'Alexandre 2. Roy d'Escosse, à raison du mariage de sa fille Marie auec ledit Roy, & ayeule d'Alexandre 3. aussi Roy d'Escosse, succeda à toutes les Seigneuries de son pere, par le deceds de ses freres, vescut plus de vingt-cinq ans veufue de son mary, d'vne vie saincte & exemplaire, tres-liberale aux pauures, & fort adonnée à la deuotion, qui la porta à donner vne rente audit Long-pont, à prendre à Condé en Brie, pour entretenir vn cierge continuellement allumé deuāt le grand Autel; ainsi qu'il appert par la Chatte de l'an 1272. cy-dessus mentionnée. Voicy son Epitaphe graué autour de son tombeau.

Hic iacet Nobilis Maria domina de Fara, quæ cùm sanctissimè viueret fuit in eleemosynis larga, bonis operibus plena, in oratione deuota, filia huius probissimi Militis & deuotissimi Monachi Fratris Ioannis quondam Domini de Monte mirabili Mater Ingranni de Couci.

En suite, & au dessus est le sepulchre de Enguerrand 4. fils de ladite Dame, Seigneur de Coucy, de Marle, de la Fere, de Montmirel, & Vicomte de Meaux, qui à l'imitation de sa saincte mere, & de son ayeul le B. Iean de Montmirel, a fait de belles donations aux Eglises, & autres lieux pieux, particulierement à ladite Abbaye de Long-pont. Il fut marié deux fois, premierement l'an 1255. à Marguerite de Gueldres, fille d'Othon 3. du nom, Comte de Gueldres, & de Marguerite de Cleues. Secondement, l'an 1288. à Ieanne de Flandres, fille aisnée de Robert dit de Bethune, Comte de Flandres, & d'Yoland de Bourgongne, Comtesse de Neuers, sa seconde femme, il est decedé sans lignée le 20. iour de Mars veille de S. Benoist, l'an 1311. son tombeau est fermé à l'entour d'vne grille de fer. Il fut faict & construit l'an 1315. auprés duquel est sa genealogie que nous passons icy sous silence à raison de sa prolixité, voicy son Epitaphe.

Cy gist Monseigneur Eniourran de Coucy, Sires de Marle, la Fere, Montmirel, Tresmes, Condé en Brie, & Vicomte de Meaux, qui trepassa l'an de grace mil trois cens & vnze, le vingtiesme iour du mois de Mars, proiez Dieu pour s'ame.

Dans le tour du Chœur vers la Chappelle de nostre Dame, est vn autre tombeau assés beau & eminent, dans le mur, qui ferme le Chœur, où est enterré le B. Gregoire Vidame de Plaisance, dont voicy l'Epitaphe graué dans son sepulchre.

Cy gist Freres Grigoires qui fu Cheualiers & Vidame de Plaisance, & laissa par miracle ses enfans, ses amis, & ses possessions pour Dieu seruir humblement, & perseuera en cest lieu Moines en l'aspreté de l'Ordre xxv. ans, en grant ferueur, & en grant Religion, &

de l'Abbaye de Long-pont. 485

rendit à Dieu son esprit sainctement & ioyeusement.

De l'autre costé vn peu plus bas dans l'enclos de ladite Chappelle de nostre Dame, est vn tombeau assés beau & esleué, fermé en partie d'vne grille de fer, dont voicy l'Epitaphe grauée autour dudit sepulchre.

Cy gist Messire Iacques Bastard de Vendosme, Chevalier, Chamberlan du Roy, Gouuerneur de Vallois, Capitaine d'Arques, & Bailly de Vermandois, Seigneur de Bonneual, Ligny, Fortel, Heux en Ternoys le Vacgrie, & de Vierge, qui trespassa le premier iour d'Octobre l'an mil cinq cens vingt-quatre.

Empres gist Madame Ieanne de Rubempré son espouse, parauant veufue du sieur de Creuecœur, laquelle trespassa le   priez pour eux.

Et tout au milieu de ladite Chappelle de nostre Dame y a vne grande & belle tombe, mais vsée & sans recognoissance, l'on tient que c'est la sepulture de Raoul le vieil fondateur de ladite Abbaye.

Deuant la Chappelle de S. Sebastien vers le Cimetiere ancien, l'on void encore deux belles tombes auec les lineaments & pourtraits de deux Dames auec armoiries sur leurs habits, l'vne portant des fleurs de lys & Chasteaux ou tours entremeslez, l'autre des fleurs de lys auec des aigles & lions pareillement entremeslez,

Hh iij

sans autre recognoissance.

A la sortie de l'Eglise, entrant dans le grand Cloistre dit de Collation, l'on voit vn beau tombeau de marbre à main droite, dans lequel sont ensepulturez Raoul le jeune, & Elienor de Vermandois, enfans de Raoul le vieil Comte dudit Vermandois, joint à l'Epitaphe.

Fratri iūcta soror Comiti Comitissa Radulpho,
Nobilis Elienor hîs tumulata iacet.
Qui cum claruerint altis natalibus, alta
Vicerunt morum Nobilitate genus.
Sed quid honor, quid opes, quid denique gloria
mundi?
Ecce breuis pariter claudit vtrumque lapis.
In speculum Lector tibi sit, pro temet & ipsis,
Sors tua te moueat fundere vota precum.

Au pied des degrez de la porte de ladite Eglise à main gauche, dans le Cloistre du Chapitre, l'on voit vn autre sepulchre de pierre creuse & esleuée dans le mur de l'Eglise, où est enterré Pierre le Venerable Chantre de nostre Dame de Paris (dont a esté parlé cy dessus) auec cét Epitaphe ancien.

Hoc iacet in loculo Petrus Venerabilis ille,
Egregius Cantor, Parisiense decus.

Dans le mesme Cloistre du Chapitre sont enterrez quantitez de Seigneurs, & de Chanoines, dont voicy les Epitaphes qui se sont peu lire & recouurer, commençant dés la sortie de l'Eglise.

Cy gist Adam Bourdons, & Madame Heluiz de Coucherel.

Cy gist Madame Marguerite   priez pour ly.

Hic jacet Eniorrandus de Ruis Canonicus Laudunensis.

Hic iacet Magister Petrus de Rosay Suessionensis Canonicus, nepos Domini Eniorrandi de Ruis Canonici Laudunensis Obijt anno Domini M. CC. XLVII. iiij. Kal. Nouemb.

Hic iacet Magister Petrus quondam Canonicus de Fara, nepos Domini Eniorranni de Ruis. Orate pro eo.

Cy gist Simon, Escuiers de Chaaures, fiux iadis Monseigneur Guidon de Meigni, qui donna les terres de Chaaures, sainct Germain Bouillant à l'Eglise de Long-pont, priez pour luy, l'an de grace mil deux cens LXXXI.

Hic iacet Thomas Tristan Canonicus Suess. Orate pro eo.

Hic iacet Willermus Tristan Canonicus Suessionensis. Orate pro eo.

Hic iacet Radulphus Tristan Orate pro eo.

Hh iiij

Cy gist Liosmon & Monseigneur Iean son frere, qui furent occis en Andijois pour la foi Iesu Christ, lesquels lyceues Iean de Soissons ceans l'an nostre Seigneur M. & & CC. & Lviij.

Cy gist Huars Soibers de Laon Chastellain de Viuiers.

Cy gist Messire Ieans de Vé iadis sieur de Fauerolles, qui trepassa l'an de grace M. & CC. & LXXXVII. au mois d'Aoust, priez pour s'ame que Diex merci li face. Amen.

Cy gist Madame Marie, femme iadis de Monseigneur Iehans de Fauerolles Cheualiers, qui trepassa l'an M. & CCC. xvi. ou mois d'Auril.

Cy gist Messires Iehans de Fauerolles Cheualiers, qui trespassa l'an M. CC. LXXX. proiez pour s'ame.

Cy gist Madame Manous Dame de Vouties. Requiescat in pace.

A l'entrée du Chapitre il y a quatre beaux monumens presque semblables, vn peu esleuez de terre en façon de marbre, deux noirs & deux blancs, dans lesquels sont enterrez 13. Comtes, & vne Comtesse de Soissons.

A main gauche est vn de pierre blanche, qui est le sepulchre du tres-pieux Raoul Comte dudit Soiſſons, dont voicy l'Epitaphe graué autour dudit tombeau.

Hic Radulphe iaces, Comes inclyte, lauſque tuorum;
Te genus, & probitas, te laudat gratia morum,
Te Deus aſſumat, decus atque corona ſuorum,
Hic erit & requies, & vita beata piorum.

Tout proche celuy-cy ſont les deux noirs ſans Epitaphe, que l'on croit probablement eſtre de ſon fils Iean 2. & de ſon petit fils Iean 3. auſſi Comtes de Soiſſons; ainſi qu'il ſe peut voir tant par la reſſemblance & proximité des tōbeaux, que par le teſtament dudit Iean 2. par lequel allāt à la terre Saincte, il eſleut ſa ſepulture audit Long-pont, l'an mil deux cens ſoixante & neuf, & eſt mort l'année ſuiuāte 1270. l'an du decedś de S. Louys en la meſme terre faincte, & par vne Charte dudit Iean 3. de l'an 1284. par laquelle il dōne quinze liures de rente perpetuelle à ladite Abbaye, ſur ſa terre de Soiſſons, pour faire chacun an le ſeruice de noſtre Seigneur apres ſon decedś pour ſon ame audit Long-pont.

A main droite eſt l'autre blāc, qui eſt aſſeurémēt d'vne Comteſſe de Soiſſons, & probablement par tradition d'Adée troiſieſme femme du ſuſdit Raoul Comte dudit Soiſſons, dont voici l'Epitaphe graué autour dudit tombeau.

A Comitiſſa pia de Soiſſons quæ iacet ici
Regno felici tecum ſit Virgo Maria,

Mater egenorum multorum plena bonorum
Heu laus horum cibus es modo vermiculorum.

Plus auant dans ledit Chapitre sont cinq belles tombes de suite, des Seigneurs & Dames de la Noble famille de Roie, les vnes auec addresse, les autres sans recognoissance.

A main gauche sur la premiere tombe sont depeints vn Seigneur & vne Dame, auec l'Epitaphe du Seigneur seulemét, qui a à ses pieds vne Couronne Ducale.

Chi gist Messire Mahiu de Roie Seigneur d'Aunoi qui fu hardis & plein de toute boine foi, iadis Sires du Plessier, qui au Roiaume eut grant mestier : car la destruit le mal que min plain danemi, se prions tous pour l'ame de li, & trespassa l'an de grace M. CCC. LXXX. au mois de Ianuier, priez pour s'ame.

En suite dans le second se voit pourtraict vn Seigneur auec vn bel escusson, qu'on tient estre Monseigneur Heruil de Cherisi Seigneur de Muret, & tout proche dans le 3. est enterré la Noble Marie de Lor Dame de Muret, sa seconde femme : ainsi qu'il appert par le commencement de son Epitaphe. Ci gist Madame Marie de Lor Dame de Muret, & par vne Charte de ladite Marie en datte de 1310.

Le 4. tombeau est tout vsé & sans addresse.

Le 5. contient vn Seigneur & vne Dame, dont voicy les deux Epitaphes.

de l'Abbaye de Long-pont. 491

Chi gist Tristan de Roie, Cheualier Sire de Busenes & de haute entreprise, qui trespassa en Espegne M. CCC. LXXXVI. ou mois de Decembre, le iour de la Conception nostre Dame, si prions nostre Seigneur deuotement priez pour s'ame.

Chi gist Bientris de Roie Videmesse de Chalons, qui fu bele, bonne, sage, & tres-deuote, & trespassa en son Chastel à Basosque l'an M. CCC. LXXXVIII. le dix-septiesme iour de Decembre.

Au fond dudit Chapitre sont sept tombes de suitte, où sont enterrez plusieurs Abbez dudit Long-pont, & vn de Cleruaux nommé Robert.

Mais il faut retourner au Cloistre dict de Collation, dans lequel sont les tombeaux & Epitaphes suiuans, commençant vers l'Eglise.

Hic iacet Magister Bartholomæus Beroux quondam Canonicus Ecclesiæ Suessionensis Orate pro eo.

Ci gist Monseigneur Iean Matifort de Buci, iadis peres Monseignour Simon Matifort Euesque de Paris, proiez pour s'ame, que Diux bonne merci li face.

Ci gist Maistre Giras de Parmes Chanoines de l'Eglise de sainct Geruais de Soissons, qui

Abregé de la fondation
trespassa l'an de grace M. CC.   de Septembre, priez pour s'ame.

Hic iacet Magister Martinus de Parma quōdam Canonicus de Campell. in Bria. Migrauit à seculo anno Domini M. CC. LXXXV. Orate pro eo.   Requiescat in pace.

Ci gist Colars de Croutoy, proiez pour s'ame que Diex bonne merci li face.

Ci gist Iean de Lion Escuyer, fils de Messire Iean de Lion Cheualier, demeurant à Bruxelles, & trespassa l'an de grace mil quatre cens dix-sept le vingt-deuxiesme iour de May, priez Dieu pour luy.

Dans le Cloistre dit de l'Abbé.

Ci gist Madame Marie, ki fut femme Monseigneur Adam de Vierzy proiez pour s'ame.

Ci gist Messires Adans de Vierzi Cheualiers, proiez pour s'ame.   Requiescat in pace. Amen.

Ci gist Madame Iehanne femme iadis Monseigneur Gerart d'Aconni, qui trespassa l'an de grace mil deux cens quatre-vingt six, ou mois de Nouembre.

Ci gist Messires Gerart d'Aconni Cheualiers, proiez pour s'ame.

Ci gist Guillaume Malegeneste, qui fut ia-

de l'Abbaye de Long-pont. 493

dis venerez noſtre Seigneur le Roy de France, qui treſpaſſa de ce ſiecle l'an de grace mil trois cens & vn, ou mois de Feur. proiez pour s'ame, que noſtre Sires bonne merci li face. **Amen.**

Finalement voicy les principaux droicts & priuileges de cette Noble Abbaye.

1. Premierement l'exemption de tout peage, & autre exaction par tout le Royaume de France, & particulierement dans Soiſſons, & tout le Comté, donnée tant par les Rois Louys le Ieune, & Philippes Auguſte, & confirmée par leurs ſucceſſeurs, que par les Princes & Seigneurs particuliers, notamment de Yues Comte dudit Soiſſons dés l'an 1157.

2. Pouuoir & permiſſion de védre cent muids de grain au marché dudit Soiſſons ſans payer ſextelage, ou autre droit, donné par ledit Yues, & Raoul Comtes, & Niuelon de Cheriſi Eueſque dudit lieu, dés l'an 1185.

Iuſtice haute, moyenne & baſſe, tant en ſon encloſt & voiſinage, qu'en toutes ſes fermes & maiſons, au moins pour la plus part, & meſme en la maiſon de Preſles, toute iuſtice particuliere de toute antiquité, & dés ſa fondation.

4. Vſage dans toute la foreſt de Reth, de bois mort & vif pour les neceſſitez, tant des edifices de ſon corps, que des maiſons eſloignées de ſa fondation ancienne, & des autres à 4. lieuës à la ronde, auec iouïſſance de ſes treſfons, & ſpecialement de ſon propre cloſt dit de

Long-pont, auec droict de pasturages par tout pour son bestial, donné dés sa fondation par Raoul le vieil son fondateur, ses enfans Raoul & Elienor de Vermandois, Agathe de Pierrefons, Charles Comte de Valois, & le tout confirmé l'an 1317. par vn Arrest de la Cour de Parlement de Paris.

   Voila sommairement ce qui se peut dire icy de cette Noble Abbaye, qui ayant eu les commencemens de sa fondation & establissement sous les Regnes de Louys le Gros, & Louys le Ieune, son progrez & sa perfection sous le grād sainct Louys, & les premices de son restablissement & restauration dans les commencements du regne de Loüis le Iuste, espere & attend de la pieté du mesme, son aduancement & son entiere perfection, & pour le spirituel, & pour le temporel.

EXTRAICTS DES CHARTES ET ESCRITS

autentiques de ladite Abbaye de Long-pont, pour seruir de preuues au precedent discours.

Extraict de la Charte premiere de Ioslin Euesque de Soissons.

IN nomine Patris, & Filij & Spiritus sancti Amen. Ego Ioslenus sanctæ Sedis gratia Suession. Ecclesiæ humilis Minister, fratribus de Longoponte, tam præsentibus, quam successuris in perpetuum. Bonæ deuotionis & officij nostri interest Ecclesias per congrua nostræ diœcesis loca construere, & quæcumque dono Pontificum, liberalitate Principum, collatione fidelium eis fuerint attributa mansuris in finem munire priuilegijs. Bono igitur Cisterciensis Ordinis odore & sanctæ re-

ligionis feruore permoti, requisitis de ipso Ordine apud Clarumuallem Abbate & fratribus & de manu domni Bernardi Abbatis deuote susceptis Ecclesiam ipsis sub Abbatiæ titulo infra terminos Longipontis fundauimus. Ipsam igitur Ecclesiã, tam præsentibus Monachis quàm eorum successoribus in perpetuum, totius Capituli nostri, atque personarum Ecclesiæ nostræ communi assensu præsenti priuilegio firmantes, locum ipsum omni immunitate & perpetua libertate donamus. Ego Ioslenus Episcopus, & Ansculphus præpositus & Neuelo Archidiaconus fratribus Longipontis locum ipsum ab omni parochiali iure seu reddibitione liberum decimasque de omni labore & nutrimento suo ad altaris iura pertinentes liberas, & quæcumque Ecclesiæ ipsi collata iustè, vel eis oblata fuerint libera prorsus & mancipata concedimus.

Girardus de Chirisiaco dedit Ecclesiæ sanctæ Mariæ & Monachis de Longoponte vniuersam terram, quam in procinctu, & intra terminos eiusdem loci possidebat, tam in Dominio, quàm in casamentis cum omni districtu, atque iustitia, absque omni retentione. Aquas similiter & omnia prata, seu pascua, absque omni retentione huius concessionis, atque libertatis in æternum seruanda obsides me, & Dominum Andream

Andream de Baldimento Monachis dedit, & casamenta quæ de nobis tenebat pro securitate interposuit, cuius rei testes sumus; Ego & Dominus Burchardus Meldensis Episcopus, & Dominus Abbas Walterus sancti Ioannis in Vinei hoc donum concessit Gauffridus de Firmitate, à quo Girardus ipsam terram Longipontis in feodo susceperat.

Item. Ego Ioslenus & Ansculphus præpositus & Neuelo Archidiaconus donauimus sanctæ Mariæ loco & fratribus Longipontis apud Montemrambodium terram ad laborem duarum carrucarum plenariè, insuper aquam & costas superadiacentes cum pratis & pascuis à Contris vsque ad Molendinum vallis. Laudatum est ab omni Conuentu sancti Geruasii donum, & præsente Longipontis Abbate nostra, Synodo confirmatum est. In territorio Villaniarum supra Saueriam Matthæus de Loistra & Rainaldus fratres dederunt eisdem fratribus singuli partes suas aquæ prati, & pascui, terramque, & siluam lateritiorum vsque ad supercilium montis simul, & omnia terræ suæ loca, quæcumque occuparet aqua viuarij.

Nunc igitur Venerabilis Archidiaconi nostri, Ausculphi præpositi bona voluntate, & totius Capituli nostri pari assensu tibi frater

Hugo Longipontis Abbas tuisque successoribus in perpetuum locum ipsam liberum deinceps, & penitus immunem condonamus, bona nostra quæ præsignata sunt, & quæcunque Deo largiente infra nostram diœcesim in futurum iusté poteritis adipisci præsenti priuilegio & generali decreto firmantes. Actum Suessionis est, & plenaria synodo confirmatum anno ab Incarnatione Domini millesimo centesimo trigesimo secundo, Inductione X. Regibus Ludouico patre, & Ludouico filio, cum pace regnantibus. Signum Iosleni Episcopi signum Ansculphi præpositi. S. Neuelonis Archidiaconi S. Rohoardi Decani, S. Adelardi Archidiaconi, S. Leobaldi Archid. S. Ebali Archid. S. Bartholomæi præcentoris, S. Ioannis Capellani, S. Walteri. S. Teobaldi. S. Rainaldi, S. Normanni Presbyterorum, S. Gaufredi Magistri, S. Odonis, S. Engellerti, S. Ynonis. Diaconorum, S. Adam, S. Ingenulfi, S. Simonis, S. Odonis Subdiaconorum, S. Theobaldi Abbatis, S. Crispini, S. Walteri Abbatis, S. Ioannis, S. Gilleberti Abbatis S. Euodij, S. Hugonis Abbatis de Castro Theodorici, S. Henrici de Vinariis, S. Radulphi Abbatis de Issoma. Ego Richardus Cancellarius subscripti.

de l'*Abbaye de Long-pont*. 499

Evtraict d'vne autre Charte dudit Iosslin Euesque.

IN *nomine Patris, & Filij, & Spiritus sancti. Amen. Ioslenus Dei miseratione Suessionensis Episcopus Venerabili Balduino Abbati Ecclesiæ Longipontis & fratribus in perpetuum. Monasterium vestrum qui locus olim parochialis fuit, postmodum vero ex malitia temporis in solitudinem penè redactus, superna tandem misericordia Dei respexit. Quia verò nunc altare Longipontis de antiqua peruasione laïcalis manus Dei virtute nostroque labore prorsus emancipatum est, vobisque Deo seruientibus in Religione sacri Ordinis contraditum, quicquid de iure eiusdem altaris in terris, in decimis, vel quibuscunq; possessionibus ad Episc. seu Archid. vel qualemcumq; personam aliquando potuit vel debuit iustè competere, totam vobis in perpetua & libertate possidendi in præsenti auctoritate firmamus venerabilis Ansculphi præpositi & Niuelonis Archidiaconi dono communi pariter & assensu. Actum, anno Incarnationis Dominicæ, millesimo centesimo quadragesimo sexto, Indictione nona signum Gosleni Suessionensis Episcopi, signum Anculphi præpoti, S. Normanui Decani, S. Niuelonis Archid.*

I i ij

S. Radulphi Archid. S. Willermi Archid. S. Odonis de Firmitate. S. Rainaldi Presbyteri.

Extraict d'vne Charte de Louys le Gros Roy de France.

LVdouicus Dei gratia Francorum Rex, Monachis & Ecclesiæ Longipontis in perpetuum. Christianis Principibus in augmento sanctæ Religionis Deum laudare, & in eius semper æquum est gaudere profectibus. Itaque Longipontis Ecclesiam à Venerabili Iosleno sanctæ Suessionicæ sedis Antistite modernis temporibus fundatam fratribus Cisterciensis Ordinis liberam penitus & immunem iuxta ipsius Pontificis priuilegium omnino concedimus, & præsenti Regiæ Maiestatis inuiolabili præcepto munimus. Sanè locum ipsum Longipontis, & quæ ad eum pertinent tam in dominio, quàm in casamentis à Girardo de Chirisiaco absolutè concessum ipsis generalis curiæ nostræ decreto & Optimatum nostrorum testimonio imperpetuum firmamus, cæterùm & quæcumque dono Pontificum, liberalitate Principum, oblatione fidelium eisdem fratribus, vbi tam collata, quàm in posterum iustè concedenda sunt firma, & inconuulsa possideant in terris, videlicet & siluis, in aquis, & vinagiis, in pratis & pascuis, in decimis, &c. Actū Suessionis generali Curia Pentecostes, coram Archiepiscopis & Episcopis, coram Optimatibus regni nostri, anno ab Incarnatione Domini M. C. XXXIII. Indictione XI. Regibus Ludouico patre, & Ludouico filio cum pace regnantibus. S. Ludouici magnifici Francorum Regis. S. filij eius Ludouici Regis. S. Adelidis Reginæ.

Extraict d'vne Charte de Raoul le vieil, Comte de Vermandois, fondateur dudit Long-pont.

IN nomine Patris, & Filij, & Spiritus sancti Amen. Radulphus Dei gratia Viromandorum Comes, & Adilidis Comitissa, Maiori, & omnibus Iuratis de communia sancti Quintini Ministrisq; & Officialibus vbicumque in terra nostra constitutis, nunc & in futurum constituendi sunt salutem, & gratiam nostram. Notum vobis est quod Ecclesiam Longipontis pro redemptione peccatorum nostrorum fundauimus, quam & merito diligimus, dignum itaque vt de beneficijs nostris crescat; eiusdem Monasterij fratres in omni loco dominationis nostræ, vbicumque venerint, seu transierint, continuam sicut Christi serui, in perpetuum obtineant libertatem, Res quoque ipsorum & bestiæ quascunque duxerint, siue portauerint ab omni pedagio seu vinagio seu quibuscumque exactionibus sint in perpetuum absoluti. Pax vobis Amen.

D'vne autre Charte du mesme Raoul.

IN nomine Patris, & Filij, & Spiritus sancti, Amen. Radulphus Dei gratia Viromandorum Comes Ecclesiæ Longipontis Hugoni Abbati & cæteris fratribus, tam præsentibus, quàm substituendis in perpetuum. Dignum est, vt Ecclesiam vestram, quam à fundamentis ædificauimus de beneficijs nostris augeamus: dignum est vt eandem de his quæcumque in omni loco nostræ dominationis vobis iam vel collata sunt, vel imposterum conferēda quantum ex nobis est stabili ac firma libertate muniamus. In pago igitur Caluiacensi iuxta Crespianicum concedo vobis pariter & præsenti carta confirmo grāgiam vestram prorsus liberā cum omnibus pascuis & appenditijs suis tam præsentibus, quam adquirendis in futurum. Confirmo vobis terram cultam incultamue cum sylua quam Gaufridus, qui Martellus cognominatur de Caluiaco vobis in Helenuālle contulit, & omnino liberam concessit. Actum anno Incarnationis Dominicæ millesimo centesimo quadragesimo quarto, Indictione septima, signum Radulphi Viromanduorum Comitis, signum Alulfi Abbatis de Calniaco & W acij Prioris sui, signum Alberici de Roia, signum W alberti Castellani, signum Gaufredi Martelli, signum Hugonis Furnarij, signum Godini, signum Ioannis Dapiferi, signum Gilleberti præpositi, signum Roberti Cancellarij, signum Ruscellini Capellani.

D'vne autre Charte du mesme Raoul.

Raous quens de Vermandois par le misericorde de Dieu à l'Abei Huon de Loncpont, & al freires de l'Eglise salu parmenablement. Il est de bon Prince estre deffendu les biens des pouures, donc acertes si aucun benefice sunt donez desos no poeste as seruans Deu & as Eglises par le don des Feaus, il doiuent parmanoir ferme parmanablement & nient malmis. Por laquel chose nos mandons par cest present escrit & à le cognoissance de le ramembrance de ceans, qui sunt, & qui auenir sunt que Lauouerie entiere de ie vile & de le terre de Toregni del fons, & le possession sain-Marie de Cābray Clarābaus de Venduell tenoit de nos & de Clarembaut Ysabiaus de leskieres, & de celi Ysabel Reniers nos senescaus le moiteine partie, & ce tenoient il anciennement en fief. Donc acertes Hues Abés de Lōcpont aquist par aumosne à lui & a l'Eglise par

Claude Dedeu parmenablemét de cele dite terre, iiij. meis. Ces iiij. meis cele Yfabiaus de Leſkieres & ſes barons Drius & ſes peres Ernous Canderous & Reniers li Seneſcaus octroierent parmenablement fans nul retenement à cele Egliſe & as freires de Loncpont frans & afous de cele dite auoerie. Ce fut fait à S. Quentin, en l'an de l'Incarnation de mil ans &c. & xxx. viij. in prime indiction. Li S. Raoul, le Comte S. Clarembaut de Vvenduell, S. Renier le Seneſcal S. Druion & Izabel ſe feme de Leſkieres & Ernol Canderon. S. Aubri de Roie, S. Perron le Preuoſt.

Des anciens Regiſtres.

Domus de Haironual cum omnibus terris, & appendiciis ſuis cum famulis ab omni Iuſtitia ſeculari & conſuetudine, & poteſtate conceſſa nobis à Radulpho Comite Viromandorum, & ab Hugone Furnario de Calniaco.

Domus de Tronquoy libertas conceſſa nobis à Radulpho Comite Viromandorum.

Altare de Leſdim, & omnes redditus data nobis ab Epiſcopo Nouiomenſi, & Radulpho Comite Viromandorum.

Decimam de Rumigniaco dedit nobis Simon Epiſcopus Nouiomenſis.

de l'Abbaye de Long-pont.

D'vne Charte de Simon Euesque de Noyon, & Raoul le vieil Comte de Vermandois son frere.

YMons Euesques de Noyon par le misericorde de Dieu, Raous ses freires, cueus de Vermandois à l'Eglize sainte Marie de Loncpont à Bauduin onorable Abei, à ses freires, à ceaus qui sont, & qui auenir sont regulement salu parmenablement en chascun liu de nostre signorie, Quescõques vos teneis ia acquises, & queisconques choses vos porrois aquerre en auant par deu faisant à celuy à qu'il mariere il vos sont ià donei u aront esté en aueront estei en auant nos agardons à remanoir par ferme entierece, vos betes & vos aumailles par tot as communes pastures & à vos labeurs isteront & leur aleirs & leur reuenirs par tot estre seurs tot ensi faitierement en vn liu en Vermendois qui est appelleis Morimons, vo grange & ses appédisses selon le maniere qui est dite confermons Nos auos parmanablement & de tot les dimages de vos norreçons del tot en tot assouse, & sans aucune demande. Ce a octroié & loci Raoux, & Raous ses fius.

Extraict d'vne Charte de Raoul le jeune Comte de Vermandois.

EGo Radulphus legitima progenitorum meorum successione Viromandorum Comes Notum facio, quod ego Religiosis fratribus in Monasterio Beatæ Mariæ de Longoponte divino mancipatis obsequio concessi in eleemosynam pro anima patris mei, & matris meæ, pro remissione peccatorum meorum, vt ipsi Novalia quæ à morte patris mei vsque ad tempus militiæ in feodis & forestis meis fecerant in bona pace habeant liberè, & absque calumnia à modo & vsque in sempiternum teneant, & vsuagium forestæ ad pascua animalium suorum sicut tempore patris mei habuerunt. Concessi etiam eis de mortuo nemore, quantum eis necesse fuerit ad vsus suos, prædicta quidem Ecclesia habet nemora sua in foresta mea, in quibus fratres possunt capere rationabiliter de viuo nemore quod necesse fuerit ad vsus Ecclesiæ. Testes sunt Amalricus Siluanectensis Episcopus. Ino Comes Suessionensis, Albericus de Roia. Rogo & Simon de Faiol, Rocelis Capellanus Robertus Scaucio Theobaldus præpositus, Theobaldus Minarius, Alexander Abbas Longipontis Adam Bouskart Monachus, frater Henricus de Igniaco. Actum Incarnationis Dominicæ, anno millesimo centesimo sexcentesimo tertio, Indictione vndecima.

Extraict d'vne Charte de Philippe Comte de Flandres, & d'Elizabeth son espouse, Comtesse de Vermandois.

IN nomine Patris, & Filij, & Spiritus sancti, Amen. Ego Philippus Dei gratia Flandrensium Comes, & Elizabeth vxor mea, omnibus hominibus, & officialibus nostris salutem. Notum vobis sit quod Ecclesiam Longipontis quæsita est in Episcopatu Suessionensi pro vitæ merito fratrum ibidem Deo famulantium veneramur, atque diligimus: Dignum itaque vt de beneficijs nostris crescat, & eiusdem Monasterij fratres in omni loco dominationis nostræ, vbicumque venerint, seu transierint cõtinuam sicut serui Christi in perpetuum, obtineant libertatem. Res quoque ipsorum & bestiæ, & vniuersa ad vsus fratrum pertinentia quæcumque duxerint siue portauerint ab omni pedagio, & quionagio, seu quibuslibet exactionibus penitus sint absoluta. Actum est hoc anno Incarnationis Dominicæ millesimo centesimo septuagesimo sexto.

Extraict d'vne Charte de Matthieu Comte de Beaumont, & d'Elienor Dame de Valois son espouse.

Ego Matthæus Comes Bellimontis, & Dominus Valesiæ, & ego Elienor Comitissa Bellimontis, Valesiæ hæres & Domina, Notum facimus quod Nos Religiosis fratribus in Monasterio Beatæ Mariæ de Longoponte diuino mancipatis obsequio concessimus in eleemosynam, vt ipsi Noualia, quæ à morte Comitis Radulphi Senioris in feodis, & forestis meis fecerant, in bona pace habeant libere, & absque calumnia à modo & vsque in sempiternum teneant, & vsuagium forestæ ad pascua animalium suorum, sicut tempore Radulphi Comitis, Senioris habuerunt. Concessimus etiam eis de mortuo nemore, quantum eis necesse fuerit: prædicta quidem Ecclesia habet nemora, in quibus fratres possunt accipere rationabiliter de viuo nemore, quod necesse fuerit ad vsus Ecclesiæ. Præterea remittimus eis quinque Modios frumenti ad magnum modium quos Nobis tota vita nostra se daturos promiserant. Testes sunt Theobaldus de Moranglia, Petrus de Vallibus, Bartholomæus de Thorri, Quintius & Petrus Capellani. Thomas præpositus

de l'Abbaye de Long-pont.

de Firmitate, Hugo Abbas Longipontis, Milo & Thomas Monachi. Actum anno ab Incarnatione Domini M. C. LXXXIII.

Extraict du testament d'Elienor Comtesse de Vermandois, & Dame de Valois.

AV nom de la saincte & Indiuiduë Trinité. Moy Eleonor Comtesse de sainct Quentin, Dame de Valois salut. Sçauoir à tous presens & aduenir, que, à l'Eglise de Longpont i'ay donné dix muids de bled qu'ils me deuoient, à cause des terres qu'ils auoient de nouueau defriché. Donné en nostre Hostel l'an de l'Incarnation de nostre Seigneur mil cent nonante quatre.

Extraict de la Charte de Ioslin Euesque de Soissons, touchant la donation de Renaud Chanoine de S. Geruais.

Goislenus Dei gratia Suessionensis Episcopus Venerabili Godefrido Abbati Longipontis, vniuersisq; fratribus tam præsentibus nunc quàm in perpetuum successuris. Æquum duximus dilecti filij nostri Rainaldi Sacerdotis prece compulsi eleemosynam quam de vineis suis vobis fecerat præsentibus litteris commendare, ea est huiusmodi. Est in pago Suessio-

nensi iuxta vrbem locus in vineis, qui Pratella dicitur, in qua prædictus Rainaldus diuersis adquisitas temporibus multas vineas multis possederat annis, quas omnes continuauit in vnam, quam tandem pro eleemosyna sua Ecclesiæ sanctæ Mariæ Longipontis & fratribus solemni dono contradidit in perpetuum possidendam, factaque est in Capitulo Longipontis ex assensu Reuerendi Patris Dompni Bernardi de Claraualle ab ipso Abbate & vniuersis fratribus ad ipsum Rainaldum me præsente & confirmante de pactio. Et dedit præter illam grandem vineam, alias quatuor seorsum positas & separatas ab inuicem. Præterea fecit ipse Rainaldus superius in monte domum lapideam deditque eam Ecclesiæ & torcular posuit in eam, Cuppas etiam calcandis præbuit vuis, & tonnas centum Modiorum quatuor optimas, multa præter hæc beneficia vobis contulit quæ retribuat ei Deus in vitam æternam. Actum Longiponti anno Incarnationis Dominicæ millesimo tentesimo quadragesimo octauo, Indictione quarta signum Goisleni Suessionensis Episcopi, signum Ansculphi præpositi, signum Normanni Decani, signum Radulphi Archidiaconi; signum Willermi Archidiaconi, signum Ioannis Cappellani, signum Rogerij Abbatis sancti Crispini, signum Godefridi Abbatis, signum Bosonis Prioris, signum Hugonis primi Longipontis Abbatis, signum Willermi Supprioris.

Extraict d'vne Charte de Pierre Euesque de Senlis.

PEtrus per misericordiam Dei sanctæ Siluanectensis Ecclesiæ humilis minister, dilecto filio Hugoni Longipontis Abbati, sicut à Nobis humiliter frater carissime postulasti & venerabiles Episcopi G. Suessionensis R. Antisiodorensis pro vobis deuotissimè rogauerunt accepto à fratribus consilio dignum duximus assentire & celerem exhibere iustis petitionibus effectum, eapropter de vinea quam Reinaldus Sacerdos & Canonicus sancti Geruasii in loco qui Pratella nuncupatur vobis in eleemosynam concessit, Nos per præsentem cartam laudationem vobis facimus & assensum præbemus. Actum Incarnationis Dominicæ anno millesimo centesimo quadragesimo tertio, Indictione vj. S. Petri

Siluanectensis Episcopi S. Gosleni Suess. Episcopi S. Haimonis Abbatis loci restaurati, S. Hilberti Decani, S. Stephani Cantoris.

Extraict d'vne Charte du Chapitre de Senlis.

Albertus Dei gratia Siluanectensis Ecclesiæ Decanus & eiusdem Ecclesiæ Canonicalis congregatio, dilectis in Christo filijs Godefrido Abbati & Ecclesiæ Longipontis & fratribus. Venerabilis Ecclesiæ nostræ Pontifices Petrus & Theobaldus lurgam vobis eleemosynam fecerunt in territorio Suessionensi loco iuxta vrbem in vineis, qui pratella dicitur, quod Nos quoque laudamus, & approbamus. Actum Siluanecti, anno Incarnationis Dominicæ M. C. L I I. Indict. xv. S. Alberti Decani, S. Stephani Cantoris, S. Petri Canonici, S. Anselmi Canonici, S. Asconis Canonici, S. Wilardi Archidiaconi.

Extraict d'vne Charte de Sugere Abbé de S. Denis en France.

Sugerius S. Dionysii Areopagita Abbas, Godefrido Abbati, & vniuersis fratribus Longipontis. Est in Episcopatu Suessionensi Noua grangia quam ædificastis in loco quo dicitur

citur in Valleberon contermina territorio nostro in mōte de poids, ubi iuxta petitionem vestram pro augendis agrorum vestrorum laboribus de ipsa terra sex modiatas plenariè diuisas assensu Capituli nostri vobis in perpetua libertate possidendas contribuimus. Porro de omnibus quæ ad Nos in decimis, seu in terragijs pertinent, plenam obtineatis absolutionem. Actū in Capitulo sancti Dionysii, anno ab Incarnatione Domini M. C. L. Indictione xiij. S. Henrici Prioris, S. Philippi præpositi, S. Willermi Capellani. Testes Bernardus Tullicus. Arnulphus frater eius. Albertus præpositus. Drogo Decanus & alij multi S. Gosleni Dei patientia, Suessorum vocati Episcopi.

Extraict d'vne Charte de Odo, Abbé de S. Medard lez Soissons.

IN nomine Patris, & Filij, & Spiritus sancti, Amen. Sane petente Domino nostro Suessionensi Episcopo Goisleno, suggerentibusq; Venerabilibus Coepiscopis domno Gaufrido Cathalaunensi, domno Aluilo Atrebatensi pro gratia & amore Domni Bernardi Abbatis de Clarauallē. Ego Odo sancti Medardi Abbas fratrum consilio concessi fratribus de Longoponte, ut in omnibus locis prædicti territorij ubicumque, & quomodocumque laborauerint pro omni labore suo, vnum tantummodo modium annonæ singulis annis Ecclesiæ sancti Medardi persoluant: & omnes decimas suas liberas obtinebunt. Quod si forte aliquo tempore decambiari poterit, Modium fratres de Longoponte non dabunt, & absque omni exactione liberas deinceps possidebunt. S. Domni Odonis Abbatis sancti Medardi, S. Gualteri Prioris, S. Drogonis præpositi, S. Roberti Capellani, S. Arnulphi, S. Rogeri Monachorum, S. Goisleni Suess. Episcopi, S. Gaufridi Cathalaunensis Episc. S. Aluili Attrebatensis Episc. S. Gilleberti Abbatis sancti Luciani Beluacensis, S. Hugonis Abbatis Hunocurtensis, S. Hugonis Attrebatensis Archidiaconi.

Extraict d'vne Charte d'vn Abbé & des Relig. de S. Crespin lez Soissons.

EGo Leonicus humilis Abbas Ecclesiæ Maioris B. Martyrum Crispini, & Crispiniani Suessionis totusq; eiusdem Ecclesiæ Conuentus, Notum facimus quod pari assensu concessimus Ecclesiæ Longipontis in perpetuum tenendas vineas, quæ fuerunt Renoldi Kinquenele Conuersi, eorum, quæ sunt in territorio, vel iustitia nostra. Concessimus etiam eidē Ec-

de l'Abbaye de Long-pont.

clesiæ omnes terras, vineas in territorio de Bonnemus, & de Sax ad iurisdictionem nostrã pertinentes siue quas in præsenti possidēt, siue quas de cætero acquirere poterunt perpetuo possidendus. Actum anno Domini M. XCV.

Extraict d'vne Charte d'vn Abbé & Religieux de S. Iean des Vignes.

R Adulphus Abbas sancti Ioannis in Vineis totusque eiusdem loci Conuentus. Notum facimus quod nos assensu cōmuni concessimus fratribus Longipontis perpetuo pacifice possidere Vineam quæ fuit Abbatissæ & Monialium sanctæ Mariæ Suess. & est sita inter domum leprosorum de Wesbon & villam de vallibus. Item in castro de Firmitate concessimus eisdem fratribus perpetuo pacifice possidendam pratellum & coquinam iuxta domum quæ fuit Thomæ de Ogero. Actum anno gratiæ M.CC.xiij.

Extraict d'vne Charte d'vne Abbesse & Conuent de nostre Dame de Soissons.

H Eluidis Dei gratia Abbatissa totusque Conuentus sanctæ Mariæ Suess. Notum facimus quod concesimus Ecclesiæ & fratribus

Longipontis quiete perpetuò possidere circiter quinq; aissinos terræ supra Valbium, quos emerant à Petro Tristan, nec poterimus eos compellere ad vendendum. Actum anno Incarnatione Domini M.CC.X.

Extraict d'vne Charte du Chapitre S. Geruais de Soissons.

Simon præpositus & Guido Decanus totumque Suessionensis Matris Ecclesiæ Capitulum omnibus in perpetuum, Notum facimus quod Nos cocessimus Abbati & fratribus Longipontis perpetuò pacificè possidere vineam quãdam quæ sita est inter domum leprosorum de Weisdon & villam de Vallibus. Actum anno gratiæ M.CC.X.

Extraict d'vne Charte de Raoul Preuost & Archidiacre de Soissons.

Ego Radulphus præpositus Suessionensis Ecclesiæ & Archidiaconus. Nouerint vniuersi quod ego pro remedio animæ meæ, & parentum meorum dedi de adquisitione mea in eleemosynam Ecclesiæ & fratribus Longipontis clausum meum de Berleu, circiter quatuor arpentos habentem, & tres vineas circiter trium arpennorum quas habebam apud Billi. Actum *anno Verbi Incarnati*, M.CC.viij.

Extraict d'vne Charte de Iacques Euesque de Soissons.

Iacobus Dei gratia Suess. Episcopus. Nouerint vniuersi quod Arnulphus Tristans in præsentia nostra in Capitulo Longipontis constitutus, præsentibus Hugone Abbate & Conuentu, dedit fratribus Longipontis in eleemosynam vineam, quæ Tristanda dicitur in suburbio Suess. iuxta portam Gerardi prope fimum Eremburgis ab omni consuetudine liberam. Actum anno gratiæ M.CC.XX.

Extraict d'vne autre de mesme.

Ego Iacobus diuina permissione Suess. Ecclesiæ humilis Minister Nouerint vniuersi, Nosemisse à Reuerendiss. Matertera nostra Milissendi Relicta Dom. Ioannis de Cardineto, decem & octo Modios frumenti, & sexdecim Modios auenæ, quos prædicta Milissendis habebat ex hæreditate sua in domo Longipontis pro sartis terræ, Caisceti, & quicquid iuris habebat in eadem. Huius autem acquestæ nostræ & emptionis factæ medietatem donauimus Ecclesiæ nostræ Suess. Maiori in eleemosynam, aliam autem medietatem Ecclesiæ Longipontis concessimus habendam. Actum anno gratiæ M.CC.xxiij.

Extraict d'vne Charte de Monsieur Milon Euesque de Soissons.

Milo miseratione diuina Ecclesiæ Suess. minister humilis. Quoniam dilectos in Christo filios Abbatem, & Conuentum Longipontis Cisterciensis Ordinis nostræ diœcesis suæ honestatis merito, sanctitatis & Religionis feruore sincera in Domino diligimus charitate: Damus ex nunc & concedimus in puram & perpetuam eleemosynam x. lib. Turon. annui & perpetui redditus capiendas singulis annis in festo beati Martini Hyemalis in talia nostra de Bazochiis, & in aliis rebus quas ibidem habemus, quæ talia & res sunt de hæreditate propria. Datum anno Domini M.CC. lxxxvj. mense Aprili.

D'vne autre Charte du mesme.

Milo diuina permissione Suess. Ecclesiæ minister humilis. Cùm dilecti in Christo filij Abbas & Conuentus Longipontis nostræ diœcesis, quos suæ merito Religionis sincera diligimus in Domino charitate, Nobis in Ecclesia sua quandoque facere consecrationem

de l'Abbaye de Long-pont.

Chrismatis & olei sancti & infra septa Abbatiæ suæ residentiam in domo, quæ dicitur Comitissæ quoties voluerimus, & quamdiu voluerint sua mera liberalitate, & gratuita voluntate concesserint, Noueritis quod Nos per hæc nullum ius seu iurisdictionem aliquam Nobis, vel successoribus nostris habere, vel adquirere intendimus, nec etiam vendicare, imò priuilegia & libertates ipsorum semper pro posse nostro volumus defendere, & in perpetuum illæsa seruare. Datum anno Domini millesimo ducentesimo sexagesimo octauo mense Martio.

D'vne Charte de Gerard Euesque de Soiss. neueu & successeur du susdit

Gerardus diuina miseratione Suess. Ecclesiæ Minister humilis Notum fiat quod Nos ex intimo cordis affectu domum Longipontis nostræ diœcesis diligentes, & personas eiusdem Monasterij pro suæ Religionis feruore recommandatas habentes eorum quietem, & sui Ordinis libertatem digne pro meritis affectamus. Cumque ex eorum gratia liberali in eorumdem Monasterio pluries fuerimus, sanctum Chrisma ibidem consecrauerimus, siue aliquid aliud fecerimus, seu de cætera ad dictum Monasterium venire, aut in eodem manere, sacrum Chrisma conficere, vel aliquid aliud Nos facere contigerit per Nos aut per nostros, Nolumus quod propter hoc Nobis aut nostris successoribus ius nec dominium, vel aliquid aliud in eodem Monasterio acquiratur. Datum M. CC. XCIIII. die Iouis in Cœna Domini.

Extraict d'vne Charte de Simon de Bussy Euesque de Soissons.

Simon miseratione diuina Suess. Episcopus. Notum fiat, quod Nos ex intimo cordis affectu domum Longipontis nostræ diœcesis diligentes, & personas eiusdem Monasterij pro suæ Religionis feruore recommendatas habentes, earum quietem et sui Ordinis libertatem dignè pro meritis affectamus, & libertates eorum, priuilegia, vsus ac consuetudines Ordinis sui in suo volumus robore permanere. Datum anno Domini M. CCC. LXII. die Iouis in Cœna Domini.

Extraict de l'Obitier de Long-pont.

Nos frater Robertus Abbas totusque Conuentus Monasterij B. Mariæ de Longoponte diœcesis Suess. Ordinis Cisterciensis, om-

de l'Abbaye de Long-pont.

nibus nostris posteris, Notum facimus, quod Reuerendißimus in Christo, & Dominus Dominus Ioannes Mileti, miseratione diuina Episcopus Suess. noster optimus pater, amplißimus benefactor & amator singularißimus anno Domini M. CCCC. LXXXI. sequentia Iocalia & bona nobis donauit, & primo vnum magnum pretiosum & pulcherrimum calicem argenteum optimè deauratum, quatuor pulchras ampullas, seu potos ad seruiendum in altari. Item pro reparationibus, & necessitatibus nostræ Ecclesiæ Longipontis quinquaginta libras Turonens. in pecunia bene numerata, & decem libras Turonens. pro vino emendo ad recreationem & refectionem Conuentus.

Extraict d'vne Charte de Yues Comte de Soissons, parlant par Ioslin Euesque dudit lieu.

IN nomine Patris, & Filij, & Spiritus sancti. Amen. Ego Goslenus Dei gratia Suessorum Episcopus, & Yuo eiusdem ciuitatis Comes. Balduine fili in Christo Charißime, Notum fieri volumus, quoniam tibi tuisque successoribus, & Ecclesiæ Longipontis prænominatus Comes per manum nostram, de cuius feodo erat, suam & Ministrorum vniuersam consuetudinem minagij & telonei xl. Modiorum cuiuslibet annonæ vel leguminis singulis annis perpetuo condonauit. Actum est hoc anno Incarnati Verbi M. CC. xlv. Episcopatus vero nostri xx. Indictione vij. S. Gosleni Suess. Episcopi, S. Iuonis Comitis, S. Arnaldi Abbatis sancti Crispini, S. Widonis Abbatis sancti Ioannis, S. Petri Abbatis sancti Leodegarij, S. Normani Decani, S. Radulphi Archid. S. Drogonis fratris Comitis, S. Warmundi Dapiferi, S. Decci Vicecomitis.

Extraict d'vne Charte de Raoul Comte de Soissons.

Ego Radulphus Comes Suess. Notum facio quod vineam meam quæ dicitur Petosa, Ecclesiæ & fratribus Longipontis liberam, & absolutam ab omni consuetudine & exactione in eleemosynam dedi, ea scilicet cōditione, quod ipsi fratres singulis annis de eadem vinea tres modios vini ad celebrandas Missas Sacristæ suo dabunt. Hæc eleemosyna facta est in Capitulo Longipontis coram omni Conuentu, astante simul & laudante Niuelone Episcopo Suessionensi. Testes sunt Episcopus Suess. Bartholomæus de Villers, Germundus Canonici sancti Geruasii, Hugo Saluagius, Henri-

de l'Abbaye de Long-pont. 523

cus de Minci., Adam Parisiensis. Actum anno ab Incarnatione Domini M. C. XC.

D'vne autre Charte du mesme Raoul.

EGo Radulphus Comes Suess. omnibus in perpetuum. Notum facimus quod omnia quæ de feodo nostro, vel sunt, vel fuerunt, quæ Ecclesia Longipontis ante hanc diem possedit, aut possidet in præsenti, pascua etiam & essentias per totam terram dominationis nostræ in Comitatu Suess. vbicumque iustitiam, vel Aduocationem, vel Vicecomitatum habemus & vbicumque id facere possumus & debemus, eidem Ecclesiæ in eleemosynam concedimus quietè perpetuò possidenda. Actum anno ab Incarnatione Domini M.CC.

D'vne autre du mesme.

EGo Radulphus Comes Suess. omnibus in perpetuum. Nouerit vniuersitas vestra quod Ioannes de Arceio Miles homo meus quittauit Ecclesiæ fratribus Longipontis Grueriã quam de me tenebat in feodũ, & quicquid iuris habebat in nemore Maresco Larritio, ab opposito Lõgipontis à parte Villaniarum. Hanc quittationẽ laudaui & concessi, vt dicti fratres possint facere clausuram muri, fossati, palitij,

& qualemcumque voluerint, & quicquid iuris & dominij in tota illa poßeßione habebā: nihil mihi vel hæredibus meis retinens totum quittaui eisdem fratribus quietè, liberè, pacificè perpetuò poßidendum. Actum anno Dominicæ Incarnationis M.CC.XVIII. mense Maio.

Extraict d'vne Charte de Iean 2. Comte de Soißons.

EGo Ioannes Comes Sueß. Notum facio quod cùm Niuelo de Cellario ciuis Sueß. vendiderit Ecclesiæ Longipontis duas partes cuiusdam vineæ sitæ in Pontuert iuxta larricium Berardi, & tertiam partem eiusdem vineæ eidem Ecclesiæ dederit in eleemosynam perpetuam. Ego dictam venditionem & eleemosynam tamquam Dominus feodi laudans & approbans; Concessi eidem Ecclesiæ dictam vineam in perpetuum pacifice & quiete poßidendam. Actum anno Domini M.CC.xxxvij. mense Decembri.

D'vne autre Charte du mesme.

EGo Ioannes Comes Sueß. Dominus de Turno & Cimaco, Notum facio quod ego cōceßi Ecclesiæ Longipontis habere & in perpetuũ pacifice poßidere illud modicum terræ quæ sita est in foro Suessionensi ante domum Longipontis inter gradum domus veteris & puteum Nouæ domus Longipontis, & dictam terram claudere quacumque clausura voluerit, & de ea per omnia facere voluntatem suam. Actum anno Domini M. CC. xxxix. mense Februarij.

Extraict d'vne Charte de Drogon Seigneur de Pierrefons.

Drogo Petrefontis Dominus coniuxque charißima nostra Beatrix. Hugo venerabilis Nobis plurimúmque amabilis Abba quæcumque in omni loco dominationis nostræ, & Castellaniâ Petrefontis tam dono, quàm pretio tam in agris quàm in vineis, quàm cæteris quibuscumque possessionibus vobis à prima Monasterij vestri fundatione vsque in hodiernum collata, seu concessa sunt, Nos vobis tenenda in perpetuum laudamus, & præcepto firmamus Curtem sane, & grangiam vestram in valle quæ Gorgia nominatur penitus vobis absolutam, & omnino liberam fore decernimus. Actum Petrefunti, anno Incarnationis Dominicæ M. C. xliiij. S. Drogonis Petrefunti Domini S. Coniugis suæ Beatricis, S. Ansculphi venerabilis præpositi sancti Geruasii,

S. *Radulphi Nepotis sui*, S. *Ramboldi Decani*, S. *Ioannis Turci*, S. *Petri Vicecomitis*.

Extraict d'vne Charte de Simon Seigneur de Pierrefons, puis Comte de Soissons, & d'Agathe son espouse.

EGo Cono Petrefuntis Dominus & Agatha coniux mea instinctu diuino permoti, rogatu etiam Domini & patrui nostri Iuonis Comitis Suessionēsis, decreuimus domum Longipontis & fratres inibi seruientes diligere, manutenere & beneficiorum nostrorum collatione fouere, inde est quod vniuersa quæ in quolibet loco dominationis nostræ, vel dono, vel pretio in quibuscumque possessionibus eis à prima Monasterij sui fundatione vsque in hodiernum diem collata seu concessa sunt, sub nostra tutela suscipimus. Curtem quæ Valberon nominatur & Gorgiam cum omnibus appenditiis suis & pascuis: Duo millia ouium in prædictis domibus habere poterunt, quas licebit eis, si voluerint in Castellania Petrefuntis per diuersa loca ponere, & vsque ad viginti vaccas cum nutrimentis porcorum, & animalibus carrucarum in foresta quoque de Rest vsuagium tam & viuo quam de mortuo nemore, sicut eis à Radulpho Comite cō cessum est, & Nos benigne concedimus, sed & in omni loco dominationis nostræ quicquid vsibus suis necessarium duxerint, vendiderint, aut emerint, ab omni exactione, & consuetudine sit absolutum. Placuit etiam Domino nostro Iuoni, Comiti Suessionensi huic rei testem se adhibere. Testes nihilominus qui præsentes affuerunt. Bernerius Abbas sancti Crispini. Radulphus, Reuellius, Landricus, & Philippus de Petrefonte Milites. Acta & hæc anno millesimo centesimo septuagesimo primo.

Extraict d'vne Charte de ladite Agathe Dame de Pierrefons.

Ego Agatha Domina Peirefontis. Notum facio quod totam terram meam arabilem, quam apud mortuumfontem excolo, cum pratello vno de Maherival & alio de Burbul Ecclesiæ Longipontis in eleemosynam do, nihil iuris, aut proprietatis in eis retinens. Actum ab Incarnatione Domini millesimo centesimo octuagesimotertio.

Extraict d'vne Charte de Louys le Ieune Roy de France.

IN nomine Patris, & Filij, & Spiritus sancti, Amen. Ludouicus Dei gratia Francorum Rex. Venerabilis Gerardi Longipontis Abbatis, & fratrum eiusdem cœnobij pijs postulationibus deuote & beniuole occurrens annuere volui, & in perpetuum in eleemosynam concessi, vt in tota terra dominationis nostræ pedagium, aut transuersum aliamue consuetudinem de his quæ portauerint, aut duxerint ad victum, siue ad vestitũ, vel ad aliquem alium vsum fratrum pertinentia nequaquam donent. Actum ab Incarnatione Domini M.C.LX.

Extraict d'vne Charte de Philippe Auguste Roy de France.

PHilippus Dei gratia Francorum Rex, Abbati totique Conuentui Longipontis salutem. Ad omnium peruenire notitiam volumus, quoniam id quod Elienor Comitissa Bellimontis vobis concessit & Nos vobis concedimus, videlicet vt locum qui Quertinetus dicitur essartetis, & vt de Cauda vsque ad vnam carrucatam excolatis. Actum Compendij anno ab Incarnatione Dom. M.C.lxxxv. regni nostri anno sexto.

Extraict d'vne autre Charte du mesme.

IN nomine sanctæ & indiuiduæ Trinitatis. Amen. Philippus Dei gratia Francorum Rex. Progenitorum nostrorum inhærēdo vestigijs, Religiosas Ecclesias Cisterciensis Ordinis, maximè tamen domos Longipontis, Karoliloci, Vrsicampi, vna cum ipsis specialiter in nostra protectione & custodia suscepimus: Concedentes dictis fratribus vt de proprius rebus suis per vniuersa propria pedagia nostra, tam per terram, quàm per aquam quitti sint, & liberi ab omni pedagio, theloneo, rotagio, seu alia exactione vel coustuma quacumque. Nihilominus omnes libertates, & immunitates à prædecessoribus Nostris Regibus Franciæ, nec non & libertates, & exemptiones à Baronibus, militibus, vel alius Christi fidelibus, dictis fratribus rationabiliter concessas & indultas confirmamus. Actum apud sanctum Germanum in Laia anno Dominicæ Incarnationis M. CC. xxi. regni vero nostri xliij. Dapifero nullo, Buticulcio nullo, S. Bartholomæi Camerarij, S. Matthæi Constabularij. Datum vacante Cancellaria.

Extraict d'vne Charte de Louys VIII. Roy de France.

IN nomine sanctæ & indiuiduæ Trinitatis. Amen. Ludouicus Dei gratia Francorum Rex. Nouerint vniuersi quod Nos pro remedio animæ piæ recordationis Philippi genitoris nostri, quondam Regis Franciæ, & pro salute animæ nostræ donamus & concedimus in perpetuam eleemosynam Abbatiæ Longipontis totam terram arabilem quam defuncta Agatha de Petrafonte dederat eidem Abbatiæ apud Mortuumfontem sitam cum pratello vno de Maherieuall, & alio de Burgulio. Actum Compendij, anno Dominicæ Incarnationis M. CC. xxiij. Regni verò nostri j.

Extraict d'vne Charte de sainct Louys Roy de France.

LVdouicus Dei gratia Francorum & Nauarræ Rex. Nouerint vniuersi quod Nos dedimus & concessimus in perpetuam eleemosynam Abbatiæ Longipontis Cisterciensis Ordinis pascuagium quod habebamus in nemore circa ducenta & quadraginta sex arpenta, quod situm est inter clausuram ipsius Abbatiæ Longipontis circa domum ipsam Longipontis ex

de l'Abbaye de Long-pont. 531

vtraque parte chemini à dicta Abbatia tenendum in perpetuum. *Actum apud Siluanectum anno Domini* M.CC.xxxvj. *mense Nouemb.*

D'vne autre Charte du mesme.

LVdouicus Dei gratia Francorum Rex, Notum facimus, quod cum Abbas & Conuentus Longipontis Cisterciensis Ordinis Suess. diœcesis tenerentur nobis in quatuor modiis vini annui redditus pro vineis, & rebus suis ad grangiam suam, quæ dicitur la Gorge, pertinentibus. Nos diuinæ pietatis intuitu dictis Abbati, & Conuentui dictos iiij. Modios vini ad Missas celebrandas in Monasterio suo damus in perpetuum, & quittamus. Actum Lauduni anno Dom M.CC.lv. mense Decemb.

D'vne autre Charte du mesme.

LVdouicus Dei gratia Francorum Rex, Notum facimus vniuersis, quod Nos diuini amoris intuitu Abbati & Conuentui Longipontis Cisterciensis Ordinis terras, vineas, domos ac alias quascumque possessiones, quocumque modo ab ipsis rationabiliter acquisitas concedimus, & auctoritate Regia confirmamus. Actum Paris. anno Domini M. CC. lvj. mense Ianuary.

Ll ij

Extraict d'vne Charte de Philippe le Hardy Roy de France.

Philippus Dei gratia Francorum Rex. Notum facimus quod cùm viri Religiosi Abbas & Conuentus Monasterij de Longoponte Cisterciensis Ordinis diœcesis Sussionensis, finauerint cum Bailliuo nostro Viromandensi super retinendis perpetuo immobilibus acquisitis per ipsos in feodis, & retrofeodis nostris, videlicet in Bailliua Viromandensi, Nos finationem huiusmodi ratam & gratam habentes, concedimus prædictis Abbati & Conuentui, vt ipsi prædicta acquisita tenere valeant, & possidere in perpetuum. Actum Parisius, anno Domini M.CC.LXXVI. mense Iulio.

Extraict d'vne Charte de Philippe le Bel Roy de France.

Philippus Dei gratia Francorum Rex. Notum facimus, quod Nos dilectorum nostrorum Abbatis & Conuentus Monasterij de Longoponte Cisterciensis Ordinis supplicationibus annuentes, duximus concedendum, quod ipsi conquesta omnia ab eis suæ nomine Ecclesiæ facta à tempore retroacto vsque ad tempus concessionis eiusmodi in feodis, & retrofeodis, & allodiis nostris, aut subditorum nostrorum tenere possint perpetuo, absque coactione vendendi, vel extra manum suam ponendi, aut prestandi aliquam nobis finantiam pro eisdem. Actum Parisiis anno Domini M. CCC. IIII. mense Iunio.

Extraict d'vne Charte de Philippes le Long Roy de France.

Philippus Dei gratia Francorum & Nauarræ Rex. Notum facimus Nos infrascriptas vidisse litteras formam quæ sequitur continentes, Philippus Dei gratia Francorum Rex, Notum facimus quod Nos litteras Charissimi Domini aui nostri Ludouici Regis Fràciæ vidimus in hæc verba, Ludouicus Dei gratia Francorum Rex Nouerint vniuersi, quod Nos litteras Regis Philippi aui nostri vidimus in hæc verba, Philippus Dei gratia Francorum Rex. Religiosas Ecclesias Cisterciensis Ordinis, maxime tamen domos Longipontis, Karoliloci, Vrsicampi, vna cum ipsis specialiter in nostra protectione suscepimus, Concedentes dictis fratribus, vt de proprijs rebus suis per vniuersa propria pedagia nostra, tam per terram, quàm per aquam quitti sint, & liberi ab omni pedagio, theloneo, rotagio, seu alia exactione, vel coustuma quacūque, & Nos omnia & singula supradicta in dictis litteris contenta prout superius sunt expressa, rata habentes, & grata, ea volumus, laudamus, approbamus, ac quantum ad prædictum Monasterium Longipontis pertinet, auctoritate Regia confirmamus. Actum in dicta Abbatia Longipontis, anno Domini M. CCC. xvj. mense Ianuarij. In reditu ipsius Regis de sacrario Remensi.

Extraict d'vne Charte de Charles le Bel Roy de France.

KArolus Dei gratia Francorum & Nauarræ Rex, vniuersis tam præsentibus quàm futuris. Nos infrascriptas vidisse literas in hæc verba, Philippus Dei gratia Francorum & Nauarræ Rex, Notum facimus nos infrascriptas literas vidisse, Philippus Dei gratia Francorum Rex: Notum facimus quod nos litteras Karissimi Domini aui nostri Ludouici vidimus in hæc verba Ludouicus Dei gratia Francorū Rex, Nouerint vniuersi quod Nos litteras Regis Philippi Aui nostri vidimus in hæc verba: Philippus Dei gratia Francorū Rex, Religiosas Ecclesias Cisterciensis Ordinis, maxime tamen domos Longipontis, Karoliloci, Vrsicampi, vna cum ipsis specialiter in nostra

de l'Abbaye de Long-pont. 535

protectione & custodia suscepimus, &c. Nos igitur praedecessorum nostrorum pia volentes sequi vestigia, praedicta omnia, & singula in praescriptis cotenta litteris rata habentes & firma, eadem volumus, & tenore praesentium auctoritate nostra Regia ex certa scientia confirmamus, Datum apud Espiers anno Domini M. CCC. XXII. mense Iunij.

Extraict d'vne Charte de Philippes de Valois Roy de France.

PHilippes par la grace de Dieu Roy de Fráce Sçauoir faisons, qu'à la supplication des Religieux, Abbé & Conuent de Longpont, au diocese de Soissons, Nous leur auons octroyé & octroyons par ces presentes lettres de grace speciale, pour eux & leurs successeurs, que dix liures parisis ou enuiron de rente annuelle & perpetuelle, qu'ils ont acquise de Iean de Proisi Escuier, à la Gorge & au Moulin de Bourbon, ils puissent tenir & posseder paisiblement, & hereditairement, sans estre contrains à les vendre, & sans en payer aucune finance à Nous, ne à Nos successeurs Rois, non contrestant, que ledit Escuier teinst de nous en fié ladite rente. Donné au bois de Vincennes le iiij iour de Ianuier, l'an de grace mil CCC. quarante trois.

Ll iiij

Extraict d'vne Bulle d'Innocent II.

INnocentius seruus seruorum Dei, Hugoni Abbati Longipontis eiusque fratribus præsentibus & futuris regulariter substituendis in PP. M. Dilecti in Domino filij vestris iustis petitionibus clementer annuimus, & beatæ Dei genitricis Monasterium de Longoponte in quo diuino mancipati estis obsequio sub beati Petri & Nostra protectione suscipimus, & præsentis scripti priuilegio communimus. Statuentes, vt quascumque possessiones, quæcumque bona Monasterium vestrum in præsentiarum iuste & Canonice possidet, aut in futurum concessione Pontificum, largitione Regum, vel Principum, oblatione fidelium, seu alijs iustis modis, Deo propitio poterit adipisci, firma vobis vniuersisque successoribus, & illibata permaneant. Cunctis eidem loco iusta seruantibus sit pax Domini nostri Iesu Christi. Amen, Amen, Amen. Ego Innocentius Catholicæ Ecclesiæ Episcopus, &c. Datum Later. anno Dominicæ Incarnationis M.C.XLI. Pontificatus vero Domni Innocentij anno xij.

Extraict d'vne Bulle d'Eugene III.

EVgenius seruus seruorum Dei. Dilectis filijs Balduino Abbati Ecclesiæ sanctæ

Mariæ Longipontis eiusque fratribus, tam præsentibus, quàm futuris regularem vitam professis in PP. M. Dilecti in Domino filij vestris iustis postulationibus clementer annuimus, & præfatum sanctæ Mariæ Monasterium sub beati Petri, & Nostra protectione suscipimus, & præsentis scripti priuilegio communimus. Statuentes vt quascumque possessiones, quæcumque bona idem Monasterium in præsentiarum iuste & Canonice possidet, aut in futurum concessione Pontificum, largitione Regum, vel Principum, oblatione fidelium, seu aliis iustis modis, Deo propitio, poterit adipisci, firma vobis vestrisque successoribus & illibata permaneant. Ego Eugenius Catholicæ Ecclesiæ Episcopus, &c. Datum Incarnationis Dominicæ anno M. C. xlvij. Pontificatus verò Domni Eugenij ij. anno.

Extraict de la Charte de la Dedicace qui est dans l'Eglise.

Anno ab Incarnatione Domini M. CC. xxvii. ix. Kalend. Nouembris, Dedicata est Basilica ista & altare hoc consecratum in honore beatæ & gloriosæ semper Virginis Mariæ à Venerabili Patre nostro Iacobo Suessionensi Episcopo, & quibusdam coadiutoribus alus, Iohanne Mithilenæ ciuitatis Archiepiscopo, Milone Beluacensi, Gerardo Carnotensi, Petro Meldensi Episcopis, Pontificatus Gregorij Papæ Noni anno I. regnante, & præsente cum matre sua Blancha, illustrissimo Rege Francorum Ludouico ætatis suæ, anno xiiij. Regni verò eius primo à prima fundatione domus istius, anno xcvj. tempore Hugonis eiusdem domus Abbatis; à Constitutione verò Ordinis anno C. xxxv. In hoc altari continentur hæ reliquiæ, de ligno Domini, de sepulchro, & præsepio eiusdem, de vestimento B. Mariæ Virginis, de sepulchro eiusdē, de S. Ioanne Baptista, &c.

Extraict d'vne Charte de visite de l'an 1335.

Nos frater Ioannes dictus Abbas Clarauallis, Notum facimus vniuersis, quod anno Domini millesimo trecentesimo tricesimo quinto in vigilia Purificationis B. Mariæ tempore nostræ visitationis in Monasterio Longipontis Suess. diœcesis, discussimus in potentia Abbatis prædicti Monasterij Longipontis, eius Officialium ac maioris & senioris partis Conuentus, facultates ipsius loci, & inuenimus quòd si tempora & annatæ communitates se haberent, poterant de ipsis suis facultatibus *priscis & obuentionibus sustentare, tam intra Monasterium, quàm extra, sexaginta Monachos, & quinquaginta Conuersos, & alia onera incumbentia, & quæ consueuerunt supportare communiter. Datum & actum, anno & die quibus supra.*

Extraict d'vn vieil Roole de grisef Remonstrés.

ITem, au temps & au commencement de ladite commotion, sçauoir lors de l'entrée d'Edouard Roy d'Angleterre en France, ils estoient bien en ladite Eglise sept vingts, que Religieux que Conuers, qui faisoient le labeur de ladite Eglise.

Extraict de l'acte premier du restablissement de l'estroite obseruance dans Long-pont, du 19. Aoust 1614.

A l'honneur & gloire de Dieu, de la tres-glorieuse Vierge, mere de nostre Redempteur, de S. Benoist, S. Robert, S. Bernard, S. Iean de Montmirel, & au salut de nos ames.

CE iourd'huy 19. du mois d'Aoust mil six cens quatorze, Nous soubs-signez indignes Prieur, Sousprieur, & Religieux de l'Abbaye nostre Dame de Long-pont, Ordre de Cisteaux au diocese de Soissons: Nous auons proposé & proposons, & meurement resolu, & resoluons (moyennant la grace de nostre Dieu, & l'assistance de nos Seigneurs nos Superieurs) de viure selon la Regle de S. Benoist, en la rigueur de la lettre, & conformement selon les vz, definitions & statuts des premiers Peres de nostre Ordre: & pour ce faire, Nous supplions tres-humblement & du fond de nostre interieur, iceluy nostre bon Dieu de nous inspirer & fortifier par son S. Esprit, à tout ce qui se trouuera estre expedient pour l'accomplir. Nous supplions aussi la glorieuse Vierge mere de Iesus-Christ nostre Seigneur, Patrone & Protectrice de nostre Ordre, Monsieur S. Benoist nostre Legislateur, S. Robert nostre premier fondateur, S. Bernard nostre bon Pere, Patron & Directeur, S. Iean de Montmirel nostre Pere & Conseruateur, tous les Saints & Sainctes de nostre Ordre, & bref tous ceux & celles qui iouyssent maintenant du repos eternel, à ce qu'il leur plaise de prier nostre bon Dieu de faire reüssir le tout pour sa plus grãde gloire. Ainsi signé F. I. Vvarnier Prieur, F. A. L. Sousprieur, F. R. B. F. Robert Ieuniet, F. A. T.

Extraict du testament de Iean 2. Comte de Soissons.

EN nom dou Pere, & dou Fil, & dou S. Esperit, Amé. Ie Iehans Quens de Soissons fais assauoir à tous que ie qui suis Croistien & vois en la saincte terre, ou seruice nostre Seigneur, pour le salu de m'ame ordonne mon testament comme derraine volenté en la fourme insieuant ci-apres, &c. Apres ie lesse à l'Eglise de Longpont lx. s. parif de rente à tousiours, en laquelle Eglise de Longpont ie vueil iesir à ma mort, & y eslis ma sepulture. Ce fut fet & dené l'an de grace mil deux cent soixante neuf, le secõd iour d'Auril.

Extraict d'vne Charte de Iean 3. Comte de Soissons.

IE Iehans Quens de Soissons. & Sires de Cimay, fay assauoir que i'ay donné & octroyé à tousiours perpetuellement à l'Abbé & Conuent de Longpont, de la diocese de Soissons, quinze liures tournois de rête chascun an à asseoir & assegner par mes executeurs nommez en mon testament seurs ma terre de Soissons, à receuoir desorenauant apres mon decez desdits Abbé & Conuent pour estre en leurs prieres & pour faire & celebrer chascun an le seruice nostre Seigneur pour l'arme de moy en ladite Eglise de Longpont. L'an de grace M. CC. LXXXIIII.

Extraict d'vne Charte d'Adée Comtesse de Soissons, 3. femme de Raoul Comte dudit Soissons.

Ego Ada Comitissa Sueßienensis, Notum facio quod cùm inter me & virum Nobilem Radulphum Comitem Sueß. maritū meum simul acquisissemus quosdam redditus apud Paregniacum, in quibus habeo medietatem: Ego de voluntate, & assensu iamdicti Comitis medietatem partis meæ, quartam scilicet partem prædictorum apud Paregni acquisitorum Ecclesiæ Longipontis pro remedio animæ meæ, & anniuersario meo faciendo post decessum meum liberè contuli perpetuo possidendam. Actum anno Dom. M. CC. xxxj. mense Iulio.

Extraict d'vne Charte d'Iues Comte de Soissons.

IN nomine Patris, & Filij, & Spiritus sancti, Amen. Ego Iuo misericordia Dei Suessionensis Comes, Venerabilis Girardi Longipontis Abbatis, & fratrum eiusdem cœnobij piis postulationibus deuotè & beniuolè occurrens annuere volui, & in perpetuam eleemosynam concessi, vt in tota terra dominationis Nostræ Res ipsorum & bestiæ, quascumque duxerint de l'Abbaye de Long-pont. 543

siue portauerint, & quidquid emerint, aut vendiderint ad victum, & vestitum fratrum pertinens, vel ad aliquem alium vsum ab omni quinagio seu quibuslibet exactionibus, vel consuetudinibus penitus, sint in perpetuum absolutæ, ita sane vt verbis fratrum super hoc credatur, & aliud testimonium non requiratur, concessit & Cono, quem honoris nostri hæredem iam nominauimus. Actum est anno ab Incarnatione Domini M. C. lvij.

Extraict d'vne Charte de Niuelon Euesque de Soissons, & de Raoul & d'Adeles son espouse.

EGo N. Dei gratia Suess. Episcopus, Notum facio quod Radulphus Comes Suess. laude & assensu Ales Comitissæ dedit in eleemosynam Ecclesiæ, & fratribus Longipontis per manum nostram, de cuius feodo erat, sexteragium lx. Modiorum cuiuslibet annonæ vel leguminis vltra xl. quos eis Comes Iuo auunculus eiusdem Radulphi iamdudum in eleemosynam concesserat, & ita singulis annis centum Modios, sine sexteragio, vel alia consuetudine habere poterunt. Actum anno ab Incarnatione Domini M. C. LXXXV.

Extraict d'vne Sentence du Bailly de Senlis pour la Iustice.

A Tous ceux qui ces presentes lettres verront Gilles Haquins Baillif de Senlis salut : Sachent tuit que comme debat fut meu entre le Procureur du Roy nostre Sire d'vne part, & les Religieux hommes, l'Abbé & Conuent de l'Eglise de Longpont d'autre part, le Procureur desdits Religieux disant qu'ils estoient en saisine de si long-temps, que memoire n'estoit du contraire, d'auoir & exercer toute Iustice, & Seigneurie, haute, basse & moyenne és lieux contentieux, & ez lieux de semblable condition, sur ce dit fut de Nous par le iugement des hommes, le Roy dou Chastel de Pierrefós, & par droit que lesdits Religieux auoient, & ont mieux & plus suffisamment prouué leur saisine dessusdite, que li Procureur du Roy, & ostames la main dou Roy, qui mise estoit en ladite Iustice des lieux contentieux. Donnez en nos assises de Pierrefons, l'an de grace mil trois cens vingt-trois.

Extraict d'vne Charte d'Alienor Comtesse de S. Quentin, & Dame de Valois.

A Lienor Comitissa S. Quintini & Domina Valesiæ. Notum facimus quod
Ecclesia

de l'Abbaye de Long-pont.

clesia Longipontis habet vsuagium in foresta de Reth, de mortuo nemore quantum necesse fuerit ad vsus suos. Habet præterea nemora in foresta de Rest, videlicet nemus quod dicitur Dementard, & nemus quod claudit Abbatiam ex parte forestæ, quibus nemoribus vsi sunt fratres prædictæ domus libere & quiete, à diebus antecessorum nostrorum. Nemus quoque quod fuit Girelini quod dicitur Fonvvaignard in eadem libertate tenere debent, quà prædicta tenuerunt, & hoc eis concessimus cognoscentes facta diligenti inquisitione idem nemus, sicut prædicta alia nemora, adeos pertinere videlicet, vt ibi capiant tam de viuo, quàm de mortuo nemore, quod necesse fuerit ad vsus suos. Actum anno gratiæ M.CC.xij.

Extraict d'vne autre Charte de la mesme.

EGo Alienor sancti Quintini Comitissa & Domina Valesiæ. Notum facimus quod domus Longipontis habet vsuagium & pascua in foresta de Rest, sicut expressum est in carta Comitis Radulphi, & in carta Comitis Bellimontis & nostra : Adijcientes quod volumus eosdem fratres plenariè vsuagium suum habere in nemoribus de Adum, eo quod in præ-

Extraicts des Chartes

dictis nemoribus vsuagium habuerant antequam venderentur. Actum anno Verbi M CC. xiij.

Extraict d'vne Charte de Charles Comte de Valois.

NOus Chasles fils de Roy de France Conte de Valois, d'Alençon, de Chartres & d'Anjou, faisons asçauoir que sur ce Religieux hommes, l'Abbé, & le Couent de Long pont disoient & maintenoient eus auoir droi & estre en bonne saisine de vser à leur volent, pour leurs necessitez des bois qui sont dedan nostre forest de Rest, c'est à sçauoir du bois d Dementart, pour faire, & pour refaire leur mesons de l'Abbeie, & leurs autres mesons Nous pour la bonne affection que Nous auon à l'Eglise de Long-pont, & Nos ancesseurs ont tousiours eüe, ordonons que lesdits Religieux puissent desorenauant vser paisiblemen des bois dessus-nommez à leurs necessitez, tan pour leur Abbeie que pour leurs autres me sons, ou que il soient acquises, & pour celle à acquerre, qui seront assises pres de l'Abbei à quatre leües. Et ne volons pas que par cett Ordenance, preiudice soit fait à leurs Chartes ne à leurs priuileges, quant aux autres choses Donné à S. Mor Desfossez, l'an de grace mi trois cens & vn, le Mardy deuant l'Ascension

D'vne autre du mesme.

Nous Challes fils de Roy de Frãce Comte de Valois, &c. faisons asçauoir qu'à Religieux hommes, l'Abbé & le Conuent de Long-pont de l'Ordre de Cisteaux, à ce meus pour raison de pitié donnons & octroyons à tousioursmais que il puissent chacun an auoir deux cens porcs en nostre forest de Rest, tant comme la pesson durra. Donné à S. Mor des Fossez M. CCC. I. le Mardy deuant l'Ascension.

Extraict d'vn Arrest de la Cour, de l'an 1337. de par le Roy Philippes le Long.

Philippus Dei gratia Francorum & Nauarræ Rex. Notum facimus quod lite mota in Curia Nostra inter Dilectũ Patruum Karolum Comitem Valesiæ fidelem nostrum, ac Abbatem & Conuentum Monasterij Beatæ Mariæ de Longiponte Cisterciensis Ordinis, tandem per Curiæ nostræ Iudicium dictum fuit, quod nemus de Dementart est proprium nemus dictorum Religiosorum : Item quod nemus vocatum l'Aumosne est in tres fondo dictorum Religiosorum, & quod ipsi possunt in eo vti ad nemus mortuum & viuum pro necessitatibus Ecclesiæ, & domorum suarum. Item dictum fuit, quod dicti Religiosi habent per totam forestam de Rest, pasturam ad equos, & vaccas suas extra landas & deffensa, & vendas, post quas vendas finitas tribus annis & dimidio elapsis dicti Religiosi poterunt dicta animalia sua ibidem depasci. Item dictum fuit quod dicti Religiosi possunt tenere ducentos porcos, anno quolibet in foresta de Rest quamdiu pascua seu pesson durabunt. Datum Parisiis anno Domini M. CCC. xvij. mense Iuvij.

TABLE DES CHAPITRES DE CETTE HISTOIRE.

LIVRE PREMIER.

Ch. 1. Es Illuſtres anceſtres paternels de Iean Seigneur de Montmirel, & de la grandeur de ſa famille.   fol. 1

Ch. 2. Nobleſſe de Iean de Montmirel du coſté maternel, des Seigneurs d'Oiſy, Chaſtellains de Cambray, & Vicomtes de Meaux.   18

Ch. 3. Naiſſance de Iean Seigneur de Montmirel, & la pieté de ſes parens.   33

Ch. 4. Le mariage, & les enfans de Iean Seigneur de Montmirel.   43

Ch. 5. Entretiens militaires de Iean de Montmirel, pendant ſes premieres années.   51

Ch. 6. Iean de Montmirel fauory du Roy Philippe Auguſte.   57

Ch. 7. Notable ſeruice que Iean de Montmirel rendit à Philippe Auguſte à Giſors   68

LIVRE II.

Ch. 1. Les premiers attraits dont Dieu ſe ſeruit pour la conuerſion de Iean Seigneur de

Table des Chapitres.

Montmirel. 81

Ch. 2. Il chasse les Iuifs de ses terres, & donne à ses Estats vne belle police pour le seruice diuin. 88

Ch. 3. Il fonde l'Hostel-Dieu de Montmirel, & commēce à y exercer de grandes actiōs de vertu. 95

Ch. 4. Actions heroïques de Iean Seigneur de Montmirel au seruice des pauures malades. 100

Ch. 5. Faueur insigne de la saincte Vierge enuers Iean de Montmirel. 109

Ch. 6. Sa charité vers les lepreux dans le Cambresis, & la grace qu'il y receut de Dieu. 114

Ch. 7. Euenement & discours estrange entre Iean de Montmirel & vn aueugle. 121

Ch. 8. Ce qui arriua à Iean de Montmirel en l'Eglise de nostre Dame de Soissons, & sa conference auec vne Dame de saincte vie. 127

Ch. 9. L'enqueste qu'il fit faire auprés d'vn sainct Hermite pour le changement de sa vie. 135

Ch. 10. Autre enqueste auprés des Docteurs de Paris, à mesme fin. 143

Ch. 11. De l'humilité & de l'austerité de sa vie, & comme il se gouuernoit enuers les pauures. 150

Ch. 12. De la charité particuliere qu'il auoit pour les lepreux, & comme il les traicta estant encore dans le monde. 158

Ch. 13. Donations qu'il fit aux Eglises, ayant encore le maniement de ses Estats. 167

Table des Chapitres.
Livre III.

Ch. 1. DE l'Abbaye de Long-pont, où Iean Seigneur de Montmirel se voulut rendre Religieux. 175

Ch. 2. Comme Iean de Montmirel se retira du monde, & se rendit Religieux à Long-pont. 186

Ch. 3. Du temps que Iean de Montmirel se rendit Religieux. 192

Ch. 4. En quel estat Iean de Montmirel laissa sa famille lors qu'il s'en alla rendre Religieux. 200

Ch. 5. Austerité de la vie de Iean de Montmirel en Religion. 213

Ch. 6. Pratique d'humilité dans la Religion, & les exemples qu'il en a laissé. 219

Ch. 7. Sa patience à supporter les opprobres des mondains, & les mauuais traictemēs des siēs. 232

Ch. 8. La victoire qu'il eut sur ses sens. 242

Ch. 9. La mansuetude insigne & la debonnaireté de Iean de Montmirel. 251

Ch. 10. Abregé que l'ancien Autheur fait des autres actions particulieres de Iean de Montmirel en la Religion. 262

Livre IV.

Ch. 1. Vision qui preceda le decez de Iean de Montmirel 271

Ch. 2. Côme il fut veu dans la gloire apres son trespas, ayant passé trois iours au Purgatoire. 208

Table des Chapitres.

Ch. 3. *Recherche du temps preciz de son bien-heureux decez.* 290

Ch. 4. *Plusieurs Translations de son sainct corps, en tesmoignage euident de sa saincteté.* 296

Ch. 5. *Les grandes marques que les peuples l'ont iusicy veneré pour sainct.* 307

Ch. 6. *Tesmoignages de plusieurs graues Autheurs anciens & modernes de la saincteté de Iean de Montmirel.* 313

Ch. 7. *Chastiment de ceux qui ont eu moindre opinion qu'ils ne deuoient de la sainctete de Iean de Montmirel.* 321

Ch. 8. *Miracles arriuez à l'attouchement de son sepulchre.* 332

Ch. 9. *Miracles faits par l'honneur rendu à ses sainctes Reliques.* 339

Ch. 10. *Miracles faits en la personne des Abbez de diuerses Abbayes de l'Ordre, ou en leur personne.* 345

Ch. 11. *Deuotion des cierges allumés deuant le sepulchre de Iean de Montmirel approuuée par miracles.* 351

Ch. 12. *Autres faueurs faites à ceux qui ont eu recours à son intercession.* 357

Ch. 13. *Briefue reueuë sur les miracles precedens.* 363

Ch. 14. *Suite qu'a eu sur terre la posterité de Iean de Montmirel, & comme Dieu l'a tousiours conseruée en grandeur iusques à nos iours.* 369

FIN.

Fautes suruenuës en ce liure.

PAge 48. li.7. s'il l. ils, p.133.l.21.deu l. Dieu, p.153 l.13. douter l. dôpter. p.173.l.2 hors des l. dans & l. 4.1218 oſtez, p.179.l.14. Anſcalfe l. Anſculfe, & l.21. Iued l. Iues, p.183.l.10 1230.l.1220. p.271.l. derniere, voyoit l. viuoit, les p.276 l.6. perdre l. prendre. p.280. l.8.27.l.29. p.289. l.19. Mercadane l. Mercadaut, p.295.l.18. 1218.l.1117. & l.19. cinquante l. quarante, & l.21. huict l. ſept, p.296. l.2 cinquante & huictieſme, l. quarante & ſeptieſme, p.308.l.19. III. l. IV. p.310.l.12. III. l. IV. p.313.l.12. l'v. ne l. l'vn, & l.20. de l. des, p.317.l.1. Odre l. Ordre. p.334. l.19 & l. elle, p.339.l.10. votier l. voties. p.346. l.13. IV l. III. & l.18. eſtoit l. eſtant, p.351.l.12. III. l. IV. Beau-frere l. Neueu, p.351.l.13. IV. l. III.

Fautes des Chartes & de l'Abregé.

P. 426.l.5. Comedimus l. Concedimus. P.458.l.16. Cot-rabon l. Courtablon, p.460 l.3. Mirabili l. Monte Mi-rabili, p.463 l.16. troiſieſme l. quatrieſme, p.465.l.7. & de ſa femme & de l. & d'Ada ſa femme Vicomteſſe. p.469.l.13 Hidonual l. Heronual, p.471.l.1. Gorge l. la Gorge, & p.474. l.5. huictieſme l. III. l.6. rayée p.479. l.29. Superieur l. Souſprieur. p.478. l. penultieme, creu l. creé, p.488.l.24. 13.l.3. & p.490. horum l. tanto-rum, p.491.l.2. Buſener l. Buſency, & l. 24 Matifort l. Matifart, p.512.l. 10. Iurgam l. Iargam, p.516 l.2. val-bum l. vaubuin, & p.517. Caiſceti l. Caiſneti, & p.526. l.3. Simon l. Conon. p.538 l.20. potentia l. præſentia, & l.24. annatæ l. Annuatæ, p.547. l.11. 1337. l. 1317.

www.ingramcontent.com/pod-product-compliance
Lightning Source LLC
Chambersburg PA
CBHW060754230426
43667CB00010B/1562